Ser. act. W. 1231 A. 1379.

RECHERCHES

SUR

LES MODIFICATIONS

DE L'ATMOSPHERE,

CONTENANT l'Histoire critique du Baromètre &
du Thermomètre, un Traité sur la construction de
ces Instrumens, des Expériences relatives à leurs usages,
& principalement à la *mesure* des *Hauteurs* & à la
correction des *Réfractions moyennes*,

AVEC FIGURES;

DÉDIÉES

A MM. de l'Académie Royale des Sciences de Paris.

Par J. A. DE LUC, Citoyen de Genève, Correspondant des
Académies Royales des Sciences de Paris & de Montpellier.

NOUVELLE ÉDITION.

TOME PREMIER.

---

*Sunt aliquot quoque res, quarum unam discere causam
Non satis est.*

LUCRET. De naturâ rerum, lib. VI.

A PARIS,

Chez la Veuve DUCHESNE, Libraire, rue Saint-Jacques.

M. DCC. LXXXIV.

Avec Approbation & Privilège du Roi.

A MESSIEURS

DE

L'ACADÉMIE ROYALE

DES SCIENCES

DE PARIS.

MESSIEURS,

J'AI cru m'appercevoir, en étudiant la Physique, que, depuis que cette science s'est assez
étendue pour qu'on ait formé des systêmes sur
presque tous les objets qu'elle embrasse, deux
préjugés contraires nuisoient également aux progrès de la vérité; trop de défiance contre les

a **

ſolutions jugées impoſſibles, & trop de confiance dans celles qui ſont adoptées.

L'inattention étant l'effet commun de ces préjugés, il ne ſuffit pas de raiſons pour les vaincre ; il faut encore qu'elles ſoient ſecondées de quelque moyen extérieur qui détermine à l'examen.

J'en ſentis le beſoin dès que je ſongeai à publier mes Recherches ſur les Modifications de l'Atmoſphère ; & votre approbation, Meſſieurs, fut le ſecours que je dus ambitionner : j'eus le bonheur de l'obtenir en 1762, & vous daignâtes y ajouter la permiſſion de publier mon Ouvrage ſous vos auſpices : mais les conſeils que je reçus en même temps de quelques-uns des Membres de votre illuſtre Corps, me donnèrent lieu de comprendre que ce prix, que vous accordiez à mon travail, étoit un encouragement à le perfectionner.

En effet, Meſſieurs, vous ranimâtes mon courage ; & mes efforts vous prouveront du moins combien je m'eſtimerois heureux d'être vraiment digne de votre ſuffrage, en ajoutant cette foible production à vos immortels travaux pour l'avancement des ſciences utiles.

Je ſuis avec reſpect,

MESSIEURS,

Votre très-humble & très-obéiſſant Serviteur,
JEAN-ANDRÉ DE LUC.

EXTRAIT

DES RÉGISTRES

DE L'ACADÉMIE ROYALE DES SCIENCES DE PARIS.

Du 30 Juillet 1762.

MESSieurs DE LA CONDAMINE & DE LA LANDE, qui avoient été nommés pour examiner un Ouvrage intitulé : *Recherches sur la Loi des Condensations de l'Atmosphère, & sur la manière de mesurer, par le Baromètre, la Hauteur des lieux accessibles*, par M. *Jean-André de Luc*, Citoyen de Genève, ayant fait leur rapport, l'ACADÉMIE a jugé que cet Ouvrage pouvoit être regardé comme un des meilleurs dont on ait enrichi la Physique depuis long-temps, & qu'il étoit très-digne d'être approuvé. En foi de quoi j'ai signé le présent Certificat. A Paris, le 4 Août 1762.

GRANDJEAN DE FOUCHY,

Sec. perp. de l'Ac. Roy. des Sc.

Fin de la Table des Chapitres du Ier. Volume.

INTRODUCTION.

INTRODUCTION.

PARMI le grand nombre de découvertes dont les Philosophes du siècle précédent ont enrichi les Arts & les Sciences, la différence de hauteur du mercure dans les Baromètres placés en des lieux différemment élevés, est une de celles qui promit aux Physiciens de plus grands avantages.

En effet, ce phénomène étoit propre à faire espérer de connoître plus parfaitement la nature d'un milieu, au travers duquel nous voyons & les Corps célestes & ceux qui appartiennent à notre Globe. Il paroissoit encore offrir un moyen

Tome I.   *b*

aifé de déterminer la hauteur des différens points acceffibles de la furface de la Terre ; ce qu'on ne peut pas toujours obtenir à l'aide des inftrumens de Géométrie, foit parceque leur ufage exige une con-noiffance fuffifante de la denfité ac-tuelle de l'air, pour corriger l'effet des réfractions, foit parce qu'on ne trouve pas toujours une bâfe conve-nable pour les opérations trigono-métriques ; & dans tous les cas, le Baromètre offroit un moyen facile d'abréger beaucoup les opérations & d'en diminuer l'appareil.

Je ne m'arrêterai pas à dévelop-per tous les avantages que promet-toit cette découverte ; il fuffit, pour fe convaincre de fon importance, de confidérer que les plus grands

Phyſiciens s'en ſont occupés, ſoit dans la ſpéculation, ſoit dans la pratique.

Mais ce qui paroiſſoit facile au premier coup - d'œil, s'eſt trouvé tellement compliqué quand on a voulu l'approfondir, qu'on avoit perdu preſque toute eſpérance d'atteindre par ce moyen à l'exactitude deſirable, lorſque quelques-uns des Membres de l'Académie Royale des Sciences partirent pour aller meſurer un Arc du Méridien ſous l'Équateur. Ces Meſſieurs, attentifs à tirer d'un auſſi grand deſſein tous les avantages qu'il préſentoit, ne négligèrent pas les obſervations du Baromètre ; ils en firent un grand nombre, & ſur-tout en

b ij

des lieux très-élevés de la Cordilière des *Andes* au Pérou, dont leur ouvrage principal les avoit obligés de mesurer la hauteur. Nous en avons le résultat dans un Mémoire de M. Bouguer joint à ceux de l'Académie pour l'année 1753; la règle qu'il donne d'après ces expériences pour connoître, par la hauteur du mercure dans le Baromètre, celle des lieux où l'on observe cet instrument, réunit tous les avantages des diverses méthodes qu'on avoit imaginées avant lui, & s'accorde mieux qu'aucune de ces méthodes avec les expériences qui lui servent de fondement. Cependant il avoue qu'elle est insuffisante dans la partie inférieure de l'Atmosphère;

il paroît même la reſtreindre au climat dans lequel il a fait ſes obſervations (555).

L'Air eſt-il donc d'une nature différente ſuivant les hauteurs & les climats ? C'eſt une queſtion bien naturelle , & que j'eſpère de réſoudre en rendant compte d'un grand nombre d'expériences que j'ai faites, & des nouvelles règles auxquelles j'ai été conduit par leur moyen.

Les eſpérances qu'on avoit conçues lorſqu'on découvrit les propriétés du Baromètre, ont été ſi peu réaliſées par l'expérience , qu'on a preſque perdu de vue l'origine de cet inſtrument , les changemens qu'il a ſubis, & les tentatives qu'on a faites en divers tems pour le rendre utile. Ceux qui, dans le cours de leurs Études, ont eu occasion de remarquer combien on s'est occupé de cette matière, ayant comparé les peines au succès, & observé le peu d'accord de l'expérience avec les hypothèses, n'ont presque tiré de leurs lectures qu'une indifférence générale pour les phénomènes du Baromètre, & une défiance assez bien fondée pour tout ce qui paroît de nouveau à ce sujet.

Dans cet état des choses, je crois qu'il convient de réveiller l'attention du Public sur une matière qui me paroît aujourd'hui très-intéressante; c'est-là ce qui me détermine, avant d'exposer mes propres recherches, à donner un Abrégé historique & critique de celles qui ont été faites avant moi; & à présenter ainsi

dans un seul tableau l'origine du
Baromètre, les changemens qu'il a
subis en divers tems, les usages
qu'on s"est flatté d'en tirer, & les
principales tentatives qui ont été
faites, tant pour constater ces usages, que pour concilier la variété
des observations.

Ceux pour qui je ne ferai que
retracer les raisons de leurs doutes,
trouveront dans cet examen de nouveaux motifs de suspendre leur jugement. Ceux qui ont adopté un
systême parce qu'ils l'ont cru solide,
auront occasion de reconnoître qu'il
n'y en avoit point encore dont
l'application pût être universelle.
Tous ceux qui aiment l'Étude de la
Nature désireront de voir éclaircir
un sujet qui tient à la Physique

générale, & dont les avantages par-
ticuliers font fenfibles. Ils auront,
par cela même, plus de patience
pour me fuivre dans mes obfervations, mes expériences, mes raifon-
nemens & mes hypothèfes même;
c'eft-là ce que je défire obtenir
d'eux. On doit faire quelques efforts d'attention, avant d'abandonner une fi belle perfpective.

PRÉFACE.

PREMIERE PARTIE

HISTOIRE

Du Baromètre, des Expériences qu'on a faites par son moyen, & des Hypothèses qu'on a imaginées pour expliquer ces Expériences.

CHAPITRE PREMIER.

Invention du Baromètre.

L'ORIGINE du Baromètre a tant de rapport avec celle de la bonne Philosophie, que l'une rappelle l'autre presque nécessairement. Si nous devons au Baromètre la connoissance du poids & de l'élasticité de l'air, principes si féconds en conséquences curieuses & utiles, il est probable aussi que, sans une bonne Logique, la suspension du mercure dans un tube de verre ne nous eût rien appris.

2. Jusqu'au siécle passé, les hommes chargés, comprimés par l'Atmosphère, ne reconnoissoient point son action : en vain toute la nature

Temps où le Baromètre a pris naissance.

Ignorance des Anciens sur la nature de l'air qu'ils pouvoient connoî-tre.

Tome I.   A

dépoſoit que l'air étoit élaſtique & peſant, ils fermoient les yeux à ſon témoignage. L'eau s'élevoit alors dans les pompes, & couloit dans les ſyphons comme elle fait aujourd'hui ; on ne ſéparoit qu'avec de grands efforts les panneaux d'un ſoufflet dont les ouvertures étoient bouchées ; & l'on ne rapprochoit pas ces mêmes panneaux ſans beaucoup de peine, lorſqu'ils étoient écartés ; les enfans ſuçoient le lait de leurs nourrices ; l'air entroit rapidement dans les poumons des animaux à chaque inſpiration ; les ventouſes produiſoient des tumeurs à la peau ; & malgré toutes ces preuves frappantes de la peſanteur & de l'élaſticité de l'air, les anciens Philoſophes ſoutenoient toujours que l'air étoit *léger*, & expliquoient tous ces phénomènes par *l'horreur* qu'ils attribuoient à la Nature pour le vuide.

Ils pouvoient trouver des bornes à l'horreur du vuide.

3. Il eſt d'autant plus ſurprenant qu'ils ſoient reſtés ſi long-temps dans l'erreur ſur la cauſe de ces effets, qu'ils en avoient apperçu les bornes. Ils avoient ſouvent remarqué que l'élévation de l'eau dans les pompes eſt limitée, qu'un ſoufflet dont les ouvertures ſont bouchées, s'ouvre ou ſe ferme lorſqu'on y emploie un effort ſuffiſant ; mais ils attribuoient ces exceptions aux défauts des machines.

Ces bornes n'ont été reconnues qu'au commencement du ſiècle paſſé.

4. Ce ne fut que dans le commencement du dix-ſeptiéme ſiècle qu'on entreprit d'examiner ſi les bornes de ces phénomènes étoient déterminées, & qu'on reconnut qu'elles l'étoient. Cependant comme on tenoit encore à l'ancien jargon, l'on ne put d'abord abandonner entièrement *l'horreur*

du vuide , on entreprit de conferver ces mots chéris en les modifiant ; *la Nature* , dit - on alors, *abhorre le vuide jufqu'à un certain point.* *Galilée* fut un des premiers qui tint ce langage ; il fit des expériences fur les pompes ; & ayant reconnu que toutes ces machines élevent l'eau prefqu'à la même hauteur , il regarda cette hauteur comme la borne de *l'horreur du vuide.* On a peine à concevoir comment celui qui a découvert l'ifocronifme des ofcillations du pendule , & qui a trouvé la loi de la chûte des corps, a manqué une découverte en apparence beaucoup plus facile , & à laquelle il touchoit de fi près. Le préjugé a-t-il donc auffi de la force fur de pareils génies ?

5. L'efprit humain n'eft point fait pour fe tromper toujours fur les objets qui font à fa portée ; il ne perfifte point dans les erreurs groffieres, à moins qu'on ne parvienne à les lui faire refpecter ; encore faut-il neceffairement que rien n'ébranle fa vénération pour l'erreur elle-même, ou pour ceux qui l'ont établie & qui la foutiennent : car fi, faifant ufage de fa liberté naturelle , il ôfe employer l'examen ; & s'il parvient à découvrir une feule des erreurs du fyftême , bientôt il le fufpecte fur tout le refte. Le dernier fiècle en fournit beaucoup d'exemples ; & le fujet que je traite eft un de ceux qui ont le plus contribué à cette heureufe révolution.

Effet de cette découverte fur l'ancienne Philofophie.

Tant que la Philofophie d'Ariftote & de fes fucceffeurs fut refpectée, on ne vit que par leurs yeux ; on n'ofa prefque examiner , ou du moins on rejetta comme erronné tout ce qui étoit contraire à leurs principes. Mais dès qu'on eut ébranlé cette Philosophie sur un seul point, le préjugé de l'autorité perdit sa force, & la clef de la voûte étant enlevée, tout l'édifice fut bientôt renversé.

L'horreur du vuide est limitée! dirent sans doute alors avec étonnement les gens capables de penser; comment donc a-t-on pu vivre aussi long-temps dans une erreur si grande? Qu'est-ce que trente-deux pieds d'eau élevés dans une pompe, comparés à ce qu'on nous a fait croire jusqu'à présent? N'avions-nous pas admis, d'après nos Maîtres, que cette élévation de l'eau pour empêcher le *vuide* doit être sans bornes? & ne devroit-elle pas l'être réellement si la Nature regardoit le *vuide* avec *horreur?* Cherchons une cause plus prochaine de cet effet, & dont notre raison puisse se satisfaire. Que *l'horreur du vuide* n'entre plus dans nos recherches; abandonnons le parti des *affections* de la Nature, puisqu'elle se manque si fort à elle-même, ne pensons plus qu'à *trente-deux pieds d'eau* soutenus dans le vuide, & voyons ce qui peut opérer cet effet sans agir au-delà.

6. Tels furent sans doute les raisonnemens de ceux qui osèrent secouer le joug de l'autorité, & ce fut le tombeau des *vertus occultes*. On quitta les bancs de l'école pour se transporter dans les atteliers; on fit des expériences, on les répéta, on les compara, & bientôt la vérité recherchée se présenta aux yeux de ceux qui s'étoient mis en état de la recevoir.

7. L'invention du Baromètre par *Toricelli*, fut le premier effet de ces recherches ; voyant la colonne de mercure suspendue dans son tube, ce Physicien célebre compara la hauteur de cette colonne avec celle de l'eau soulevée dans les pompes, & ayant reconnu que ces hauteurs étoient en raison inverse de la pesanteur spécifique de l'eau & du mercure, il pensa bientôt que leur suspension étoit dûe à un *contre-poids* commun.

Il examina les circonstances de cette observation, & voyant que l'extrémité supérieure des colonnes d'eau & de mercure ne communiquoit point avec l'air, tandis que cette communication avoit lieu à leur extrémité inférieure, il attribua l'élévation de ces colonnes dans les tubes à l'action de l'air, dont *Galilée* avoit commencé à soupçonner la pesanteur, sans en tirer les conséquences qui en découlent.

8. Il paroît que *Descartes* n'avoit pas attendu l'expérience de *Toricelli* pour assigner à la pesanteur de l'air les effets que *Galilée* attribuoit encore à l'horreur du vuide. On voit du moins dans une lettre écrite par le premier de ces Philosophes au Père *Mersenne*, qu'il attribue au poids de l'air l'adhérence des parties des corps, & l'élévation de l'eau dans les pompes, contre le systême que *Galilée* avoit établi sur ce sujet, dans des Dialogues dont cette lettre de Descartes est une critique (1). Dans une autre lettre écrite

Toricelli inventa le Baromètre en 1643.

Cette machine lui fit découvrir que l'air est pesant.

Il paroît que Descartes l'avoit déjà pensé.

---

(1) *Renati Descartes Epist. &c. Amst.* MDCLXXXII. Pars II. Epist. XCI.

A iij

à ce Père, il explique aussi, par la même cause, la suspension de l'eau dans certains vases percés à leurs deux extrémités, lorsqu'on bouche l'ouverture supérieure (1). Et dans une troisiéme lettre écrite au même , il explique comment il conçoit que le poids de l'air est l'unique cause de la résistance qu'on éprouve à séparer les corps polis (2). Il est vrai que ces lettres n'ont point de date, non plus qu'une autre où *Descartes* explique même la suspension du mercure dans un tube scellé par le haut (3).

9. Dès que l'expérience & la conjecture de *Toricelli* furent répandues en France par le Père *Mersenne* , à qui on les manda d'Italie en 1644 (4), M. *Pascal* les saisit avidement. Jamais de si belles idées n'ont trouvé un génie plus propre à les développer. M. *Pascal* tourna bientôt en certitude ce qui lui avoit été présenté comme un soupçon : il pensa que, si le poids de l'air *dans lui-même* étoit la cause des

---

(1) Ibid Epist. XCIV.
(2) Ibid. Epist. XCVI.
(3) Pars III. Epist. CII.
Je trouve la même lettre sous le n°. CXI, dans l'édition de M. *Clerselier* , avec la date du 2 Juin 1631 ; mais cette date prouve trop : car il s'ensuivroit que dès ce temps on connoissoit le Baromètre ; ce qui n'est pas. M. *Clerselier* convient lui-même, dans la Préface du premier volume, que le manuscrit de *Descartes* n'étoit pas en ordre ; & l'Editeur de la traduction latine, soigneux d'ailleurs à mettre les dates , n'en a point mis à celle-ci.
(4) *Préface du Traité de l'équilibre des liqueurs* , &c. de M. Pascal.

Phénomènes qu'il obfervoit, le poids de l'eau *dans elle-même* devoit en produire de femblables ; c'eft-à-dire , que la privation d'eau devoit rompre l'équilibre de la même maniere que la privation d'air. Il fit donc toutes les expériences du *vuide* dans l'eau ; il y plongea des foufflets , des Baromètres, des fyphons, des feringues, &c. en difpofant les chofes de manière que l'air extérieur communiquoit par-tout où devoit fe faire le *vuide* dans les expériences ordinaires, & que le poids de l'eau repréfentoit celui de l'air. Le réfultat confirma ces grandes idées ; par-tout les effets furent proportionnels à la hauteur de l'eau. On peut voir ces expériences dans fes *Traités de l'Equilibre des liqueurs & de la pefanteur de la maffe de l'air.*

10. L'Angleterre eut fa part au triomphe de la raifon ; M. *Boyle* fe déclara contre la Philofophie ancienne , & la pourfuivit jufques dans fes derniers retranchemens. Il perfectionna la fameufe *machine du vuide* , inventée par *Otto Guerick*, & fit par fon moyen tant & de fi victorieufes expériences, que, malgré les efforts que firent contre lui les partifans qu'avoient encore les *vertus occultes*, ces chimères furent reléguées dans le cerveau d'un petit nombre d'hommes endurcis par le préjugé , & moururent avec eux.

M. Boyle la prouva par la *machine du vuide.*

11. Le Baromètre ne fut d'abord confidéré que comme un moyen de plus contre les partifans de l'*horreur du vuide* ; mais cette machine, examinée de plus près, attira bientôt les regards des Phyficiens attentifs. *Toricelli* ,

Le Baromètre ne tarda pas à indiquer des différences dans le poids de l'air,

& enfuite *Pafcal*, obfervèrent que la hauteur du mercure n'étoit pas toujours la même dans un Baromètre fixe ; ils crurent appercevoir que ces variations de hauteur avoient quelque rapport à des changemens dans l'état de l'air , & qu'elles pouvoient annoncer les effets fenfibles de ces changemens.

Mais cette indication fut d'abord très-confufe.

12. Dès - lors cet inftrument fut regardé comme très-utile , & chacun voulut s'en pourvoir. On l'examina avec attention ; mais comme l'accord de fes variations avec celles de l'air ne fut pas toujours le même en apparence , on ne fut pas d'accord non plus fur la caufe de ces effets. De-là des foules d'hypothèfes , dont aucune n'a prévalu d'une manière décidée.

Ufage du Baromètre pour mefurer les hauteurs , trouvé par M. Pafcal.

13. Un fecond ufage qu'on découvrit bientôt dans le Baromètre , fut celui de mefurer la hauteur des lieux. M. *Pafcal* fit cette découverte. On gagne toujours à l'entendre raifonner lui-même ; c'eft pourquoi je vais rapporter ce qu'il écrivoit le 15 Novembre 1647 , à M. Perrier , fon beau-frere , Confeiller à Clermont en Auvergne (1).

Lettre qu'il écrivit fur ce fujet à M. Perrier.

« J'ai imaginé une expérience qui pourra » feule fuffire pour nous donner la lumiere que » nous cherchons , fi elle peut être exécutée » avec juftefſe. C'eft de faire l'expérience du » vuide plufieurs fois en même jour , dans un » même tuyau , avec le même vif-argent , tantôt

____

(1) *Traités de l'Equilibre des liqueurs & de la pefanteur de la maſſe de l'air* , page 171.

» au-bas, & tantôt au sommet d'une mon-
» tagne élevée pour le moins de cinq à six
» cents toises, pour éprouver si la hauteur du
» vif-argent suspendu dans le tuyau se trouvera
» pareille ou différente en ces deux stations.
» Vous voyez déjà sans doute, que cette expé-
» rience est décisive de la question, & que s'il
» arrive que la hauteur du vif-argent soit moin-
» dre au haut qu'au bas de la montagne,
» comme j'ai beaucoup de raisons pour le croire,
» quoique tous ceux qui ont médité sur cette
» matière, soient contraires à ce sentiment (1),
» il s'ensuivra nécessairement que la pesanteur
» & la pression de l'air est la seule cause de
» cette suspension du vif-argent, & non pas
» l'horreur du vuide, puisqu'il est bien cer-
» tain qu'il y a beaucoup plus d'air qui pèse
» sur le pied de la montagne, que non pas sur
» son sommet; au-lieu qu'on ne sauroit dire
» que la nature abhorre le vuide au pied de la
» montagne plus que sur son sommet ».

Si les Philosophes anciens n'avoient pas des Baromètres, ils avoient au moins des pompes; pourquoi n'ont-ils pas fait sur les pompes l'essai que M. *Pascal* fit sur le Baromètre?

14. M. *Perrier* exécuta l'expérience sur le *Pui-de-Dome*, de la manière prescrite par M. *Pascal*, & l'effet fut tel qu'il l'avoit prévu : le mercure s'abaissa dans le Baromètre à mesure que M. *Perrier* monta sur la montagne.

L'expérience de M. *Perrier* confirma les idées de M. *Pascal*.

─────────────────────────────

(1) M. *Pascal* parle sans doute ici des partisans de *l'horreur du vuide.*

Plusieurs Phy-
siciens ont ré-
pété cette expé-
rience.

15. Je rapporterai dans la suite le détail de cette expérience (227) : pour le présent il suffit de dire, que tous les Physiciens y prirent intérêt ; qu'elle a été répétée depuis lors en divers lieux & de diverses manieres ; & qu'outre les conséquences générales qui en résultent, elle annonça que le Baromètre pouvoit être employé fort utilement pour mesurer les hauteurs.

Le Baromètre
étant devenu
intéressant par
ses usages, on
a cherché à le
perfectionner.

16. Les usages du Baromètre s'étant ainsi multipliés, on entreprit de le rendre plus exact & plus commode ; il a subi divers changemens de construction ; il a présenté aux observateurs des phénomènes singuliers, & des variétés étranges ; enfin il nous est parvenu à quelques égards moins parfait, & en tout très-peu meilleur qu'il n'étoit à son origine. Suivons-le dans ses changemens & dans les principales expériences auxquelles on l'a employé.

Son histoire
fera le sujet des
trois Chapitres
suivans.

17. Je commencerai par l'histoire des changemens faits à la construction du Baromètre : j'exposerai ensuite les diverses hypothèses qu'on a imaginées pour expliquer ses variations ; &, en troisieme lieu, je rappellerai les principales expériences faites pour appliquer cet Instrument à la mesure des hauteurs, ainsi que les diverses méthodes produites par ces expériences.

Entreprendre de rapporter tout ce que pourroit fournir l'histoire du Baromètre, seroit une chose inutile, impossible même ; il est peu de sujets en Physique sur lesquels on ait tant travaillé & tant écrit. Je me bornerai donc à ce qui m'a paru le plus essentiel pour fixer le point où l'on étoit sur cette matière, lorsque je commençai à m'en occuper.

CHAPITRE II.

Des principaux changemens faits dans la construction du Baromètre.

Baromètre de TORICELLI.

18. Un tube de verre droit & cylindrique, d'environ trois pieds de longueur, fcellé hermétiquement par un bout, rempli de mercure & plongé par le bout ouvert dans un vafe plein du même fluide, fut le premier Baromètre : c'eft ainfi que l'inventa *Toricelli* (*). Quand après avoir rempli le tube de mercure & comprimé fon bout ouvert avec le doigt, on plonge ce bout dans le vafe en redreffant le tube, le mercure defcend en partie, & le point où il s'arrête eft déterminé par l'état actuel de l'air, qui, agiffant par fon poids fur le mercure contenu dans le vâfe, fait équilibre à la colonne renfermée dans le tube.

Defcription du premier Baromètre. Ce fut d'abord un tube droit.

(*) Planc. I. Fig. I.

19. Mais le Baromètre en cet état étoit une machine très-incommode, foit en elle-même, foit pour le tranfport ; d'ailleurs, il employoit beaucoup de mercure. On penfa donc à le rendre plus commode & moins difpendieux. Pour cet effet, on recourba la partie inférieure du tube, en tournant le bout ouvert vers le haut (*) : par ce moyen, l'air pefoit fur la portion du mercure qui remontoit dans la courbure

On recourba le tube par le bas.

(*) Planc. I. Fig. 2.

du tube, & la colonne de ce fluide , à compter depuis le niveau de la surface inférieure jusqu'à la surface supérieure , étoit soutenue à-peu-près de la même maniere & à la même hauteur que quand le bout ouvert du tuyau plongeoit dans un vâse. On put alors fixer le Baromètre sur une monture , & lui appliquer des divisions.

20. Cet instrument, tout simple qu'il étoit, & quoique pris dès son commencement , avoir la meilleure forme possible. Je ne m'arrêterai pas à le démontrer à présent ; le but de ce Chapitre étant plutôt d'indiquer les défauts que d'en développer les causes, je réserve ces détails pour le lieu où j'exposerai le résultat de mes propres expériences.

21. L'économie & la commodité furent les seuls motifs de ce premier changement du Baromètre ; on ignoroit l'avantage essentiel qui en résultoit , & cette construction fut bientôt abandonnée, lorsqu'on remarqua qu'elle rendoit les variations moins apparentes. Quand , par la diminution du poids de l'air, le mercure baissoit dans la grande branche de ce tube recourbé, son abaissement n'étoit qu'à-peu-près la moitié de ce qu'indiquoient les autres Baromètres ; parce que le mercure qui descendoit de la grande branche remontant dans la petite , augmentoit d'autant le poids sur le premier niveau. Si donc on vouloit connoître le changement total du poids de l'atmosphère , il falloit déduire de la hauteur du mercure dans la grande branche , son élévation dans la petite au-dessus d'un point fixe ; ce qui demandoit deux obser-

vations & une souftraction incommode ; au-lieu que dans le premier Baromètre , le mercure qui defcendoit du tube fe répendant fur une grande furface, n'en augmentoit pas fenfible-ment lahauteu r

22. Le nouveau Baromètre ne pouvoit pren-dre faveur dans un temps où l'on cherchoit , par toutes fortes de moyens, à augmenter l'appa-rence des variations. On revint donc à la pre-miere conftruction , en fixant fur une monture le tube & le vafe qui contenoit le vif-argent ; & dans la fuite on fouda au tube lui-même une boule de verre d'un diamètre affez grand pour que les variations de hauteur du mercure dans le tuyau , n'en puffent pas produire de fenfibles dans la boule (*). Ce Baromètre étant fort commode, devint auffi le plus commun , & l'eft encore aujourd'hui. Mais en gagnant de la commodité , on perdit de l'exactitude ; c'eft ce que je ferai voir dans la fuite (379 & 385) (1).

23. Augmenter l'étendue des variations du Baromètre , fut un objet vers lequel les Phy-ficiens tournèrent principalement leurs recher-ches, dès qu'ils apperçurent que la différence

---

(1) J'ai mis des *renvois* de cette premiere Partie aux fuivantes, pour ceux qui fe contenteront de les parcou-rir , ou qui s'intérefferont particulièrement à quelques-unes des matières qui compofent cet Ouvrage. Quant à ceux qui fe propofent de le lire avec attention , je crois que la plupart de ces *renvois* leur font inutiles, & qu'ils feront mieux de voir dans leur place naturelle les preuves de ce que j'avancerai.

de construction rendoit ces variations plus ou moins grandes. Ils étoient alors si persuadés qu'on découvriroit bientôt le rapport des changemens du Baromètre avec ceux de l'état de l'air, qu'ils croyoient perdre beaucoup en laissant échapper la plus petite variation de hauteur du mercure. Mais tout ce qu'ils firent pour atteindre à ce but, ne servit qu'à les en éloigner. On a rendu plus sensibles les effets des grandes variations du poids de l'air sur le Baromètre, ce qui étoit très-utile ; le Baromètre simple les indiquoit assez : mais en même temps on a fait obstacle aux petites variations, ou du moins on les a rendu très-irrégulières : c'est ce que prouvera le détail de différentes constructions du Baromètre, dans lequel je vais entrer.

Mais tous ces moyens ont été nuisibles à l'exactitude.

Baromètre imaginé par Descartes.

24. *Descartes* pensa le premier qu'on pouvoit augmenter l'étendue des variations du Baromètre (1). Son plan, à cet égard, étoit de prendre un tube fort long *a b* (*) ; d'augmenter son diamètre dans l'endroit où aboutissoit l'extrémité supérieure de la colonne de mercure, en y soudant une phiole cylindrique *c*, que pour plus de briéveté j'appellerai cylindre, & de mettre de l'eau sur le mercure, en quantité suffisante pour remplir le haut du cylindre &

Idée de Descartes pour rendre les variations du Baromètre quatorze fois aussi grandes qu'elles le sont ordinairement.
(*) Pl. I. Fig. 4.

---

(1) *Traités de l'Equilibre des liqueurs & de la pesanteur de la masse de l'air*, par *Pascal*, p. 207.

une portion du tube supérieur comme de *d* en *e*. Par cette construction, on pouvoit rendre la variation du Baromètre environ quatorze fois plus grande qu'elle n'étoit naturellement ; il suffisoit pour cela d'augmenter assez le diamètre du cylindre.

25. Pour le prouver, supposons que la variation totale du Baromètre simple soit de deux pouces, & que le diamètre du cylindre soit tel que l'eau déplacée dans ce cylindre par un changement de hauteur presqu'insensible du mercure produise une variation de 28 pouces dans la hauteur de la colonne d'eau qui communique avec le cylindre : alors la différence de pression de l'atmosphère n'agira sensiblement que sur la hauteur de cette colonne d'eau , parce que 28 pouces d'eau sont équivalents à deux pouces de mercure , & par conséquent à la différence totale de pression de l'atmosphère , dans ses plus grands changemens.

26. Il y a donc un *maximum* dans l'accroissement que donne cette construction du Baromètre à ses variations ; elle ne peut jamais excéder le rapport des pesanteurs spécifiques du mercure à l'eau. On obtiendroit ce *maximum*, quand le diamètre du tube pourroit être négligé comparativement à celui du cylindre. Par exemple , si ces diamètres étoient seulement comme 1 à 37, les variations dans le cylindre & dans le tube étant en raison inverse des quarrés de leurs diamètres, une variation d'$\frac{1}{4}$ de ligne dans le cylindre en produiroit une de

$$\frac{37 \times 37}{4} = \frac{1369}{4}$$ de ligne $= 28$ pouces 6 lig. $\frac{1}{4}$
dans le tube. Un Baromètre construit de cette
manière produiroit sensiblement le même effet
qu'un Baromètre d'eau dont la hauteur devroit
être de 33 pieds. Mais si le cylindre n'avoit
pas un diamètre suffisant, les variations de hauteur du mercure influant moins alors sur la
hauteur de la colonne d'eau, les changemens
de poids de l'atmosphère agiroient sensiblement
sur les deux colonnes.

En général, *les différentes étendues de variation dans les Baromètres composés de cette manière, sont entr'elles, en raison inverse de la
pesanteur spécifique moyenne des fluides qu'un
même changement dans le poids de l'air y déplace,
en ne considérant que l'accroissement ou diminution de hauteur de ces fluides.* Car la somme
des poids des portions de colonnes de mercure
& du fluide plus léger, dont la longueur totale
mesure la variation du Baromètre, cette somme
de poids, dis-je, étant la même dans tout le
Baromètre ainsi composé, c'est-à-dire égale au
poids de la portion de colonne de mercure qui
mesure la variation du Baromètre simple ; la
longueur totale de ces deux portions de colonnes
de mercure & du fluide plus léger déplacés dans
les plus grandes variations du poids de l'air,
c'est-à-dire l'étendue de variation du Baromètre
composé, est d'autant plus grande, que la pesanteur spécifique moyenne de ces deux portions
de colonne est moindre, & réciproquement.

27. Cette

27. Cette idée de *Descartes* étoit très-ingé-
nieuse, mais il mourut avant de l'exécuter.
M. *Chanut*, qui étoit alors Ambassadeur de
France en Suède, & à qui *Descartes* l'avoit
communiquée, entreprit de construire un Baromètre de cette espèce, mais il ne put réussir (1).

Descartes mourut sans avoir exécuté son idée.

28. Quelques années après M. *Huygens* eut
la même idée & fut plus heureux ; il parvint à
construire ce Baromètre : mais il le trouva sujet
à un inconvénient qui lui parut insurmontable ;
quelque précaution qu'il pût prendre, l'eau,
qui contient toujours de l'air, le laissoit échapper
dans le vuide quand le tube étoit scellé, &
cet air, par son ressort, diminuoit la hauteur
qu'auroit dû marquer le Baromètre.

M. Huygens l'ayant exécu-tée y trouva un inconvé-nient.

Le Baromètre double, *inventé par* M. HUYGENS.

29. Cet inconvénient détermina M. *Huygens*
à changer la construction de ce Baromètre ; &,
pour conserver ces grandes variations, il inventa la machine qui porte aujourd'hui le nom
de *Baromètre double* (*). Les deux extrémités
de sa colonne de mercure aboutissent dans des
cylindres de verre *a* & *b*, soudés au tube ordinaire ; le cylindre inférieur est joint à un second
tube étroit *b c*, qui s'élève parallèlement au
premier tube ; on remplit d'esprit-de-vin ou
d'huile de tartre une partie du second tube,
& celle du cylindre inférieur que le mercure

C'est pour y reméd er qu'il inventa le Baro-mètre double.

(*) Pl. I.
Fig. 5.

---

(1) *Traités de l'Equilibre des liqueurs & de la pesan-*
teur de la masse de l'air, par M. *Pascal*, pag. 208.

Tome I.   B

n'occupe pas, comme *d*, *e*. Dans les variations de hauteur du mercure , la liqueur suit ses mouvemens ; elle monte & descend dans le second tube , & ses variations de hauteur dans le tube & dans le cylindre , sont en raison inverse des quarrés de leur diamètre.

Le maximum de variation de ce Baromètre est le même que dans celui de Descartes.

30. Dans cette construction , le poids de la liqueur sur le mercure doit être toujours considéré comme joint au poids de l'air ; en sorte que le mercure pourroit être sensiblement immobile , si le diamètre des cylindres pouvoit être assez grand , relativement à celui du tube qui contient la liqueur , pour qu'une variation insensible de la hauteur du mercure dans le cylindre , produisît dans la hauteur de la liqueur une étendue de variation , qui fût à celle de deux pouces , comme la pesanteur spécifique du mercure seroit à celle de la liqueur. Par exemple , 28 pouces d'eau qui s'éleveroient dans le tube par un abaissement insensible du mercure , ajoutés au poids de l'air dans sa plus grande diminution , tiendroient en équilibre une colonne de mercure sensiblement égale à celle que le poids seul de l'air soutiendroit dans sa plus grande augmentation. M. *Huygens* a démontré géométriquement que les variations de son Baromètre sont à celles du Baromètre simple, *comme quatre fois le quarré du diamètre du cylindre , est à une fois ce même quarré , plus vingt-huit fois le diamètre du tuyau qui contient la liqueur* (1).

---

(1) Anc. Mém. de l'Ac. Roy. des Sc. tom. X , p. 542.

Il suit de-là, comme de la réflexion précédente, que l'étendue de 28 pouces est à-peu-près le *maximum* des variations de ce Baromètre, quand la liqueur est de l'eau commune; & que, si le diamètre des cylindres *a* & *b* n'est pas suffisant, l'étendue de ces variations diminue, comme dans le Baromètre de *Descartes*, en raison inverse de la pesanteur spécifique moyenne des portions de colonnes des deux fluides déplacées par un même changement dans le poids de l'air (16).

31. Cette construction est certainement préférable à celle de *Descartes*; cependant elle est sujette à bien des inconvéniens. Car, 1°. en diminuant les mouvemens du mercure, on ne diminue pas son adhérence au tube; &, puisqu'un petit changement dans la hauteur du mercure en produit un considérable dans celle de la liqueur, la moindre adhérence du mercure produit une irrégularité très-sensible dans la marche de ce Baromètre. 2°. Le poids de l'air agit sur le mercure par l'entremise de la liqueur; celle-ci, renfermée dans un canal étroit, résiste par le frottement à être déplacée; sa résistance à se mouvoir augmente quand sa colonne est plus grande : elle fait donc obstacle à la liberté du mouvement, plus ou moins, suivant l'étendue qu'elle occupe dans le tube. 3°. Quand la liqueur descend beaucoup, par une grande augmentation dans le poids de l'air, le tube reste mouillé dans toute l'étendue que la liqueur abandonne; ce qui diminue son volume & la fait baisser plus qu'elle ne baisseroit sans cela,

Le tube se seche ensuite, soit par l'écoulement, soit par l'évaporation; ce qui augmente la résistance que la liqueur trouve à monter quand le poids de l'air diminue : c'est un effet très-connu dans les tuyaux d'un petit diamètre, sur lequel je ne crois pas devoir insister. 4°. L'évaporation de la liqueur est favorisée par ses balancemens dans le tube, de sorte qu'au bout de quelque temps, elle n'indique plus sur les mêmes parties de l'échelle les mêmes poids de l'air qu'elle indiquoit au commencement. 5°. Enfin, la chaleur agit sur la colonne de liqueur & la rend spécifiquement plus ou moins pesante, & ces changemens influent plus ou moins sur la hauteur du Baromètre, suivant la longueur de la colonne qui varie par les changemens de poids de l'air.

Plusieurs Physiciens ont cru que cette cause d'irrégularité pouvoit être corrigée par les variations correspondantes d'un Thermomètre. M. *Amontons* (*Mém. de l'Ac. des Sc. année* 1704) & M. *de la Hire* (année 1708) ont indiqué des méthodes qui paroissent d'abord fondées sur la théorie, quoiqu'elles manquent de plusieurs conditions nécessaires pour les rendre exactes & générales; il sera facile de le sentir quand on aura vu ce qu'exige la correction pour la chaleur dans le Baromètre simple (350 à 374), & qu'on réfléchira aux difficultés qu'y ajoûte nécessairement la complication de celui-ci. M. *Desaguliers*, dans son *Cours de Physique expérimentale* (*traduction du* P. Pezenas, *tom.* 11 , *pag.* 297) propose aussi un moyen de corriger les effets de la chaleur sur le *Baromètre double* ; il consiste dans un Thermomètre semblable en tout à la portion du Baromètre qui contient la liqueur, & dont les variations devroient être retranchées, suivant lui, de celles du Baromètre, pour avoir la hauteur réelle de celui-ci relative au poids de l'air seul. Mais M. *Desaguliers* ne faisoit pas attention, que, les liqueurs pesant suivant leur hauteur quand leur bâse reste la même, tout ce dont la liqueur de ce Baromètre devroit s'allonger par la chaleur à cause de la différence de diamètre du cylindre & du tube qui la renferment étant une augmentation réelle de poids sur le mercure, celui - ci doit rétrograder d'autant, & remonter dans son tube, précisément comme si le poids de l'atmosphère augmentoit de la même quantité. Ainsi la variation réelle de hauteur de la liqueur dans son tube, occasionnée par la différence de chaleur dans cette liqueur considérée seule, ne seroit jamais qu'en raison composée directe de la hauteur actuelle de sa colonne & inverse de son changement de pesanteur spécifique, sans égard à l'effet de la différence de diamètre du cylindre & du tube, qui cependant produiroit les plus grandes variations dans le Thermomètre que M. *Desaguliers* propose.

LE BAROMÈTRE DOUBLE,
corrigé par le Docteur HOOK.

32. Le Docteur *Hook* qui, en 1668, avoit présenté à la Société Royale de Londres un

Baromètre semblable à celui de M. *Huygens* (1),
y fit encore, en 1685, des changemens utiles (2).
(*) Planc. I.
Fig. 6. A la première liqueur contenue de *b* en *c* (*),
comme dans le *Baromètre double ordinaire*, il
en ajouta une seconde spécifiquement plus lé-
gère & différemment colorée, qui, occupant
le haut du tube ouvert de *c* en *d*, se terminoit dans un *réservoir* cylindrique *a* de même
diamètre que le *cylindre e*, auquel ce tube
communiquoit par le bas.

Avantages de
cette construc-
tion. 33. Ce changement de construction produit

---

(1) *Transf. Ph.* n°. 185.

(2) *Ibid.* M. *de La Hire* parle de ce moyen de corriger le *Baromètre double*, comme étant de son invention (*Mém. de l'Ac. des Sc.* année 1708), & il dit
qu'en 1690 il le communiqua à M. *Huygens*. M. *Amontons* revendique aussi cette idée, dans un petit ouvrage
qu'il fit imprimer en 1695, intitulé : *Remarques &
Expériences physiques sur la construction d'une nouvelle
Clepsydre, sur les Baromètres, Thermomètres & Hygro-
mètres ; in*-12, pag. 145. Il dit avoir communiqué son
idée sur la construction de ce Baromètre double, huit
ou dix ans auparavant, à M. *Hubin*, Emailleur habile,
& qu'il la lui a proposée comme propre à faire un bon
Thermomètre, en scellant les deux tubes pendant que
l'un étoit plein, & l'autre vuide d'air : ce qu'il y a même
de singulier, c'est que lorsque M. *Amontons* en parla
à cet Artiste, celui - ci lui montra qu'il avoit exécuté
une idée assez semblable. Voilà donc quatre personnes
qui prétendent à la même invention. Mais M. *Amontons*
convient que son idée ne fut exécutée complettement,
qu'après que M. *Hubin* eut été en Angleterre, où le
Docteur *Hook* lui proposa la même chose ; d'ailleurs,
celui-ci a publié dix ans plutôt cette maniere de corriger le *Baromètre double* ; il paroît donc juste qu'elle
porte son nom.

trois avantages fenfibles ; 1°. la hauteur des
deux liqueurs fur le mercure eft toujours la
même, quel que foit le poids de l'air : car le
cylindre & le *réfervoir* étant de même diamètre ,
toutes les variations de hauteur qui arrivent
dans l'un, fe font dans l'autre d'une manière
contraire ; c'eft-à-dire, que , s'il fort une ligne
de liqueur du *cylindre* , il en entre une dans le
réfervoir , & réciproquement. D'où il réfulte
que les variations de hauteur du mercure feul
font à-peu-près les mêmes dans cette conftruction, que dans le Baromètre fimple. 2°. Le
tube étroit , qui communique par le haut au
réfervoir & par le bas au *cylindre* , étant toujours
rempli par les liqueurs , leur frottement dans
ce tube eft toujours fenfiblement le même.
3°. L'étendue de variation de ce Baromètre n'a
point de borne déterminée. Je viens de dire que
les variations de hauteur du mercure dans ce
Baromètre font à-peu-près égales à celles qui
ont lieu dans le Baromètre fimple : l'effet de
ces variations eft donc de faire paffer du *cylindre* au *réfervoir* , ou du *réfervoir* au *cylindre* ,
des volumes de liqueur égaux aux volumes de
mercure qui entrent dans le *cylindre* ou qui en
fortent dans les variations du Baromètre. Je
fuppofe que la variation totale eft d'un pouce (1) :
on peut choifir un tube tel par fa longueur &
fon diamètre , qu'il puiffe contenir la quantité

---

(1) Dans ce Baromètre la variation de chaque extrémité de la colonne de mercure n'eft que la moitié du
changement total de hauteur au-deffus du niveau (21).

de liqueur qui occupe un pouce de hauteur
dans le cylindre, proportionner la quantité respective des liqueurs de manière que leur point
de jonction, marqué en *c* dans la figure, soit
au bas du tube quand le poids de l'air est le
plus grand. Alors, dans la plus grande diminution du poids de l'atmosphere, ce point de
jonction des liqueurs passera du bas au haut du
tube sans en sortir, & le *cylindre*, de même
que le *réservoir*, ne contiendront jamais que
leur liqueur propre, mais en différente quantité,
suivant la position du point de jonction des liqueurs dans le tube.

Il résulte de ce que je viens de faire observer dans ce Baromètre, que l'accroissement de
ces variations n'a point de borne absolue; car
on pourra donner au tube telle longueur qu'on
voudra, & le point de jonction des liqueurs le
parcourra d'un bout à l'autre, pourvu qu'on
diminue proportionnellement son diamètre, ou
qu'on augmente celui du *cylindre* & du *réservoir*: il faut aussi donner une longueur convenable au tube qui contient le mercure, parce
que la hauteur absolue de sa colonne augmente
proportionnellement à celle des liqueurs qui
pesent sur lui.

Inconvéniens de cette construction.
34. Malgré ces avantages du Baromètre de
M. *Hook* sur celui de M. *Huygens*, il a encore
plusieurs défauts considérables. Premièrement,
quoique la hauteur des liqueurs soit toujours
la même dans une température constante,
cependant leur poids sur la bâse n'est pas toujours le même, à cause de la différence de leur

pefanteur fpécifique : M. *de la Hire* propofe l'huile de tartre & l'efprit-de-vin, dont les pefanteurs fpécifiques font comme 1073 à 866 (1); or, quand le mercure eft dans fon plus grand abaiffement, le tube *f g*, étant prefque tout rempli de l'huile de tartre qui eft monté du cylindre *e*, la colonne totale des deux liqueurs *b d*, pèfe près d'un quart de plus fur fa bâfe, que quand elle eft prefque toute compofée de l'efprit-de-vin qui eft defcendu du réfervoir *a*, par la plus grande élévation du mercure dans fon tube. Cette différence de preffion des liqueurs en divers temps, empêche qu'on ne puiffe regarder des variations égales dans ce Baromètre, comme correfpondantes à des changemens égaux dans le poids de l'air; il faut néceffairement avoir égard à la différence de pefanteur fpécifique des liqueurs, & à la hauteur variable de leurs colonnes. Or, moins les rapports font fimples, plus il eft facile de tomber dans l'erreur. 2°. Quoiqu'il n'y ait point de différence fenfible dans le frottement des liqueurs contre les parois du tube en divers temps, cependant comme il y a un frottement continuel, les mouvemens de ce Baromètre ne peuvent être auffi libres que ceux du Baromètre fimple. 3°. Un autre défaut procède du paffage des parties colorantes d'une liqueur dans l'autre, & de leur dépôt contre les parois du tube; car,

---

(1) Effai de Phy. par M. Muffchenbroeck; Leyde, 1751, tom. 1, pag. 407.

par ces deux caufes, le point de jonction des liqueurs peut devenir fenfible avec le temps. 4°. La liqueur de ce Baromètre s'évapore comme celle du Baromètre de M. *Huygens* : M. *de la Hire* propofe un moyen d'y remédier ; il confifte à marquer fur le réfervoir *a*, le point où la liqueur fupérieure fe termine dans un certain état de l'air indiqué par un Baromètre fimple & par le Thermomètre, pour reconnoître dans la fuite, combien la quantité de cette liqueur aura diminué par l'évaporation. Je conviens que ce remède eft poffible, mais c'eft toujours un inconvénient d'être obligé d'y avoir recours, parce qu'il n'eft point commun que le Baromètre & le Thermomètre foient en même temps à des hauteurs données, & que jufqu'au moment où fe fait la vérification, on ne peut tabler fur rien de certain. 5°. La chaleur agit fur les liqueurs de ce Baromètre : il eft vrai qu'elle ne fait pas auffi inégalement varier leur hauteur que dans le Baromètre de M. *Huygens*, à caufe du réfervoir fupérieur ; mais il eft bien plus difficile de déterminer fon effet fur le mouvement du point de jonction de ces liqueurs, parce que leur dilatabilité eft différente. Ce Baromètre a plufieurs autres défauts auxquels je ne m'arrêterai pas ; ils dépendent de quelques principes que j'établirai ailleurs, & dont l'application fera facile. (408, 451 *& ailleurs*).

LE BAROMÈTRE A POULIE,
inventé par le Docteur HOOK.

35. Je n'ai pas voulu interrompre l'histoire du *Baromètre double*, en plaçant à sa date une invention du Dr. *Hook*, qui tend à la même fin (1). Cet homme ingénieux inventa, en 1668, le *Baromètre à poulie*, qui, pour des observations peu délicates, offre bien des agrémens. Il est fait d'un tube simplement recourbé *a b* (*); un poids de fer ou de verre, suspendu à un fil, repose sur l'extrêmité inférieure de la colonne de mercure en *c*; le fil passe sur une poulie *d*, & porte, à l'autre bout, un contrepoids *e*, qui le tient tendu (2). Quand la hauteur du mercure varie, le poids suit ses mouvemens; il les communique, par le fil, à la poulie, celle-ci à une aiguille *f*, placée à l'une des extrémités de son axe, & l'aiguille indique, sur un cadran *f*, *g*, *h*, les changemens de hauteur du mercure.

Le Docteur Hook avoit déja inventé le Baromètre à poulie en 1668.

(*) *Planc.* I. *Fig.* 7.

36. Cet instrument est très-susceptible de

Avantages & inconvéniens du Baromètre à poulie.

———————————————————

(1) Transf. Ph. n°. 185.

(2) C'est la méthode ordinaire; mais je préfère d'employer deux fils, l'un attaché au poids, l'autre au contrepoids, & de fixer ces fils séparément à la poulie, afin d'empêcher qu'ils ne glissent. Il faut alors que l'aiguille puisse changer aisément de position sur son axe; car avec le temps, l'allongement du fil auquel le poids est suspendu, la nécessité de nettoyer de temps en temps le tube, & bien d'autres causes, font que l'indication de l'aiguille n'est pas d'accord avec la hauteur du mercure.

décoration; il est aussi fort commode pour voir, d'un coup-d'œil, les variations du Baromètre, qu'il rend très-sensibles; mais il n'est pas d'un usage général, & il est peu propre à des observations délicates; car, 1°. il se dérange très-aisément dans le transport; il ne peut donc servir qu'en restant fixe. 2°. La portion de mercure qui communique avec l'air extérieur se salit nécessairement, & n'a plus alors assez de liberté pour suivre avec exactitude les impressions du poids de l'atmosphère (386). On peut, il est vrai, nettoyer de temps en temps le mercure & la portion de tube où il se meut; mais l'attirail qui l'environne rend cette opération longue & difficile. 3°. Plus on s'éloigne d'un premier mobile, moins les derniers effets conservent de correspondance avec les premiers, à cause des résistances, des frottemens & de l'action des causes extérieures, qui augmentent avec le nombre des mobiles. Ce principe est connu, & son application au *Baromètre à poulie* est aisée.

Le Baromètre incliné, inventé par le Chevalier
MORLAND.

Invention du *Baromètre incliné*, par le Chevalier *Morland*, Anglois.

37. Un autre moyen d'augmenter les variations du Baromètre, est celui que M. *Musschenbroeck* attribue au Chevalier *Morland* (1), le

---

(1) *Essai de Ph.* par M. *Musschenbroeck* ; Leyde 1751 , pag. 628.

même à qui nous devons le *porte-voix*. Je n'ai pu trouver la date précise de l'invention, ni le nom de l'Auteur dans un Ouvrage original : j'ai vu seulement qu'en 1698 M. *Derham* donna la description de ce Baromètre dans les *Tranf. Ph.* N°. 236, & qu'il dit la tenir d'un de fes amis.

Le moyen dont je parle confifte à donner une inclinaifon plus ou moins grande à la partie fupérieure du tube (*), afin que le mercure foit obligé de parcourir un long efpace pour changer fa hauteur verticale conformément aux changemens du poids de l'air.

(*) Planc. I.
Fig. 8.

38. Cette idée étoit trop ingénieufe pour être négligée ; auffi le *Baromètre incliné* eft-il devenu fort commun. Cependant, il ne peut convenir pour des obfervations exactes, à caufe de l'augmentation de frottement du mercure, produite, tant par la plus grande étendue de fon trajet, que par fon appui fur la partie inclinée du tube, outre qu'il eft prefqu'impoffible de déterminer exactement la hauteur verticale de la colonne de mercure, à caufe de l'inclinaifon de fon extrémité fupérieure.

Ses avantages
& fes défauts.

Le Baromètre en équerre de M. JEAN BERNOULLI.

39. Un autre Baromètre qui a mérité l'attention des Phyficiens, eft celui dont M. *J. Domin. Caffini* eft le premier inventeur, & qui cependant a porté le nom de M. *Jean Bernoulli*, parce que ce Mathématicien célebre, ayant eu la même idée, la publia le premier vers l'année

Defcription du
Baromètre en
équerre.

(*) Pl. I.
Fig. 9.

1710 (1). Il est fait de deux tubes d'inégal diamètre, *a b*, & *b c* (*), soudés ensemble en *b*, & courbés à angle droit en *d*. Le tube de plus grand diamètre est placé verticalement & se termine, dans le haut, par un cylindre *a*; ce tube contient la colonne de mercure, dont la hauteur marque le poids de l'air. L'autre tube, dont le diamètre est plus petit, est dans une position horisontale; il reçoit l'excédent du mercure, qui, par conséquent, se meut horisontalement, quand la hauteur de la colonne varie dans le tube vertical.

Ses avantages.

40. Ce Baromètre a plusieurs avantages.

---

(1) Quand la description du Baromètre de M. *Bernoulli* fut présentée à l'Académie des Sciences de Paris, on informa ce Savant, que M. *J. Dom. Cassini* avoit eu la même idée plusieurs années auparavant : mais qu'il l'avoit négligée, parce qu'elle ne lui avoit pas réussi dans la pratique; l'air extérieur s'étoit mêlé avec le mercure dans le tube horisontal. Il est vrai que cet inconvénient est à craindre quand on ne prend pas les précautions nécessaires pour que ce tube & le mercure soient bien nets. M. *Bernoulli* les avoit prises, puisqu'il réussit dans l'exécution de son idée, & que depuis lors on a fait usage de ce Baromètre : c'est donc à lui qu'on le doit; & par cela même il est bien naturel qu'il porte son nom. (Voyez HERMANNI *Phoronomia*, &c. *in-4°*, pag. 177). M. *Hermann*, en donnant dans cet ouvrage, imprimé en 1716, la Description du Baromètre de M. *Bernoulli*, dit, qu'il la tient de lui-même, & que ce Baromètre étoit inventé depuis plusieurs années. La même Description se trouve dans le Recueil des Ouvrages de M. *Bernoulli*, fait par M. *Cramer*, qui a pour titre JOANNIS BERNOULLI *opera omnia*; tom. II. n°. XCVIII, p. 207.

D'abord, à ne confidérer que ce qui fe paffe dans le tube vertical, la variation du mercure n'y eft point diminuée par le changement de hauteur de fon niveau en-bas, puifque ce niveau refte toujours le même, la branche qui le détermine étant horifontale : l'extrémité fupérieure de la colonne indique donc feule la totalité de chaque variation de poids de l'air; mais ce n'eft là qu'un bien petit avantage pour l'augmentation de *fenfibilité*, en comparaifon de celle que produit la différence de diamètre des tubes. Cette augmentation eft prefque illimitée; car, plus le diamètre du tube horifontal eft petit par rapport à celui du cylindre *a*, plus la variation du mercure dans le premier eft grande pour un même changement de hauteur dans le dernier, les efpaces parcourus en même temps dans l'un & l'autre étant en raifon inverfe des quarrés de leurs diamètres : de forte qu'en donnant ½ ligne de diamètre à la branche horifontale & 5 lig. au cylindre, le mercure fera cent fois plus de variation dans la premiere que dans celle-ci.

41. On ne peut difconvenir que ce Baromètre ne foit très-agréable dans l'ufage ordinaire, par fa *fenfibilité*; mais il a, comme tous les Baromètres de ce genre, des défauts probablement inévitables pour les obfervations exactes.

1°. Les Baromètres de cette efpèce ne peuvent indiquer uniformément le poids de l'air, fi le cylindre *a* n'eft pas toujours de même diamètre, parce que la pofition horifontale du tube *b c*

fait qu'il repréſente un ſimple réſervoir, &
empêche que l'égalité de rapport entre les diamètres de ce tube & du cylindre *a* ne ſoit
ſuffiſante pour produire cette uniformité : c'eſt
ce qu'on déduira aiſément de ce que je dirai
dans la ſuite ſur l'effet des diamètres des tubes
(381 à 386). 2°. Le mercure éprouve un
frottement conſidérable dans la branche horiſontale, tant à cauſe de ſon petit diamètre,
que par ſa poſition, la colonne de mercure
preſſant ſur le fond de ce canal de tout ſon
poids : or ce frottement fait obſtacle au mouvement du mercure, & l'empêche d'atteindre
le point où il devroit être pour indiquer le poids
actuel de l'air. Pendant les grands abaiſſemens
du mercure, il peut remonter de deux lignes
dans les Baromètres ordinaires, ſans qu'il faſſe
aucun mouvement dans celui-ci. Il eſt vrai que
la différence n'eſt pas ſi grande dans les autres
poſitions du mercure, qu'elle eſt beaucoup
moindre lorſqu'il deſcend, & que même on
peut aider le mercure à monter en ébranlant
le tube; mais, dans tous ces cas, on ne peut
s'aſſurer parfaitement qu'il ſe fixera toujours
au point correſpondant à l'état de l'atmoſphère.

Eſſai ſur la
cauſe du retar-
dement que le
mercure éprou-
ve lorſqu'il
monte dans le
*Baromètre en
équerre.*

42. La grande différence de retardement
qu'éprouve le mercure dans ce Baromètre entre
ſa deſcente & ſon aſcenſion, vient ſans doute
de ce que la jonction des colonnes d'air & de
mercure ſe fait au point le plus bas du Baromètre, c'eſt-à-dire dans le tube horiſontal :
voici ce qui me paroît réſulter de cette cir-
conſtance. Quand le poids de l'air diminue,
&

& que le mercure tend à defcendre, c'eft un fluide incompreffible qui agit pour déplacer un fluide compreffible; ce qu'il fait aifément : mais quand le poids de l'air augmente, & tend à foulever le mercure, la compreffibilité de l'air affoiblit fon action contre le mercure, & il faut qu'il ait acquis un certain dégré de condenfation pour que le mercure foit repouffé & déterminé à monter.

43. Il n'en eft pas de même des autres Baromètres, où l'action des colonnes d'air & de mercure l'une contre l'autre fe fait dans le fens vertical; car on peut confidérer, dans ces Baromètres, deux colonnes diftinctes, dont l'une n'eft que de mercure, & l'autre eft compofée de mercure & d'air : ces deux colonnes fe réuniffent par leur bâfe, qui eft de mercure dans l'une & dans l'autre, & par conféquent elles ont à-peu-près la même faculté pour fe repouffer alternativement, quand la pefanteur de l'une excède celle de l'autre.

Cette caufe ne peut agir que foiblement dans le Baromètre ordin.

44. Cependant il refte toujours, dans tous les Baromètres, une petite différence dans la réfiftance qu'éprouve le mercure à fes différens mouvemens; elle eft un peu plus grande dans l'afcenfion que dans la defcente. Il eft rare qu'on faffe abaiffer la colonne de mercure en frappant le tube; & prefque toujours, au contraire, elle s'éleve un peu quand le Baromètre tend à monter. On peut auffi la faire élever, en frappant le Baromètre vivement, lors même qu'elle tend à defcendre, parce que l'ofcillation horifontale qu'on occafionne dans le mercure,

Elle y a cependant quelqu'influence.

Tome I.   C

diminue ſa preſſion verticale; mais, quand le mercure s'eſt élevé par cette cauſe, il redeſcend dès qu'elle a ceſſé.

Examen des effets que la chaleur produit ſur le *Barom.* en équerre.

45. Un troiſiéme défaut pour les obſervations où l'exactitude eſt néceſſaire, vient de la difficulté d'évaluer les effets que la chaleur opère ſur ce Baromètre; car non-ſeulement elle n'agit point ſur celui-ci comme ſur les autres: mais encore ſes effets varient dans le même Baromètre en divers temps, & ne ſont point les mêmes dans tous les Baromètres de cette eſpèce. Pour démontrer ces propoſitions d'une maniere abſolue, il faudroit entrer dans des détails qui ne ſont pas ici de mon ſujet; c'eſt-pourquoi je me contenterai d'indiquer les différences qui doivent être produites par la diverſité des cas. Si la chaleur, dont l'effet immédiat eſt de dilater le mercure, augmente la hauteur de ce fluide dans les Baromètres en général (1), elle doit augmenter celle de la colonne verticale du Baromètre de M. *Bernoulli*, & par conſéquent produire à cet égard un effet ſemblable à celui que produiroit l'augmentation du poids de l'atmoſphère; mais en même temps la chaleur dilate la colonne horiſontale, qui s'allongeant par cette raiſon, ſemble indiquer que le poids de l'air diminue: ainſi les indications des deux colonnes changent en même temps en ſens contraire. Quand le mercure

---

(1) Voyez la raiſon de cette expreſſion conditionelle n°. 107 à 111, l'exiſtence de la condition n°. 353, & la principale cauſe des doutes, *ibid.*

eſt à ſa plus grande hauteur, la colonne horiſontale ſe terminant en *b*, eſt preſque nulle;
au contraire, dans les abaiſſemens du mercure,
ſoit par le changement du poids de l'air dans
le même lieu, ſoit par le tranſport du Baromètre en des lieux élevés, la colonne horiſontale
parvenant juſqu'en *c*, peut égaler en longueur
& même ſurpaſſer la colonne verticale : ainſi,
dans le même Baromètre, les effets de la chaleur, ſur les indications des deux colonnes,
changeront autant qu'il y a de différens cas
entre les deux extrêmes. Il eſt aiſé de conclurre
de la différence des effets de la chaleur ſur le
même Baromètre en divers temps, qu'il doit
y avoir auſſi de la différence entre les Baromètres de la même eſpèce qui ne ſeront pas
ſemblables dans le rapport des diamètres des
tubes, & dans la quantité de mercure; c'eſt-
pourquoi je n'inſiſte pas ſur ce point. Les Géo-
mètres ne ſeront pas arrêtés par ces différences;
ils verront, d'un coup-d'œil, les moyens de
trouver une formule qui renferme toutes ces
conditions. Mais puiſque les Phyſiciens qui
conſultent l'expérience n'ont pas été d'accord
ſur les effets de la chaleur dans le Baromètre
ſimple (107 à 111), combien moins peut-on
eſpérer de trouver une règle exacte & générale
dans une ſi grande complication d'effets ! Par
cette raiſon, de même que par les deux précédentes, il ne me paroît pas que le Baromètre
de M. *Bernoulli* puiſſe être employé utilement
à des obſervations délicates.

LE BAROMÈTRE CONIQUE,
inventé par M. AMONTONS.

46. M. *Amontons* inventa, en 1695, un Baromètre dont les variations peuvent être considérablement plus grandes que celles du Baromètre ordinaire (1). (*) Il consiste en un tube *a b*, de trois à quatre pieds de longueur, ou plus encore, scellé par un bout; son diamètre peut être d'une ligne à l'extrémité scellée *a*, & il doit augmenter insensiblement jusqu'à l'autre extrémité. Il renferme une colonne de mercure qui occupe environ 29 pouces de longueur, quand elle appuie contre le sommet du tube. Lorsqu'on redresse ce Baromètre, la colonne de mercure, étant de la longueur que je viens d'indiquer, est plus pesante qu'une colonne d'air de même base, elle descend donc & laisse le haut du tube vuide d'air : mais cette colonne, en descendant, passe successivement dans des portions du tube dont le diamètre s'élargit de plus en plus; ce qui l'oblige à s'accourcir, jusqu'à ce qu'elle soit devenue à-peu-près égale à celle qui est soutenue dans le Baromètre ordinaire au moment de l'observation; elle s'arrête alors en *c d*, par

---

(1) M. *Halley* annonça le *Baromètre conique* en 1720, comme étant une nouvelle invention de M. *Patrick*, Artiste Anglois fort renommé dans ce temps-là (*Philosop. transact.* n°. 366); mais il se trompoit, car la description de ce Baromètre avoit déjà été donnée en 1695, par M. *Amontons*, dans le petit ouvrage dont j'ai parlé ci-devant (32, *note*) page 123.

extraordinaire, parce qu'elle est en équilibre avec l'atmosphère.

Si le poids de l'air diminue, la colonne s'abbaisse & occupe alors une portion du tube dont le diamètre est plus grand, & par conséquent elle devient plus courte; s'il augmente, elle remonte, & s'allonge par la raison contraire : en un mot, elle s'arrête toujours dans une portion du tube dont le diamètre moyen est tel qu'il la réduit à-peu-près à la longueur de la colonne soutenue dans le Baromètre ordinaire au moment de l'observation. Plus le rétrécissement du tube en remontant du bout ouvert au bout fermé est insensible, plus la colonne de mercure parcourt d'espace pour acquérir la longueur exigée par les variations de poids de l'atmosphère.

47. Si M. *Amontons* a trouvé cette construc-tion *a priori*, je ne vois rien de plus ingénieux; &, quoi qu'il en soit, la machine en elle-même est très-intéressante, & mérite d'être plus connue. Elle prouve, sans équivoque, la pesanteur de l'air, de même que ses accroissemens & dimi-nutions, & l'on en peut tirer des démonstrations très-commodes dans l'hydrostatique.

48. Mais quoique cet instrument fournisse un excellent Baroscope, il ne peut servir de Baromètre exact. L'étendue de ses variations est trompeuse dans ce dernier usage ; car, pour que les changemens de position de sa colonne fussent proportionnels en étendue à ceux qui arrivent à sa longueur, il faudroit une ré-gularité dans la diminution du diamètre du tube, qu'il est presqu'impossible d'obtenir. On

C iij

est donc réduit, presque nécessairement, à mesurer la longueur de la colonne, & alors ce n'est qu'un Baromètre ordinaire, plus incommode même & plus sujet à erreur : car, 1°. il est moins commode de mesurer la longueur de cette colonne, que d'observer la hauteur du Baromètre ordinaire. 2°. La colonne éprouve un frottement très-grand dans le tube, parce qu'elle se meut presque comme si elle étoit solide, c'est-à-dire en glissant de toute sa longueur dans l'intérieur du tube. 3°. Les changemens de position de la colonne de mercure dans son tube, produisent le même effet que si elle passoit dans des tubes de différens diamètres ; or, par une observation de M. *de Plantade*, dont je ferai mention dans ce même chapitre (101), la pression de cette colonne sur l'air qui la soutient ne peut être proportionnelle à sa hauteur.

49. Tels sont les principaux moyens qu'on a mis en œuvre pour augmenter les variations du Baromètre ; il n'en est aucun qui ne tende en même temps à diminuer l'exactitude des observations ; c'est ce que je crois avoir prouvé. Il ne me reste plus, sur ce sujet, qu'à montrer en général l'inutilité de ces recherches, du moins pour l'objet qu'on s'est proposé en les faisant.

50. La variation de hauteur du mercure, dans un tube, est toujours la cause prochaine de tous les mouvemens dont on a cherché à augmenter l'étendue. Je ferai voir, dans la suite, que, malgré un grand nombre de corrections que j'ai faites au Baromètre simple, je n'ai pu

parvenir à le rendre exact qu'à $\frac{1}{16}$ & même quelquefois à $\frac{1}{8}$ de ligne près : or un seizieme de ligne se mesure très-aisément à l'œil dans le Baromètre simple (365) ; & quant à ceux pour qui leur vue est un obstacle, de bonnes lunettes peuvent leur tenir lieu de toutes les constructions dont j'ai parlé.

51. J'en dis autant d'une espèce de micro-mètre appliqué par M. *Derham*, en 1668, à l'usage du Baromètre (1) : c'est un index qu'on conduit avec la main, jusqu'à ce qu'il aboutisse à la surface du mercure ; cet index est porté par une régle dentée, qui, faisant mouvoir un pignon, peut indiquer, par une aiguille sur un cadran, & en très-petites parties d'une ligne, la hauteur du mercure qui doit correspondre à l'index. Je compare toutes ces inventions, indépendamment des défauts réels qu'elles occa-sionnent, au micromètre d'un secteur qui in-diqueroit les tierces de dégré, tandis qu'on ne peut s'assurer, à une seconde près, ni de l'exac-titude de l'instrument lui-même, ni de celle de l'observation ; c'est-à-dire, que le fil à plomb, & celui de la lunette, partagent en deux parties parfaitement égales, l'un le point de la division, l'autre celui auquel on vise.

Micromètre de M. Derham, inutile.

—————————————————

(1) Tr. Ph. n°. 237.

Baromètre réduit de M. AMONTONS.

52. Pendant que quelques Physiciens songeoient à augmenter les variations du Baromètre, d'autres cherchoient à diminuer la hauteur de son tube, pour le rendre plus commode. M. *Amontons*, qui s'étoit occupé du premier objet, imagina lui-même, en 1688, un moyen de réduire à volonté la hauteur du Baromètre (1).

____

(1) *Anc. Hist. de l'Ac. des Sc.* tom. 11, pag. 39. Dans le *Journal de Trévoux* du mois de Mars 1723, on attribue cette invention à M. *Gauger*, *Avocat au Parlement & Censeur Royal des livres*; on le fait même avec beaucoup d'appareil. Suivant ce que disent les Journalistes, il paroît que M. *Gauger* avoit proposé aux Physiciens, en 1710, un problême dont voici les principales conditions. « Faire un Baromètre & un Thermomètre dont
» les tuyaux & les tubes ou boîtes soient égaux chacun
» à chacun, en hauteur & en grosseur, &c.... *dont la*
» *hauteur soit de 15, de 30, de 50 pouces, & plus ou*
» *moins*, si l'on veut; dont la *sensibilité*, ou la diffé-
» rence du grand froid au grand chaud dans le Thermo-
» mètre, & de la moindre à la plus grande pression de
» l'air dans le Baromètre, soit non-seulement égale, *mais*
» *même plus grande que leur hauteur, &c....* & dont
» enfin l'on puisse faire en un moment du Thermomètre
» un Baromètre, & du Baromètre un Thermomètre,
» sans rien changer à la longueur, à la largeur, ni à
» la situation de leurs tuyaux ni boîtes, ni à la qualité,
» quantité ou disposition de leurs liqueurs ».
La solution du problême, qu'on attribue à M. *Gauger*, n'est que le Baromètre de M. *Amontons*, dont il est question dans le texte, combiné avec celui du Docteur *Hook*, auquel prétendoit aussi M. *Amontons* (32 & *note*). Dès l'année 1688 M. *Amontons* avoit indiqué le moyen

53. L'invention de M. *Amontons* confiſte à joindre pluſieurs tubes les uns auprès des autres, de manière qu'ils communiquent alternativement par le bas & par le haut (*). Le premier tube *a b*, eſt plein de mercure; il eſt joint en *b* à un tube *b c*, rempli d'air ou de quelque liqueur; celui-ci communique en *c* à un troiſième tube *c d*, qui eſt plein de mercure, & ainſi de ſuite. Deux colonnes de mercure & une d'air (c'eſt le cas de la figure) réduiſent la hauteur des colonnes de mercure à 14 pouces,

Deſcription du *Baromètre réduit* de M. *Amontons.*

(*) Pl. I. Fig. II.

---

de diminuer la hauteur du Baromètre à volonté, & ainſi de faire des Baromètres *dont la hauteur ſoit de 15, de 30 ... pouces & ... moins* (voyez le texte): mais non, j'en conviens; *de 50 pouces & plus*: c'eſt auſſi ce que M. *Gauger* n'a pas fait lui-même, quoiqu'il l'air annoncé en 1722, à moins qu'il ne veuille parler de l'allongement du dernier tube & de l'addition d'un réſervoir pour contenir une troiſieme liqueur, conſtruction dont il parle, il eſt vrai, mais trente-ſept ans après le Docteur *Hook* (32); & même encore cette condition ... *dont la ſenſibilité* ... ſoit *même plus grande que leur hauteur*, n'eſt qu'un jeu de mots, ſi l'on prétend que la variation dans un des tubes plus long que les autres, eſt plus *grande* que la *hauteur* du Baromètre; elle eſt contradictoire, ſi l'on dit avoir dans le même inſtrument, un Baromètre dont un tube eſt *haut* de 50 pouces, par exemple, & un Baromètre dont la variation étant moindre de 50 pouces, *eſt plus grande que cette même hauteur.* Quant à la condition de faire du *Thermomètre* un *Baromètre*, & *du Baromètre un Thermomètre*, M. *Amontons* l'avoit déjà trouvée en 1695; il ouvroit ou fermoit pour cet effet le haut du tube qui, dans le Baromètre, doit communiquer avec l'air extérieur, (32, *note*).

(14 × 2 = 28); quatre colonnes de mercure
& trois colonnes d'air réduifent cette hauteur
à 7 pouces, (7 × 4 = 28) &c. En un mot,
il fuffit que la fomme des hauteurs des colonnes
de mercure, foutenues par l'air, foit égale à
28 pouces, & qu'il y ait entr'elles un fluide
moins pefant qui tranfmette la preffion des unes
fur les autres. Quand le vuide fe fait au-deffus
de la premiere colonne de mercure, en redreffant
le Baromètre, cette colonne s'abbaiffe un peu
dans le premier tube, & remonte d'autant dans
le fecond, en foulevant la premiere colonne
d'air : l'action de celle-ci change de direction
dans la courbure fupérieure, au-delà de laquelle
elle agit de haut en bas fur la feconde colonne
de mercure, par la force que lui communique
la première : cette preffion, jointe au poids de
la feconde colonne de mercure, produit le même
effet que fi le poids de cette colonne étoit double; c'eft par cette force que la feconde colonne
de mercure agit pour foulever la feconde colonne d'air, & ainfi de fuite. Le poids des
colonnes de mercure s'ajoûte donc fucceffivement des unes aux autres, & la derniere agit
contre l'air extérieur par la fomme de tous ces
poids. Chaque courbure fupérieure doit avoir un
petit tube femblable à *g*, qui fert à introduire
le mercure dans les deux tubes auxquels il communique : on le fcèle après cette introduction.
Dans les changemens du poids de l'air, toutes
les colonnes fe meuvent féparément comme
autant de petits Baromètres, & la variation de

chaque colonne diminue proportionnellement à leur nombre. Pour fuppléer à cette diminution, trop oppofée au defir de tous les obfervateurs, M. *Amontons* donna à fa machine la propriété du Baromètre double, en plaçant fur la dernière colonne de mercure une colonne de liqueur qui fe terminoit dans un tube capillaire ef; & les cylindres a, b, c, d, contribuent à l'étendue de la variation de cette liqueur comme dans le Baromètre double (29). Pour éviter le mèlange des colonnes de mercure qui fe fait au moindre mouvement du Baromètre, quand elles ne font féparées que par des colonnes d'air, on emploie des liqueurs incompreffibles, comme l'eau, l'efprit de vin, &c.; ce qui augmente un peu la hauteur des colonnes de mercure (1).

---

(1) M. *Paffement*, habile Ingénieur en inftrumens de Mathématique à Paris, a imaginé depuis peu deux moyens d'augmenter l'apparence des variations dans ce Baromètre. L'un confifte à fubftituer un tuyau en zigzag au tuyau droit bg (fig. 11) placé entre les deux colonnes de mercure, d'environ 14 pouces : ce tuyau eft rempli de deux liqueurs de différentes pefanteurs fpécifiques & diverfement colorées, comme dans le Baromètre du Docteur *Hook*, dont j'ai parlé ci-devant (32), & le point de jonction des liqueurs, qui parcourt toute l'étendue du zigzag, fi le tuyau qui le forme eft affez étroit, marque la variation du Baromètre par un trajet qui peut être fort long. L'autre moyen confifte à laiffer droit le tuyau bg, qui contient les deux liqueurs ; mais à le prolonger au-deffus des tubes qui contiennent le mercure, en le faifant redefcendre pour le réunir au réfervoir c : dans cette conftruction, le point de jonction des liqueurs

54. Cette idée de M. *Amontons* eſt très-ingénieuſe; mais elle n'eſt d'aucune utilité dans la pratique, parce qu'il eſt impoſſible de donner à cette machine un dégré ſuffiſant de régularité. J'ai tenté vainement de purger d'air, tant le mercure que le fluide intermédiaire; &, dans ce mélange toujours inégal, de trois ſubſtances ſi différentes, la chaleur produit des effets qu'il eſt impoſſible de déterminer pour tous les cas. D'ailleurs, le frottement augmente par la multiplication des tuyaux & de leurs courbures; &, par ces deux cauſes, les mouvemens de ce Baromètre ſont très-irréguliers (1).

Baromètre réduit de M. DE MAIRAN.

55. Un autre *Baromètre réduit*, dont l'utilité eſt très-grande, eſt celui de M. *de Mairan*. Quoiqu'il n'ait pas un rapport direct au ſujet de cet ouvrage, comme il s'agit dans ce chapitre des Baromètres en général, je crois devoir faire mention de celui-ci.

---

parcourt un eſpace d'autant plus grand, que l'on fait le tuyau plus long, & proportionellement plus étroit. Dans l'un & l'autre de ces Baromètres la jonction des liqueurs & du mercure doit ſe trouver dans des cylindres, comme je l'ai dit des Baromètres de M. *Huygens* & du Docteur *Hook* (29, 35); on proportionne le diamètre de ces cylindres à l'étendue qu'on veut donner à la variation du Baromètre, & au diamètre du tube qui renferme les liqueurs.

(1) Les Baromètres de M. *Paſſement*, dont j'ai parlé dans la note précédente, ſont ſujets aux mêmes inconvéniens.

56. Le Baromètre a toujours servi de *Mano-* *mètre* (1) dans la Pompe pneumatique ; c'est par son moyen qu'on détermine le dégré de dilatation de l'air dans le récipient. On l'employoit autrefois de deux manières ; les uns se servoient d'un tube ouvert par les deux bouts, placé sous la machine ; il plongeoit dans un vâse plein de mercure, & communiquoit, par le haut, avec le récipient au travers de la platine qui le supporte. La hauteur de la colonne de mercure qui s'élevoit dans ce tube, comparée à celle du Baromètre dans ce moment-là, indiquoit à-peu-près la différence de dilatation de l'air extérieur & de celui qui restoit dans le récipient de la machine. D'autres employoient plus utilement le Baromètre ordinaire, en l'enfermant sous un récipient propre à le contenir : les différentes hauteurs du mercure dans ce Baromètre, indiquoient immédiatement les dilatations successives de l'air renfermé dans le récipient.

Manomètre à l'usage de la pompe pneumatique.

57. Mais ces deux moyens étoient fort incommodes ; c'est ce qui conduisit M. *de Mairan* à réduire la hauteur du Baromètre ordinaire. Voici la description que M. *du Fay* donne de cette machine (2).

Le Barom. *réduit* de M. *de* Mairan, *est le meilleur* Manomètre *dans ce cas.*

« (*) Le Baromètre de M. *de Mairan* est
» semblable, pour la forme, aux Baromètres

Description du Baromètre réduit de M. *de* Mairan*, par* M. *du Fay.*
(*) Planc. I. Fig. 12.

(1) *Manomètre* ou *mesure de la rareté*, vient de μανός *rare*, & de μέτρον *mesure*.

(2) Mém. de l'Ac. Roy. des Sc. année 1734, *in-12.* pag. 486.

» ordinaires, si ce n'est qu'il n'a en tout que
» trois pouces de long, ou environ; on le
» remplit tout entier de mercure, ainsi que
» la partie inférieure de la boule, & on l'ajuste
» sur un petit pied, afin qu'il puisse demeurer
» dans une situation verticale. Lorsqu'on veut
» connoître, par le moyen de cet instrument,
» la quantité dont l'air est dilaté dans le ré-
» cipient, on le pose sous ce récipient sur la
» platine de la machine pneumatique; on con-
» çoit assez que les premiers coups de piston
» ne font aucun effet sur ce Baromètre; mais
» lorsque l'air est dilaté au point que le Ba-
» romètre ordinaire seroit descendu de 24
» pouces, ou environ, celui-ci commence à
» agir; & si on le fait descendre de 2 pouces,
» on doit juger que le Baromètre ordinaire
» seroit descendu de 26 pouces, ainsi du reste.
» On ajuste à ce Baromètre une petite règle de
» cuivre divisée en pouces & en lignes; &, si
» l'on veut que les opérations soient faites avec
» toute la justesse que l'on peut désirer, il faut
» avoir égard à la hauteur actuelle du Baro-
» mètre ordinaire lors de l'expérience ».

L'usage général que les Physiciens font de
cette machine depuis qu'elle est connue, en fait
assez l'éloge.

Baromètre à l'usage de la mer, du Docteur HOOK & de M. AMONTONS.

58. Dans les commencemens d'une décou-verte dont les conséquences & les usages sont

en grand nombre, il est très-ordinaire de voir la même idée se présenter à plusieurs de ceux qui s'en occupent; l'histoire du Baromètre en fournit beaucoup d'exemples : on l'a déjà vu dans la correction du *Baromètre double*, (32, *note*) & dans l'invention du Baromètre en équerre (39); voici un autre exemple qui n'est pas moins remarquable. Le même Docteur *Hook*, dont il est question dans le premier exemple que je viens de citer, inventa, en 1700, un Baromètre à l'usage de la mer, décrit par M. *Halley* dans les *Tr. Ph.* n°. 269; à-peu-près semblable à celui que M. *Amontons*, inventeur de deux autres Baromètres dont j'ai parlé, imagina en 1705 (1).

en 1700, l'autre en 1705, un Barom. à l'usage de la mer.

Il est aisé de concevoir comment ces deux hommes ingénieux eurent séparément la même idée. Ce Baromètre n'est que le *Thermomètre d'air* connu alors par tous les Physiciens, & dont M. *Amontons* s'étoit assez occupé pour avoir reconnu par lui-même, que le poids de l'air extérieur agissoit sur lui d'une manière sensible, & qu'en décomposant ses variations par le moyen d'un Thermomètre de liqueur, il pourroit servir de Baromètre.

Cet instrument consiste en un tuyau recourbé *a*, *b*, *c*, dont une branche très-courte *b c*, se termine par une boule *d*, qu'on laisse pleine d'air; l'autre branche *a b*, ouverte en *a*, contient de l'eau seconde ou de l'huile de tartre :

Description de cet Instrument.

---

(1) Mém. de l'Ac. des Sc. année 1715.

la liqueur passe dans la petite branche jusqu'à la naissance de la boule, & son poids se joint à celui de l'atmosphère pour comprimer l'air. Quand le poids de l'atmosphère augmente, l'air que renferme la boule se comprime davantage; & réciproquement.

59. Ce Baromètre agit aussi comme Thermomètre, par l'action de la chaleur sur l'air renfermé; mais M. *Amontons* pensoit que par le moyen d'un Thermomètre sur lequel le poids de l'air n'agissoit pas, on pouvoit soustraire les effets de la chaleur sur ce Baromètre, & que le reste de la variation appartenoit au changement du poids de l'atmosphère.

60. La colonne de liqueur étant retenue d'un côté par le poids de l'air extérieur, & de l'autre par l'élasticité de celui que renferme la boule; ayant d'ailleurs un frottement assez considérable dans son tube, elle ne peut se prêter aux mouvemens du vaisseau, comme la colonne de mercure du Baromètre ordinaire, dont une des extrémités est libre dans le vuide.

61. Je conçois que ce Baromètre peut avoir quelqu'utilité sur mer; mais pour admettre ce que dit M. *Amontons*, que ses variations sont aussi régulières que celles du Baromètre de mercure, il faut supposer nécessairement que ce dernier étoit bien imparfait alors. Il est aisé de voir que la machine de M. *Amontons* ne peut servir à des observations exactes. 1°. Le frottement de la colonne de liqueur, qui doit se mouvoir toute entière en même temps dans le tube, absorbe une partie des variations du poids de

de l'air extérieur. 2°. Cette machine agit plus comme Thermomètre, que comme Baromètre. M. *Amontons* lui-même a trouvé que l'augmentation causée au ressort de l'air par la chaleur de l'eau bouillante, est égale au tiers du poids dont il est chargé, quand l'expérience est faite au printemps (1); ainsi, de la moindre à la plus grande chaleur que nous pouvons éprouver, l'air renfermé dans la boule devient capable de soutenir une augmentation de poids d'environ un cinquieme, sans changer de volume; tandis que le plus grand changement de poids de l'atmosphère dans un même lieu, n'est que d'environ une quinzieme partie de son plus grand poids. Il suit de-là qu'une erreur dans l'estimation de l'effet que produit la chaleur sur cette machine, est triplée dans la quantité de l'effet qu'on assigne au poids de l'air; & certainement on ne peut jamais se promettre une parfaite exactitude, soit dans la correction elle-même, soit dans l'égalité de température du Thermomètre & du Baromètre. 3°. Le ressort de l'air augmentant à proportion des poids qui le compriment, on ne peut procurer à ce Baromètre une marche sensiblement uniforme, qu'en rendant la capacité du tuyau presque nulle, comparativement à celle de la boule; afin que la liqueur qui passe dans cette boule, quand le poids de l'atmosphère augmente, ne produise qu'une diminution insen-

---

(1) Mém. de l'Ac. Roy. des Sc. année 1702.

Tome I.   D

fible au volume de l'air renfermé. On parvient à ce but, en employant des tubes capillaires, ou des boules très-grandes ; mais le premier moyen augmente beaucoup le frottement, & le fecond eft très-incommode. 4°. Enfin, il ne me paroît pas poffible, au travers de tant de difficultés, de réduire ces Baromètres à une marche uniforme. Car, pour l'obtenir, il faudroit que le rapport des capacités du tube & de la boule, la condenfation primitive de l'air dans cette boule, la nature de la liqueur & celle de l'air renfermé fuffent toujours les mêmes : or, je ne vois point de moyen fûr pour produire cette uniformité, fur-tout dans la nature de l'air, qui, plus ou moins humide quand on conftruit le Baromètre, & plus ou moins affecté par l'évaporation de la liqueur qui le tient enfermé, ne fuit plus les mêmes loix dans fes dilatations par la chaleur, ni probablement dans fes condenfations par différens poids (713) (1).

---

(1) M. *Paffement*, dont j'ai parlé dans la note du n°. 53, a imaginé un moyen très-efficace d'arrêter les ofcillations du mercure dans un Baromètre expofé aux mouvemens d'un vaiffeau ; ce qui me paroît préférable au Baromètre de M. *Amontons*. Pour cet effet il contourne le tuyau du Baromètre ordinaire, en forme de fpirale dans le milieu de fa longueur ; deux révolutions fuffifent, & celle qui eft à l'extérieur doit avoir environ deux pouces de diamètre. Les deux portions du tube ne peuvent pas refter fur la même ligne droite, l'une s'enfonce plus que l'autre dans la monture, parce que la portion qui communique avec l'intérieur de la fpirale doit néceffairement paffer hors de fes révolutions. On conçoit bien que dans un Baromètre conftruit de cette manière,

62. On voit par tout ce que j'ai dit jufqu'ici des différentes efpèces de Baromètres, que les plus fimples font auffi les meilleurs pour les obfervations qui demandent de l'exactitude. Mais de ce qu'ils font les meilleurs, il ne s'enfuit pas qu'ils foient abfolument bons dans la conftruction ordinaire; il faut plus de foins & de précautions qu'on ne penfe pour qu'ils indiquent correctement & uniformément le poids de l'air : c'eft ce que prouvera déjà le détail où je vais entrer des tentatives qu'on a faites jufqu'à préfent pour le rendre propre à cet ufage.

---

le mouvement occafionné par les fecouffes extérieures eft comme rompu par les directions oppofées qu'il prend dans la fpirale, & par l'augmentation du frottement, qui fera d'autant plus confidérable qu'on emploiera un tube plus étroit. On peut encore rendre l'impreffion des mouvemens extérieurs & momentanés moins fenfible, en faifant aboutir l'extrémité fupérieure de la colonne de mercure dans un cylindre; parce que les variations qui pourroient fe faire dans le tube deviendroient moins fenfibles en fe répandant fur une grande furface. Un Baromètre de cette efpèce doit être prefqu'infenfible aux mouvemens des vaiffeaux, & par cela même très-propre à l'ufage de la mer. Il eft vrai que l'augmentation de frottement le rend moins propre à indiquer les petites variations du poids de l'air, & que par cette raifon on ne peut l'employer utilement à des obfervations bien exactes, comme par exemple à mefurer les hauteurs; mais les Navigateurs n'ont pas befoin de ce dégré d'exactitude.

Baromètre simple de M. PRINS.

On a cherché
à réduire toute
la variation du
Baromètre sim-
ple à l'une de ses
extrémités.

63. Le Baromètre simple a toujours eu des partisans, malgré les avantages apparens des consttructions différentes. Cependant, ceux-mêmes qui faisoient cas de cette simplicité nécessaire, s'en écartoient en cherchant les moyens de diminuer l'effet que produisent sur la hauteur de la colonne de mercure les changemens de hauteur de ce liquide dans le réservoir (384). C'est dans ce but, comme je l'ai dit n°. 22, qu'on se servit de grands vases pour contenir le mercure, & que, dans la suite, on souda au tube des boules de verre d'un grand diamètre.

M. *Prins* est
parvenu à ce
but.

64. Il y a toujours du mérite à parvenir, par des moyens assurés, au but qu'on se propose; ainsi, sans examiner à présent le but en lui-même, je dois indiquer celui de ces moyens qui me paroît l'avoir rempli de la manière la plus sûre. M. *Prins*, célèbre artiste Hollandois, émule de M. *Fahrenheit* pour les ouvrages de ce genre, a fait des Baromètres dans lesquels le niveau du mercure ne change point, quelle que soit la variation de hauteur de la colonne.

Description de
son Barom.
(*) Plan. I.
Fig. 14.

(*) Ces Baromètres, dont la figure 14 représente la coupe verticale, sont faits d'un tube droit *a b*, qui se plonge dans un vase à la manière de *Toricelli*. Un couvercle horisontal ferme le vase un peu en-dedans de son embouchure en *c d*, c'est-à-dire, par la circonférence de ce couvercle; mais celui-ci est percé à son milieu d'un trou *e f*, dans lequel passe le tube sans en tou-

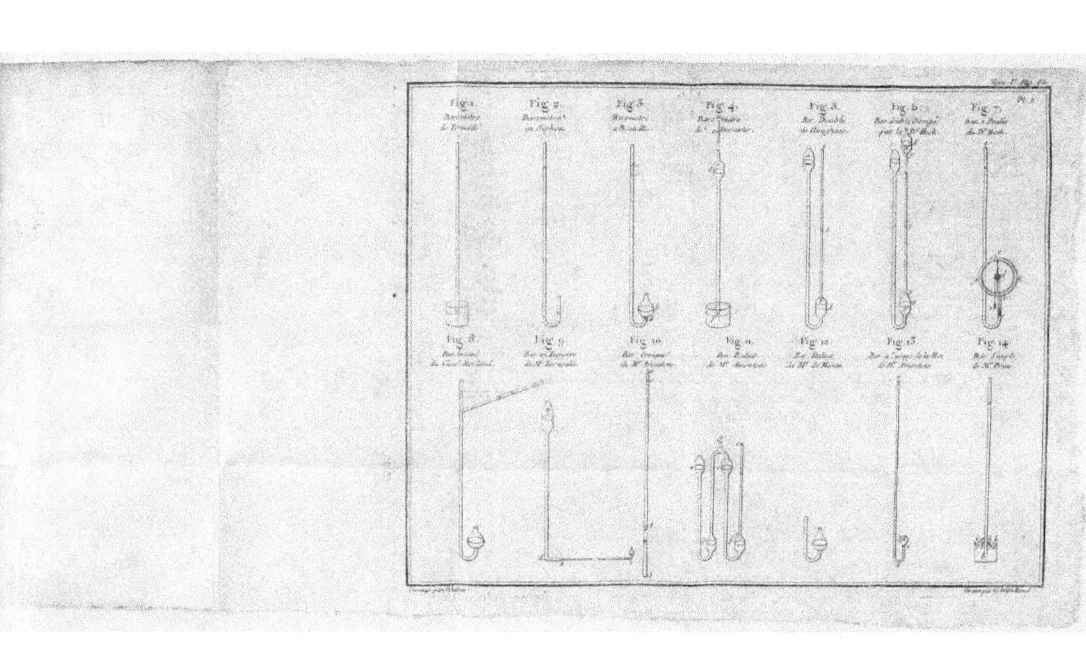

Tom. I. Pag. 42.
Pl. 1.
Fig. 1.
Baromètre de Toricelli.
Fig. 2.
Baromètre en Siphon.
Fig. 3.
Baromètre à Bouteille.
Fig. 4.
Baromètre à ...
Fig. 5.
Bar. Double de Amontons.
Fig. 6.
Bar. double changé par le Dr. Hook.
Fig. 7.
Bar. à Poulie du Dr. Hook.
Fig. 8.
Bar. ... du Chev. Morland.
Fig. 9.
Bar. de Bernoulli.
Fig. 10.
Bar. conique de Mr. ...
Fig. 11.
Bar. Réduit de Mr. Amontons.
Fig. 12.
Bar. Réduit de Mr. de Moivre.
Fig. 13.
Bar. à l'usage de la Mer de Mr. ...
Fig. 14.
Bar. Simple de Mr. Prins.

cher les bords. Le mercure remplit le vâse ; &, outre cela, même dans la plus grande hauteur du Baromètre, il sort par l'intervalle qui reste entre le tube & le couvercle, & s'éleve au-dehors en forme d'anneau autour du tube ; on voit la coupe diamétrale de cet anneau en *g h.* Quand le mercure s'abbaisse dans le tube, il en sort davantage du réservoir : le limbe de l'anneau qu'il forme s'élargit en s'étendant sur le couvercle de *g* & *h* en *i* & *k :* si le mercure remonte, l'anneau se rétrécit en se resserrant vers le tube : l'attraction mutuelle des parties du mercure empêche leur séparation ; ainsi, le mercure s'étend & se retire alternativement sur le couvercle sans changer de hauteur ; & l'effet total des changemens du poids de l'atmosphère est mesuré par les variations qui se font au haut du tube. Il est vrai que la construction & l'entretien de ce Baromètre sont assez difficiles ; & c'est sans doute par ces raisons qu'il n'est pas généralement adopté.

Premières recherches sur les causes d'irrégularité dans les Baromètres.

65. Les plus importantes considérations à faire dans le Baromètre simple, sont sa hauteur absolue, & les causes qui influent sur elle indépendamment du poids de l'air. Ce fut un grand sujet d'étonnement pour les premiers Physiciens qui comparèrent des Baromètres, lorsqu'ils découvrirent les grandes différences qu'il peut y avoir dans leur hauteur.

Différence de hauteur des Baromètres observée par M. *Amontons.*

66. M. *Amontons* parle d'un Baromètre qui se tenoit de 18 lignes plus bas que les autres (1). On apprit que le tube avoit été lavé par M. *Homberg* avec de l'esprit-de-vin; ce qui fit conjecturer à plusieurs Membres de l'Académie, & sur-tout à M. *Homberg* lui-même,

Conjectures de M. *Homberg* sur ce phénom.

que l'abbaissement du mercure, dans ce Baromètre, provenoit de la dilatation de l'esprit-de-vin qui étoit resté au haut du tube, ou de celle de l'air contenu dans cette liqueur. M. *Amontons* combattit cette idée par l'exemple de plusieurs tubes employés tels qu'ils sortoient de la verrerie, & dans lesquels le mercure se soutenoit à des hauteurs qui différoient entr'elles jusqu'à

Celles de M. *Amontons.*

10 lignes. M. *Amontons* conjecturoit de-là que les pores de différens verres étoient différemment larges; que, par cette raison, ils étoient diversement perméables aux plus petites parties de l'air; que, dans les tubes dont les pores étoient les plus étroits, le mercure, soutenu par une plus grande partie des fluides qui composent l'atmosphère, devoit se tenir plus haut; & réciproquement.

Les expériences de M. *Maraldi* fortifièrent la conjecture de M. *Homberg.*

67. M. *Maraldi* fit diverses expériences qui fortifièrent l'idée de M. *Homberg* contre celle de M. *Amontons*: on voit ces tentatives & leur résultat dans l'Histoire de l'Académie, année 1706; elles paroissent prouver que les grandes différences de hauteur du mercure, dans différens tubes, s'évanouissent presqu'entièrement,

---

(1) Mém. de l'Ac. Roy. des Sc. année 1705.

lorsqu'on a soin d'en chasser toute l'humidité.

68. Cependant, cette opinion n'a pas toujours été confirmée par l'expérience ; & non-
seulement l'Académie ne décida point alors,
mais même en 1731, M. *de Mairan* renouvela
l'idée de M. *Amontons* dans son *Traité Phys.
& Hist. de l'Aurore Boréale*, (suite des Mémoires de l'Académie pour cette année-là)
réimprimé en 1754 (1).

La conjecture de M. *Amontons* a cependant été adop-tée par M. *de Mairan.*

---

(1) Dans ce *Traité*, M. *de Mairan* démontre d'une
manière sensible, que la matière des Aurores boréales est
dans notre atmosphère, mais à une hauteur moyenne d'environ 175 lieues (*Edit. de* 1754; *in*-4°. *pag.* 436) : cette
hauteur, bien plus considérable qu'on ne l'avoit conclue
des observations du Baromètre, l'engage à rejetter ce
moyen, comme sujet à l'erreur. Pour prouver *que le
Baromètre ne nous indique point le véritable poids de
l'atmosphère, ni par conséquent sa hauteur*, (*sect.* 11,
chap. 11) M. *de Mairan* allègue d'abord les expériences
de M. *Amontons* & les siennes propres, desquelles il
résulte que *le mercure se soutient*, dans quelques Baromètres, *à des hauteurs qui diffèrent de* 2, 3, 4, *&
jusqu'à* 6 *ou* 7 *lignes* ; & pensant, avec M. *Amontons*,
que ces différences proviennent de celles qui se trouvent
dans la perméabilité des différens verres, il en conclut,
*que les parties de l'air peuvent ne pas agir toutes sur
la surface extérieure du mercure, parce que quelques-unes
d'entr'elles passent à travers ses pores, & appuient en
même temps sur la surface intérieure du mercure*. Cette
idée de M. *de Mairan* étoit très-naturelle, & je ne vois
pas ce qu'on pouvoit lui objecter de solide, tant que
les Baromètres étoient si peu d'accord entr'eux : mais
aujourd'hui je puis en montrer qui souvent ne diffèrent
pas d'un seizième de ligne (397), quoique faits des
mêmes tubes dans lesquels on trouveroit encore d'aussi

Recherches sur la lumière que produisent quelques Baromètres.

Lumière du Baromètre.

69. On apperçut, dès les premiers temps du Baromètre, un phénomène singulier, qui, s'il .eût été bien approfondi, auroit peut-être conduit plutôt à diminuer beaucoup la différence de hauteur des Baromètres; c'est la lumière que quelques-uns produisent lorsqu'on agite le mercure qu'ils renferment. Voici la première observation de ce phénomène, telle qu'elle est rapportée dans l'anc. Hist. de l'Ac. Roy. des Sc. tom. II, pag. 202.

Premières observations de ce phénomène par MM. *Picard* & *de la Hire.*

« 70. Dans l'année 1676, dit l'Historien
» de l'Académie, M. *Picard* faisant transporter
» son Baromètre de l'Observatoire à la porte
» Saint-Michel, pendant la nuit, il apperçut

---

grandes différences, si l'on ne prenoit pas les précautions nécessaires pour les éviter. Au reste, en invalidant ainsi un des moyens employés par M. *de Mairan* pour étendre les limites de l'Atmosphère, je ne prétends point les resserrer : l'adhérence des corps polis, bien supérieure à celle que produiroit une pression équivalente à 28 pouces de mercure, est une preuve non équivoque de la perméabilité du verre à un fluide qui, par son poids, ou peut-être par son élasticité, produit cette adhérence ; & qui, mêlé avec l'air sans que nous l'appercevions par le Baromètre, constitue néanmoins une partie essentielle de notre atmosphère, comme le pense, avec raison, M. *de Mairan*. Dailleurs je prouverai dans la suite (IVe. part. Chap. VII.) que le Baromètre même donne à notre Atmosphère une étendue presque illimitée ; ainsi je fortifierai ses preuves, bien loin de les affoiblir.

» une lumière dans la partie du tuyau où le
» mercure étoit en mouvement : ce phénomène
» l'ayant surpris, il en fit part aussi-tôt aux
» Savans ; & ceux qui avoient des Baromètres
» les ayant examinés, il ne s'en trouva aucun
» qui fît de la lumière. Il crut d'abord que
» cela venoit du mercure, qui avoit été revi-
» vifié du cinnabre ; mais en ayant donné du
» même à M. *de la Hire*, qui souhaitoit en
» faire l'expérience, le Baromètre que M. *de*
» *la Hire* monta avec ce mercure, a été jusqu'à
» présent sans aucun effet semblable.

    » Après la mort de M. *Picard*, son Baro-
» mètre fut démonté : M. *de la Hire* l'ayant
» refait avec le même mercure, il n'y remarqua
» aucune lumière. Ce fut vers ce même temps
» que M. *Cassini* s'apperçut que le sien com-
» mençoit à faire de la lumière, ce qui a
» toujours continué jusqu'à présent.

    » M. *de la Hire*, à force de tâter celui de
» M. *Picard*, qu'il avoit rétabli, trouva enfin,
» quelque temps après, qu'il recommençoit à
» devenir lumineux, comme auparavant : ce-
» pendant, quelques années après, il perdit
» de nouveau cette vertu, quoique M. *de la*
» *Hire* fût assuré que personne n'y avoit touché.
» Il crut alors que la matière qui faisoit la
» lumière s'étoit ou consumée, ou dissipée,
» & qu'il ne devoit pas espérer de la rétablir :
» enfin, après avoir démonté & remonté ce
» Baromètre, vers la fin d'Avril de cette année
» (1694), il redonna de la lumière étant
» agité, & la première qui parut fut la plus vive

» de toutes celles que M. *de la Hire* lui avoit vu
» produire; il continue toujours à en donner,
» mais moindre que la première. Ce qui paroît
» singulier dans ce Baromètre, c'est qu'il ait
» perdu seul & repris à diverses fois la propriété
» d'être lumineux.

» M. *de la Hire* a remarqué aussi qu'il y a
» une différence considérable entre la lumière
» de son Baromètre, & celle du Baromètre de
» M. *Cassini;* dans le sien la lumière remplit assez
» également tout le vuide du tuyau à chaque
» vibration, au-lieu que, dans celui de M. *Cas-*
» *sini*, elle semble attachée à la surface du
» mercure, d'où elle se répand dans le tuyau ».

On voit que la première publication de ce
phénomène renferme déjà deux hypothèses différentes pour l'expliquer. C'est un penchant
naturel à l'homme, & sur-tout au Physicien,
de chercher à se rendre raison de tout ce qu'il
observe. Ce penchant bien dirigé, loin de nuire
aux découvertes, contribue beaucoup à les accélérer, parce qu'il conduit à l'expérience : c'est
ce dont la matière que je traite fournit beaucoup de preuves.

 71. L'expérience ne tarda pas à se déclarer
contre les suppositions de MM. *Picard* & *de la
Hire.* Le mercure du premier ne produisit pas
de la lumière dans un autre tube; & celui de
M. *de la Hire* devint lumineux à diverses fois.

Hypothèse de M. Jean Bernoulli.

72. M. *Bernoulli*, Professeur en Mathématique à Groningue, imagina, en l'année 1700, une hypothèse plus subtile, & qui se soutint plus long-temps, malgré les expériences qui lui étoient contraires, parce que les hypothèses qu'on lui substitua d'abord, ou ne satisfirent pas mieux aux phénomènes, ou ne furent pas appuyées sur des fondemens solides. Voici l'exposition abrégée de celle de M. *Bernoulli*, tirée d'un Ouvrage qu'il publia sur cette matière en 1719, qui a pour titre *de mercurio lucente in vacuo* (1).

M. *Bernoulli* adoptoit l'idée de *Descartes* sur la production de la lumière; savoir, le choc de la *matière subtile*, ou *premier élément*, contre les *globules célestes*, ou *second élément*; & il supposoit, 1°. que les pores étroits du mercure contenoient beaucoup de *matière subtile*, parce qu'ils ne pouvoient admettre qu'elle; 2°. que le verre, étant moins pesant que le mercure, avoit sans doute des pores plus larges, & que par conséquent il devoit être perméable aux *globules célestes*; 3°. que, dans les balancemens du mercure, lorsque, par son abbaissement, le vuide augmentoit dans le haut du tube, les *globules célestes* entroient avec rapidité par les

M. Bernoulli entreprend d'expliquer ce phénom.

____

(1) *Joannis Bernoulli &c. Opera omnia* Tom. II. N°. CXII. pag. 323. Voyez aussi l'histoire & les mémoires de *l'Académie des Sciences*, ann. 1700 & 1701.

pores du verre; qu'en même temps la *matière subtile* sortoit avec impétuosité des interstices du mercure, & que ces deux matières, se heurtant violemment, produisoient la lumière. M. *Bernoulli* apportoit en preuve de son hypothèse une observation constante; c'est que la lumière ne paroît pendant les vibrations du mercure, que lorsqu'il descend (89); & qu'en général, soit dans le Baromètre, soit dans les phioles vuides d'air, elle suit toujours le mercure & ne le précede jamais.

Objection contre l'hypo-thèse de M. Bernoulli.

73. Une des difficultés qu'il falloit résoudre dans cette hypothèse, étoit le petit nombre de Baromètres qui donnoient de la lumière, quoique tous parussent avoir les conditions néces-saires pour en produire dans les mêmes cas.

Sa réponse.

M. *Bernoulli* donnoit deux raisons principales de cette différence entre les Baromètres; la première étoit le plus ou moins d'air qui restoit dans le haut de leur tube : il croyoit que l'interposition de l'air empêchoit le choc des particules du *premier élément* contre celles du *second,* parce que ce fluide produisoit à cet égard l'effet d'un sac de laine qui reçoit une décharge de mousqueterie; cependant il ne regardoit cette interposition de l'air que comme un obstacle qui pouvoit être surmonté, en donnant au mercure une plus grande aptitude à produire de la lumière (1). La seconde & la principale

---

(1) Voyez une preuve de l'insuffisance de cette explication dans la 4ᵉ. note du §. 83.

raison qu'il apportoit de ce que le mercure n'étoit pas toujours lumineux dans le vuide, étoit les saletés qu'il peut renfermer en lui-même, & sur-tout celles qu'il contracte en passant dans l'air quand on remplit le Baromètre. Il prétendoit que ces saletés étoient rejettées par le mercure de l'intérieur à l'extérieur; qu'elles se ramassoient autour de la colonne, & particulièrement à la surface supérieure, & qu'elles y formoient une pellicule assez forte pour s'opposer à la sortie du *premier élément.* Il exigeoit donc qu'on eût soin de chasser l'air du Baromètre, qu'on évitât de faire passer le mercure dans l'air en filets minces, quand on remplissoit le tube, & qu'on n'employât le mercure qu'après l'avoir nettoyé par diverses lotions dans l'eau commune mêlée de vinaigre & de sel, ou dans l'esprit-de-vin. Il assuroit qu'avec ces précautions tous les Baromètres donneroient de la lumière.

74. M. *Bernoulli* communiqua ses idées à l'Académie des Sciences, qui les jugea d'abord très-plausibles : mais après avoir fait diverses expériences à ce sujet, elle trouva que plusieurs Baromètres étoient lumineux sans avoir les conditions prescrites, & que d'autres, avec ces conditions, ne l'étoient pas. Cependant, la réputation de l'Auteur, le succès de quelques-unes des tentatives, la vraisemblance de l'hypothèse & la difficulté d'en trouver une plus satisfaisante, l'engagèrent à suspendre son jugement.

M. *Bernoulli* communiqua les idées à l'Ac. des Sc. qui suspendit son jugement.

M. *Bernoulli* répondit aux difficultés que les Académiciens de Paris, & d'autres Savans de

Il répondit aux objections des Académiciens de Paris.

ce temps-là, avoient élevées contre son hypothèse, & soutint que les expériences qu'on lui
opposoit n'avoient pas été faites avec assez de
précautions. Il apporta de nouveaux exemples
pour preuves de l'infaillibilité qu'il attribuoit à
sa méthode, & sur-tout son *phosphore de mer-*
cure portatif & perpétuel : il entendoit par-là ces
petites phioles vuides d'air grossier, où le mercure bien net est lumineux.

Nouvelles ob-
jections contre
son hypothèse.
    Cependant, les *phosphores* sur lesquels M. *Ber-*
noulli s'appuyoit si fort, sont eux-mêmes contraires à son hypothèse; car, suivant lui, c'est
la *matière subtile* qui doit y produire la lumière,
en sortant des pores du mercure quand on l'agite,
& en heurtant les *globules célestes* dont la phiole
est remplie. Mais si cela étoit dans les secousses
violentes & non interrompues, les pores du
mercure se vuideroient de la *matière subtile* qu'ils
renfermoient lorsque le mercure étoit en repos,
& ne se rempliroient de nouveau qu'après la
cessation du mouvement : or l'expérience prouve
que le mercure ne cesse point de donner de la
lumière dans ces phioles, quoiqu'on l'agite fort
long-temps & sans interruption.

    Ces *phosphores* détruisent aussi le grand ar-
gument que M. *Bernoulli* prétendoit tirer en
faveur de son hypothèse, de ce que la lumière
ne paroît dans les balancemens de la colonne de
mercure du Baromètre, que lorsqu'elle descend
& occasionne ainsi un plus grand vuide au haut
du tube; car, dans ces phioles, l'espace vuide
d'air reste toujours le même; & si la seule
agitation du mercure y produit de la lumière,

pourquoi n'en produit-elle jamais dans le Baromètre quand la colonne de mercure s'élève, quoique l'agitation puisse être égale dans ce cas-là & dans celui où la colonne descend? M. *Bernoulli* eût sans doute répondu à cette objection, que, dans l'ascension de la colonne, il ne peut y avoir de production de lumière, parce qu'*elle suit toujours le mercure, & ne le précède jamais :* c'est-là une de ses observations fondamentales, & qui est juste; mais c'est précisément ce que son hypothèse ne peut expliquer : car la vitesse de la *matière subtile* doit être telle que, quelle que soit celle du mercure qu'on agite, elle est nulle à l'égard de la première : il est donc sensiblement indifférent pour l'effet dont il s'agit, que le mercure tende à fuir la *matière subtile*, ou à la rencontrer; & sa seule agitation devroit suffire pour chasser en tout sens ce qu'il renfermeroit de cette *matière* dans ses pores.

M. *Bernoulli* n'apperçut pas l'insuffisance de son hypothèse à cet égard; car il objecta ces *phosphores* à *Hauksbée*, dont il combattit le système : cependant je démontrerai, dans la suite, qu'on peut expliquer, par son moyen, & le phénomène dont il s'agit (89), & plusieurs autres auxquels l'hypothèse de M. *Bernoulli* ne satisfait point, (85 & *suiv.*)

Hypothèse de M. HOMBERG.

75. M. *Homberg*, qui s'étoit employé aux expériences que l'Académie avoit faites à l'oc-

casion du système de M. *Bernoulli*, croyoit que la différence de leurs résultats provenoit de la qualité du mercure : il disoit, en faveur de son idée, que, pour purifier le mercure, il avoit souvent employé de la chaux vive préférablement à la limaille de fer ; qu'alors le mercure, qui, s'élevant dans la distillation, s'étoit filtré au travers de cette matière, pouvoit en avoir enlevé des particules capables, par leur extrême petitesse, de se loger dans les interstices ; & que, comme la chaux vive retient toujours quelques particules ignées, il étoit possible que ces particules, agitées dans un lieu vuide d'air, produisissent la lumière qu'on appercevoit. Mais l'expérience ne fut pas d'accord avec cette hypothèse ; car le même mercure employé dans divers tubes ne fut pas toujours lumineux.

Hypothèse de M. DE MAIRAN.

Hypothèse de M. de Mairan

76. M. *de Mairan* traitant des phosphores en général, dans une dissertation qui remporta le prix en 1717, à l'Académie de Bordeaux, rangea le mercure parmi les phosphores naturels, à cause de son soufre ; mais il prétendit que ce soufre ne pouvoit se développer que dans le vuide, & que c'étoit la raison pour laquelle les Baromètres exactement purgés d'air, donnoient de la lumière quand on agitoit le mercure. Si la lumière paroissoit & augmentoit toujours dans les Baromètres à mesure que le vuide devient plus parfait, cette explication de

M.

M. de *Mairan* seroit très-vraisemblable ; mais plusieurs Baromètres donnent de la lumière, quoiqu'ils renferment une quantité d'air sensible, tandis que d'autres, quoique purgés d'air autant qu'il est possible, n'en produisent point du tout.

Hypothèse de M. DU FAY.

77. On a imaginé plusieurs autres explica- Hypothèse de M. *du Fay.* tions de ce phénomène, dont je ne crois pas qu'il soit nécessaire de faire mention, parce qu'elles ont toutes plus ou moins de rapport avec les explications précédentes, & qu'elles sont sujettes aux mêmes difficultés. Celle que M. *du Fay* a imaginée est de ce genre, & par cette raison je pourrois me dispenser de la rapporter ; mais elle tient à un procédé très-essentiel dans la construction du Baromètre, & dont par cette raison je serois également obligé de parler ailleurs ; c'est-pourquoi je la rapporterai avant de passer à celle qui me paroît la plus vraisemblable. Voici le procédé & l'hypothèse de M. *du Fay.*

« Je vais, dit-il (1), rapporter les faits que » j'ai éprouvés, après avoir appris d'un Vitrier » Allemand, la manière de rendre à coup sûr » les Baromètres lumineux ; ce que je lui ai » vu faire, & que j'ai expérimenté depuis moi- » même, de plusieurs manières ».

____

(1) Mém. de l'Ac. Roy. des Sc. année 1723.

Tome I. E

» Il prit un tube d'environ 3 1 pouces de
» long & d'une ligne de diamètre intérieur ;
» il y paſſa un fil de fer, à l'un des bouts duquel
» étoit un peu de coton pour eſſuyer le tuyau
» en-dedans ; enſuite il boucha à ſa lampe une
» des extrémités du tuyau : après qu'il fut ré-
» froidi, il y introduiſit de nouveau un fil de
» fer ſans coton, & y verſa, avec un enton-
» noir de verre, juſqu'au tiers de ſa hauteur,
» du mercure commun, qui n'avoit pas eu
» d'autre préparation que de le paſſer dans
» un cornet de papier, dont on laiſſe le trou
» auſſi petit qu'il eſt poſſible ; ce qui purifie
» parfaitement bien le mercure de toute ſa
» craſſe, qui reſte dans le cornet de papier.
» Il fit allumer enſuite quelques charbons dans
» un réchaud, & tenant le Baromètre incliné,
» il en approcha d'abord le bout fermé du
» tuyau, d'un peu loin, & petit-à-petit vint
» à le poſer ſur les charbons ; le mercure
» commença à frémir & à bouillonner, ou
» plutôt l'air qui y étoit contenu vint à ſe raré-
» fier & à former de petites bulles qui ſortoient
» très-facilement, parce qu'il tournoit conti-
» nuellement le tuyau & remuoit le fil de fer,
» l'enfonçant & le retirant alternativement,
» juſqu'à ce qu'il ne vînt plus de bulles d'air ;
» alors il avançoit le tuyau ſur le réchaud, &
» chauffoit ainſi succeſſivement & petit-à-petit
» toutes les parties du tuyau juſqu'où il y avoit
» du mercure ; après quoi il le laiſſa refroidir
» & remit encore du mercure juſqu'au ſecond
» tiers de la hauteur du tuyau, & s'y prit de

» la même manière pour le chauffer & en faire
» sortir tout l'air. Le tuyau étant froid , il
» acheva de le remplir , & ne fit point chauffer
» ce dernier tiers , m'assurant que cela étoit
» inutile ; il ajouta ensuite au bout du tube
» une boîte de bois blanc , qu'il ferma avec de
» la cire d'Espagne , & ayant mis le Baromètre
» dans sa situation naturelle , nous le portâmes
» dans un lieu obscur , où il nous parut extré-
» mement lumineux , de façon qu'à chaque
» fois qu'en le balançant je faisois descendre
» le mercure , tout l'espace vuide qui étoit au
» haut paroissoit une colonne de lumière , qui
» cependant étoit plus vive vers sa bâse , c'est-
» à-dire , à l'endroit où elle touchoit immé-
» diatement le mercure. J'ai fait depuis plu-
» sieurs fois la même expérience , & elle m'a
» toujours également bien réussi ».

M. *du Fay* décrit ensuite les divers phénomènes qu'il a observés dans ses Baromètres,
& finit par l'explication suivante.

« Je suppose , dit-il , qu'il y a dans le mer-
» cure , de même que dans tous les autres
» fluides , beaucoup d'air grossier & de matière
» subtile. Quant à cette dernière , on ne doute
» pas qu'elle ne coule abondamment dans tous
» les corps ; & pour l'air grossier , on en voit
» très-distinctement sortir les bulles lorsqu'on
» prépare le Baromètre , ainsi que je viens de
» l'enseigner ; ce qu'il y a de surprenant , c'est
» qu'il faut que cet air grossier soit remplacé
» dans le mercure , & voici l'expérience qui
» m'en a convaincu. J'ai pris un tube long

» d'un pied , & de deux lignes de diamètre ;
» j'y ai marqué extérieurement des divisions
» avec de l'émail, & l'ayant bouché par un de
» ses bouts , j'y ai mis du mercure jusqu'à la
» hauteur de huit pouces ; je l'ai bien chauffé
» ensuite , ce qui en a fait sortir beaucoup de
» bulles d'air. Le tuyau étant encore chaud ,
» j'ai trouvé que la colonne de mercure étoit
» allongée & qu'il s'étoit dilaté, & étoit monté
» quelques lignes au-dessus des huit pouces que
» j'avois marqués. A mesure que le tuyau s'est
» refroidi , le mercure est redescendu , il est resté
» précisément à la marque où il étoit avant de
» le chauffer, ce qui m'a fait juger qu'il falloit
» que l'air eût été remplacé , ou que les espaces
» qu'il occupoit dans le mercure fussent de-
» meurés vuides ..... Je conclus donc de ces
» expériences, que l'air contenu entre les par-
» ties du mercure commun , enveloppe , pour
» ainsi dire, & retient la matière subtile qui
» y est renfermée , & ainsi l'empêche de sortir
» du mercure , quoiqu'il soit fortement com-
» primé ; ce qui lui arrive , lorsqu'on agite le
» Baromètre , & sur-tout lorsque la colonne
» descend, parce qu'alors le mercure soulève
» avec effort l'air qui pèse sur la surface de
» celui qui est contenu dans la boule : ainsi
» ce devroit être dans ce moment de pression
» violente que la matière subtile sortiroit, si
» elle ne trouvoit pas dans l'air grossier qui
» l'environne, un obstacle invincible ; mais, si
» en échauffant le mercure , on a diminué la
» quantité de l'air grossier qui y est renfermé ,

» quand même on ne l'auroit pas ôté entière-
» ment , il arrive que la matière subtile, trou-
» vant moins d'empêchement , sort avec vio-
» lence , & fait paroître la lumière que nous
» voyons ; ce qui doit encore arriver , si , en
» échauffant le mercure , on a augmenté la
» quantité de matière subtile , comme la
» dernière expérience semble le démontrer.....»

» Quand le mercure remonte , il présente
» à la colonne de matière lumineuse des pores
» disposés à la recevoir , & qui en sont vuides,
» puisqu'elle vient d'en sortir par la pression
» du mercure ; ainsi chaque fois que la matière
» subtile en a été exprimée par la descente
» de la colonne, elle y rentre par l'ascension
» de la même colonne , & par conséquent il
» ne s'en perd rien, rien ne se dissipe , & elle
» doit rester dans le mercure tant que le Baro-
» mètre restera dans son état ordinaire , c'est-
» à-dire, tant qu'il sera parfaitement vuide d'air
» grossier ».

78. Ce n'est pas ici que je me propose d'examiner tous les effets de l'action du feu sur les
Baromètres ; il suffit pour le présent de s'arrêter
à ceux qui ont du rapport avec l'hypothèse de
M. *du Fay.*

Toutes les fois que j'ai mesuré des colonnes
de mercure avant & après qu'elles ont bouilli
sur le feu , j'ai trouvé une diminution de volume sensiblement proportionnelle à la quantité d'air que j'avois vu sortir pendant l'ébullition : cependant , je ne suis point surpris que
M. *du Fay* ait cru remarquer le contraire,

parce que dans sa manière de faire bouillir le mercure, il n'a pu connoître la quantité d'air qui en sortoit, ni appercevoir sensiblement la diminution de son volume. Je décrirai dans la suite la manière dont je fais cette opération, en une seule fois sur toute la colonne du Baromètre (356) ; ce qui me fournit le moyen de voir sans illusion la quantité d'air qui sort du mercure, parce qu'il se rassemble vers l'extrémité supérieure de la colonne, hors de l'action du feu, & déchargé, en plus grande partie, du poids qui le comprimoit auparavant.

La quantité d'air qui sort d'un Baromètre rempli comme il faut, est très-petite.

Quand je prends un tube net, du mercure pur, & que je chasse l'air au point qu'il n'en paroisse plus à l'œil dans le tube ; la quantité que le feu en expulse, évaluée au moment où les bulles sont hors de son action & prêtes à sortir du mercure, excède rarement le volume d'un très-petit poids, dans une colonne de mercure de trente pouces & de deux lignes de diamètre. Si l'on considère, que cet air prêt à sortir est délivré du poids qui le comprimoit lorsqu'il étoit disséminé dans le mercure, & retenu entre ce fluide & les parois du tube, on ne sera pas surpris que quelquefois sa sortie ne diminue la longueur de la colonne que d'environ $\frac{1}{10}$ de ligne.

M. du Fay pouvoit ne pas appercevoir la diminution de volume du mercure.

L'opération de M. du Fay étoit fort différente de celle dont je viens de parler, & très-propre à l'induire en erreur. La colonne de mercure qu'il faisoit bouillir n'avoit que huit pouces, par conséquent sa diminution de longueur ne devoit être que d'environ $\frac{1}{10}$ de ligne, partie qu'il est bien difficile d'appercevoir, sur-tout lorsqu'on s'attend à une diminution beaucoup plus considérable. Mais la plus grande illusion procédoit de ce qu'une colonne aussi courte étoit nécessairement exposée à l'action du feu presque par-tout en même temps; en sorte que l'air chassé par l'ébullition du mercure, étoit prodigieusement dilaté, & paroissoit sous un volume si considérable au moment de sa sortie, qu'il sembloit devoir diminuer beaucoup la longueur de la colonne, si aucune autre matière ne le remplaçoit. Il y a donc une illusion dans l'expérience rapportée par M. *du Fay*, & par conséquent le principe général qu'il en tire ne peut être juste.

79. Il en est de même des effets qu'il attribue à cette cause : car tous les Baromètres purgés d'air par le feu, ne donnent point de la lumière ; & sans cette opération ils peuvent en donner. J'ai eu plusieurs Baromètres qui n'ont pu devenir lumineux, quoique le mercure ait bouilli plusieurs fois dans leur tube, & que ce mercure fût le même & nettoyé avec le même soin que celui qui donnoit de la lumière dans d'autres tubes. D'un autre côté, puisque les Baromètres de M. *Bernoulli* étoient lumineux, c'est une preuve directe qu'il n'est pas absolument nécessaire de faire bouillir le mercure dans le tube pour donner aux Baromètres cette propriété, car M. *Bernoulli* n'employoit pas cette méthode.

Tous les Bar. dont le mercure a bouilli ne sont pas lumineux ; il y en a qui le font sans cela.

Hypothèse de M. Musschenbroeck.

M. *Musschen.*
penſoit que la
lumière du Bar.
étoit un ſigne
d'imperfection.

80. M. *Muſſchenbroeck* penſoit très-différemment de M. *du Fay* ſur la lumière du Baromètre; car bien loin de croire que cette lumière fût dûe à l'abſence de l'air, il penſoit, au contraire, que l'air en étoit la ſeule cauſe : il faut l'entendre lui-même ſur ce ſujet (1).

« Lorſqu'on veut ſavoir, dit-il, ſi le tuyau
» eſt bien rempli, il faut le ſecouer un peu à
» l'obſcurité, afin que le mercure ſoit mû de
» bas en-haut & de haut en-bas : *ſi on ne voit*
» *alors point de lumière ſur la ſurface du mercure,*
» *c'eſt une marque que le Baromètre eſt parfait ;*
» *mais s'il rend de la lumière, c'eſt une preuve*
» *qu'il n'eſt pas tel qu'il doit être, car il y a*
» *alors un peu d'air dans le haut, auquel la lu-*
» *mière s'eſt attachée.* Il y a peu de Baromètres
» qui ne donnent de la lumière, lorſqu'on les
» ſecoue, ce qui eſt une preuve de leur imper-
» fection. Si on fait entrer une petite bulle
» d'air dans la partie ſupérieure d'un Baro-
» mètre parfait, & qui ne répand point de
» lumière, on s'appercevra d'abord qu'il com-
» mence à luire. On s'eſt imaginé que les Ba-
» romètres lumineux étoient les meilleurs ;
» mais c'eſt une erreur, puiſqu'on remarque
» tout le contraire. La lumière que répandent
» les Baromètres eſt un phénomène qui a déjà

____

(1) Eſſai de Phyſique; Leyde 1751, *in-*4°. pag. 640.

» cauſé bien de l'embarras aux Philoſophes, &
» ils ne trouveront pas moins de difficulté à
» rendre raiſon de leur *opacité* (la privation de
» la propriété d'être lumineux). En effet,
» comme la lumière paſſe aiſément au travers
» des pores du verre, on peut propoſer cette
» queſtion : pourquoi le mercure ne luit-il pas
» ſans air? *Il y a quelqu'apparence que la lumière*
» *s'attache à l'air, & que venant à s'introduire*
» *avec lui dans le tuyau à travers les particules*
» *du mercure,* elle ſe manifeſte au-deſſus du
» mercure, *baiſſant & hauſſant en même temps*
» *que la ſurface,* quoiqu'elle ſe faſſe auſſi apper-
» cevoir ſeule, lorſque le mercure baiſſe dans
» le tuyau ».

81. Rien n'eſt plus propre à jetter dans l'er- M. *Muſſchen.* prenoit une exception pour une règle.
reur ceux qui ne peuvent ſuivre par eux-mêmes
toutes les expériences, que la facilité avec
laquelle des ſavans illuſtres ſe ſont portés quelquefois à généraliſer des propoſitions qui ne ſont
vraies qu'en certains cas, & à donner même
des exceptions pour des règles générales. Si
M. *Muſſchenbroeck* s'étoit contenté de dire, que
la lumière des Baromètres n'eſt pas une preuve
certaine de leurs perfections, il auroit dit une
choſe vraie ; cependant il ne ſe ſeroit point
écarté de l'expérience, s'il eût dit, qu'un Baromètre *lumineux* eſt probablement bon ; mais
il s'en eſt conſidérablement éloigné en aſſurant
qu'un tel Baromètre étoit néceſſairement mal
conſtruit. Combien de gens, ſur ſon témoignage, auront priſé de mauvais Baromètres,
parce qu'ils n'étoient pas *lumineux,* ou rebuté

comme mauvais, ceux qui avoient cette propriété, quoiqu'ils fussent très-bons (1).

82. Il est vrai, comme je l'ai dit à l'occasion de l'hypothèse de M. *du Fay*, que j'ai eu
des Baromètres qui n'ont pu devenir *lumineux*,
quelque précaution que j'aie prise pour en chasser
l'air ; mais aussi ils ne l'étoient point pendant
qu'ils contenoient de l'air ; & quelque petite
ou grande quantité que j'en aie introduit, ils
n'ont jamais donné de lumière.

83. Les Baromètres lumineux fournissent des
preuves plus directes encore que la précédente,
de l'erreur de M. *Musschenbroeck.* 1°. J'en ai
eu plusieurs qui étoient *lumineux*, quoique purgés d'air plus exactement que les siens ne pouvoient l'être (2). 2°. Le moment où le vuide
du Baromètre est le plus parfait, est sans doute
celui où le mercure, étant resté suspendu au
haut du tube par l'intimité de son contact avec
le verre, s'abaisse tout-à-coup par une secousse
(361); or, dans les Baromètres qui sont propres à donner de la lumière, cette première
chûte en produit toujours, plus ou moins,
suivant la manière dont elle se fait. 3°. J'ai

---

(1) Plusieurs Physiciens ont pensé & pensent encore
de cette manière ; on peut voir particulièrement que
M. *Desaguliers* (dans son *Cours de Phys. expérimentale*,
traduit par le Père *Pezenas*, *tom.* 11 , *pag.* 305) a copié
presque littéralement ce que j'ai rapporté dans le texte
de l'idée de M. *Musschenbroeck* sur les Baromètres lumineux.

(2) Voyez la note du n°. 359.

quelquefois introduit une petite bulle d'air dans des Baromètres *lumineux* ; ils donnoient au premier balancement une lumière à-peu-près semblable à celle qu'ils avoient d'abord, parce que l'air ne s'éroit pas encore glissé entre le mercure & le verre ; mais au second balancement la lumière diminuoit (1). 4°. Une bulle d'air, dont le diamètre mesuré tandis qu'elle monte dans le mercure est d'environ une ligne, suffit ordinairement pour faire cesser la lumière au second balancement & pour tout le temps où le Baromètre reste dans cet état ; la lumière paroît cependant encore au premier balancement (2). 5°. Quand, par l'introduction de l'air, la lumière a disparu dans un Baromètre, on peut, en renversant le tube & par des secousses, faire sortir l'air tellement, que le vuide soit en apparence aussi parfait qu'il étoit d'abord ; cependant je n'ai jamais vu que cette opération ait fait reparoître la lumière. 6°. Enfin, elle reparoît sûrement quand par le moyen du feu on a rétabli le Baromètre dans son premier état.

84. Indépendamment des preuves tirées de l'expérience, qui sont contraires à l'hypothèse

---

(1) Voyez le n°. 2 du §. 86.

(2) La lumière qui paroît au premier balancement quand on introduit de l'air dans un Baromètre *lumineux*, est contraire à l'hypothèse de M. *Bernoulli*, dont j'ai parlé ci-devant ; car l'air devroit, dans cette première épreuve comme dans la suivante, empêcher le choc de la *matière subtile*, contre les *globules célestes*.

de M. *Musschenbroeck*, je ne vois pas comment il a pu l'admettre. Il n'est pas aisé de concevoir que la lumière ait besoin du secours de l'air, pour entrer dans un tube de verre ; moins encore comment elle peut y être emprisonnée, tandis qu'elle fait impression sur nos yeux. D'ailleurs, si c'étoit une affection de la lumière de s'attacher & de rester unie à l'air, nous n'aurions jamais de nuit, ni de lieu obscur après avoir été éclairé. S'il faut un certain dégré de dilatation & d'agitation dans l'air , tout corps mû dans un récipient, où le vuide seroit au même dégré que dans les Baromètres *lumineux*, exciteroit aussi la lumière. Enfin , que devient la lumière quand le mercure est tranquille ? Que devient-elle sur-tout quand il se meut de bas en-haut ? M. *Musschenbroeck* ne répond pas à la première question : mais il n'auroit pas été embarrassé par la dernière, parce qu'il a cru voir que la lumière *se manifeste audessus du mercure lorsqu'il hausse* : cependant je ne l'ai jamais apperçue , & je n'ai trouvé personne qui l'ait vue dans ce moment-là.

La lumière du Baromètre rapportée à l'électricité.

Hauksbée at-
tribuoit au frot-
tement la lu-
mière du Bar.
85. Une des hypothèses les plus anciennes sur cette matière, est celle de *Hauksbée*, rapportée dans les Mémoires de la Société Royale de Londres, *année* 1708. Ce Savant pensoit que la lumière des Baromètres étoit produite par le frottement du mercure dans le tube. Je pense comme lui ; c'est-à-dire, que la lumière

produite dans le haut du tube de quelques Baromètres, quand on fait balancer leur colonne de mercure, est un phénomène d'*électricité* ; & comme il ne tient pas absolument à la bonne construction des Baromètres, je vais rapporter ici mes recherches sur cet objet, afin de ne pas interrompre ce que je dirai sur cette construction dans ma IIe Partie.

Ce phén. tient en effet à l'électricité.

86. Pour développer les fondemens de mon idée à cet égard, il suffit d'indiquer les conditions nécessaires à la manifestation du *fluide électrique* dans les machines qui le rendent sensible, & de faire voir en même temps que ces conditions se trouvent dans les Baromètres *lumineux*. Voici les principales de ces analogies. 1°. Le verre frotté vivement produit de la lumière : le tube du Baromètre est de verre, le mercure le frotte sûrement parce que c'est un fluide très-dense ; cette friction doit donc produire de la lumière, à moins que quelque cause n'y mette obstacle. 2°. Lorsqu'on commence à frotter un globe électrique, il ne produit point de lumière ; mais elle paroît lorsque, par la continuation du frottement, la couche d'air qui tapisse le verre est détachée, & permet ainsi un contact plus immédiat entre le globe & la main ou le coussinet qui le frotte : ainsi, quand il y a de l'air dans un Baromètre, il empêche la friction du mercure sur le verre (357) ; & le Baromètre, en cet état, est semblable à un globe de verre qu'on commence à frotter. 3°. Lorsqu'un globe électrique n'est pas net, il produit très-peu de lumière, & il

Preuves tirées de l'analogie qui se trouve entre ces deux choses.

n'en produiroit point du tout, si la main n'en-
levoit une partie des saletés : ainsi , quand
le tube d'un Baromètre n'est pas bien net, ou
quand la surface du mercure est couverte de
saletés , le Baromètre n'est point *lumineux.*
4°. Tant qu'un globe électrique est humide ,
il ne produit point de lumière : si le tube d'un
Baromètre est humide, il n'en produit pas non
plus. 5°. Il y a des globes de verre qui ne
sont point propres aux phénomènes de l'électricité : il y a de même des Baromètres qu'on
ne peut rendre électriques, à cause de la nature
de leur tube. Cette différence ne vient peut-être
pas absolument de la qualité du verre; le dégré
de son épaisseur , & la nature de sa surface,
peuvent y contribuer. J'ai eu des tubes qui
ne donnoient point de lumière, quoiqu'ils fussent
d'une même verrerie que ceux qui en donnoient; mais j'ai remarqué, dans quelques-uns
des premiers, que les mouvemens du mercure
n'étoient pas absolument libres; on connoissoit
à ces mouvemens que la surface du verre
étoit raboteuse; ce qui revient à l'expérience
de M. *Canton,* qui dit avoir changé la propriété des tubes électriques, en leur ôtant leur
poli (1). 6°. Le fluide électrique se précipite
avec abondance dans les vâses de verre vuides
d'air : la lumière se répand de la même manière,
& sous la même apparence, dans le haut des
Baromètres *lumineux,* quand le mercure des-

---

(1) Transf. Phil. vol. 48. II. Part. n°. XCIII.

cend. 7°. Lorſqu'on frotte un globe de verre, le corps qui le frotte produit une multitude de petites étincelles, & l'on entend un pétillement: quand le Baromètre eſt bien lumineux, on voit auſſi de petites étincelles autour de l'extrémité de la colonne de mercure, & l'on entend un pétillement très-diſtinct, même au grand jour, où l'ouïe n'eſt point aidée par la vue, parce que la lumière du Baromètre eſt abſorbée par celle du ſoleil. 8°. Les courans du fluide électrique, la fréquence & la force des étincelles, augmentent juſqu'à un certain point dans les machines de ce genre, à meſure que la friction devient plus forte : de même, plus le mercure ſe meut rapidement dans le tube d'un Baromètre lumineux, plus ſa lumière eſt vive. 9°. Il y a des temps où les machines électriques produiſent de plus grands effets ; on remarque en général que, dans l'air froid, ces effets ſont plus conſidérables : la lumière du Baromètre eſt auſſi plus vive dans les mêmes circonſtances. 10°. Enfin, la faculté d'attirer & de repouſſer eſt un des caractères diſtinctifs de l'électricité en général ; l'*ambre* (1) n'a communiqué ſon nom aux matières qui attirent les corps légers, lorſqu'elles ſont frottées, que parce qu'il a ſupérieurement cette propriété : les Baromètres *lumineux* attirent & repouſſent auſſi les corps légers pendant les balancemens du mercure. Si l'on ſuſpend un fil auprès du

---

(1) *Ambre*, en latin, *electrum.*

tube, dans les premiers balancemens du mercure, le fil est attiré quand le vuide se fait;
il est repoussé lorsque le mercure remplit le
tube : mais, quand la longueur du tube permet
de donner au mercure de grands balancemens,
& que les frictions sont vives & répétées, le
fil est attiré & repoussé indifféremment dans les
deux positions du mercure; quelquefois même
il reste attaché au tube pendant assez long-
temps : ces observations prouvent que l'attraction du fil, ou son impulsion contre le tube,
n'est pas dûe à un air subtil qui se porte dans
le tube quand le vuide se fait, comme l'ont
cru quelques Philosophes, puisque, dans le
cas dont je viens de parler, le fil est attiré &
repoussé quand le tube est plein, comme lorsqu'il est vuide.

Les attractions & impulsions du Bar. lumin. ne sont pas produites par un air subtil, &c.

87. M. *Musschenbroeck* refuse d'admettre ces
attractions & répulsions (1); & ceux qui les
ont observées, doivent être surpris de le voir
assurer positivement que jamais il n'a pu les
appercevoir dans ses Baromètres : mais leur sur-
prise cessera quand ils se rappelleront ce que
j'ai dit ci-dessus, que ce Physicien regardoit
comme mal construits tous les Baromètres qui
donnoient de la lumière : il n'a donc jamais eu
des Baromètres qu'on pût nommer *électriques*,
& par conséquent il n'a jamais pu voir le phénomène dont il nie généralement l'existence.
C'est encore ici une exception donnée pour

M. Musschenbroeck n'admet pas ces attractions & répulsions.

---

(1) Essai de Physique, &c. pag. 671.

regle

regle générale, & c'est une preuve de ce qu'il dit lui-même à cette occasion, *qu'il a eu lieu de remarquer par-là combien on est sujet à se tromper soi-même, faute d'être attentif à tout ce qui peut faire réussir une expérience.*

88. Cette *attention* que M. *Musschenbroeck* croit qu'on n'a pas eue, est de mettre à l'abri de l'agitation de l'air, le haut du tube, & le corps léger qu'on suspend auprès de lui; & il assûre qu'en prenant cette précaution, le corps léger reste immobile. Mais l'expérience de M. *Ludolff,* rapportée dans le 1er. volume des Mém. de l'Ac. de Berlin, prouve le contraire. Ce Physicien ingénieux, voulant lever tous les doutes sur le phénomène dont il est question, renferma, dans une capsule de verre, le haut du tube d'un Baromètre, auprès duquel il suspendit, par un fil, un petit morceau de papier : il pompa l'air de la capsule; &, pour que les mouvemens extérieurs ne pussent influer sur l'expérience, il fit balancer le mercure en suçant l'air du réservoir, & l'y laissant rentrer alternativement. Ces précautions servirent à lui faire observer plus distinctement toutes les circonstances du phénomène que M. *Musschenbroeck* refuse d'admettre.

89. On a vu précédemment que la principale raison pour laquelle divers Physiciens ont attribué la lumière des *Baromètres électriques* à des émanations de quelque fluide renfermé dans les pores du mercure, est que cette lumière ne paroît que dans les cas où l'espace vuide d'air augmente par l'abaissement de la colonne de

Objection de M. *Musschen-broeck;*

levée par M. *Ludolff.*

Son expér. des *attract.* & répuss. du *Barum.* dans le vuide.

La lumière du Bar. ne peut se manifester dans l'ascension du mercure.

mercure. Mais cette circonstance s'explique plus heureusement dans le système de l'électricité. Quand le mercure, dans ses oscillations, frotte le tube en montant, les parties frottées sont immédiatement recouvertes par le mercure, & par conséquent il ne peut paroître aucune lumière, parce que, si le fluide électrique est excité, le mercure l'absorbe totalement. Au contraire, par le frottement qui se fait par la descente du mercure, les parties frottées sont découvertes successivement, & le fluide électrique, qui se meut avec liberté dans le vuide, s'élance vers le haut & remplit le tube d'une lumière plus ou moins vive.

En général, elle ne peut jamais les précéder.

C'est ainsi que s'explique encore très-naturellement, dans le Système de l'Électricité, cette observation générale de M. *Bernoulli*, inexplicable dans son hypothèse ; savoir, que *la lumière suit toujours le mercure & ne le précède jamais* (73) ; car la lumière ne peut paroître qu'après le frottement & qu'à l'instant où le mercure découvre les parties frottées.

Difficultés qui se présentent dans le système de l'électricité.

90. Telles sont les raisons qui ont déterminé plusieurs Physiciens modernes à penser, avec *Hauksbée*, que la lumière des Baromètres est un phénomène d'électricité : cependant il renferme quelques circonstances qu'il n'est pas aisé de rapporter à ce que nous connoissons des effets de la machine électrique, & aux caractères généraux que j'ai établis. J'ai dit, par exemple, que le vuide favorise l'émanation de la lumière, & cela est vrai en général ; cependant il y a des Baromètres qui sont *lumineux*, quoiqu'ils ren-

ferment une quantité sensible d'air ; & quand le peu d'air qui reste toujours dans le haut du tube, de quelque manière qu'on le remplisse, est rassemblé à son sommet, la bulle presqu'imperceptible qu'il forme devient lumineuse dans quelques Baromètres, par la plus petite agitation du mercure. J'ai dit aussi que les verres de qualités différentes sont différemment électriques ; que certains verres le sont très-peu , & que par conséquent ces différences doivent influer sur les Baromètres; mais comme il n'est point de globe de verre qui soit totalement impropre par sa nature à produire les phénomènes de l'électricité, il semble aussi qu'il ne devroit point y avoir de tube qui ne fût propre à produire plus ou moins de lumière. Cependant j'ai eu plusieurs Baromètres qui n'ont jamais pu devenir *lumineux*.

91. Je n'entreprendrai pas de développer d'une manière directe les causes de ces exceptions ; mais j'espère de faire voir que ce sont là des difficultés du genre de celles qui se rencontrent par-tout dès qu'on veut approfondir les choses.

Puisque les Physiciens n'ont pu convenir jusqu'à présent d'un principe général auquel on puisse attribuer tous les phénomènes de l'électricité proprement dite, il n'est pas surprenant que celle du Baromètre soit sujette à des variétés embarrassantes. Le fluide électrique est excité dans le tube par un moyen si différent de celui qu'on pratique à l'ordinaire, que ses effets doivent nécessairement varier à quel-

ques égards. C'est une friction intérieure, produite par un fluide, sur une surface que nous
ne pouvons examiner de près, tant que le tube
est entier, & dans le vuide, où nous ne pouvons
presque point varier les expériences. D'ailleurs,
l'obscurité, toujours nécessaire pour que la lumière du Baromètre soit sensible, est un voile
qui nous cache peut-être des circonstances qui
pourroient servir à résoudre la difficulté.

92. S'il étoit possible de frotter le globe
électrique avec du mercure, on appercevroit
peut-être des phénomènes imprévus, qui aide-
roient à expliquer ceux qui nous embarrassent
encore dans le Baromètre. J'ai tenté cette
expérience, en faisant plonger une partie du
globe dans un bassin qui contenoit vingt livres
de mercure; mais elle n'a pu réussir. Avant
que le globe eût acquis le quart de la vitesse
qu'on a coutume de lui donner dans les expériences ordinaires, il s'éleva une gerbe de mercure sur son *équateur* du côté où sa surface
remontoit. Cette gerbe, qui lançoit au loin
des globules, s'élevoit au-dessus de l'*horison* du
globe; elle en fit même le tour un moment,
en tendant à s'échapper par les tangentes dans
toute l'étendue de cette portion de cercle. En
cet instant, tout le mercure du bassin avoit
acquis un mouvement de circulation; en sorte
que le mercure & le globe n'agissoient plus
l'un sur l'autre que comme les deux cylindres
d'un *laminoir*, dont l'un entraîne l'autre par
une forte pression, sans frottement sensible;
aussi le globe ne fut-il point électrisé.

93. A ces remarques générales fur la diffé-rence du frottement dans les phofphores de mercure & dans la machine électrique ordi-naire, deftinées à montrer qu'il peut y avoir de la différence dans les effets de ces machines, quoique produits par la même caufe, j'en ajou-terai une autre qui répandra un plus grand jour fur cette matière, principalement à l'égard des exceptions qu'on remarque dans certains Baromètres. Plufieurs circonftances contribuent à favorifer la manifeftation du fluide électrique dans ces inftrumens, tandis que d'autres lui font obftacle; je les rappellerai en peu de mots. Les circonftances favorables font, la pureté du mercure, tant à l'égard des particules hétéro-gènes folides, que relativement à l'humidité; l'abfence de l'air, la propreté des tubes, & le poli de leur furface; la nature du verre & fon dégré d'épaiffeur contribuent auffi vraifembla-blement à la production de la lumière. Les cir-conftances nuifibles font le contraire de celles que je viens de rapporter. Quelques-unes de ces circonftances font fenfibles, comme la préfence ou l'abfence de l'air, la propreté ou la faleté du mercure & du tube en général; mais d'autres le font moins, ou ne le font point encore, comme la nature des matières hétérogènes que peut contenir le mercure, celle des faletés dont le tube eft quelquefois tapiffé intérieurement, l'influence de la nature du verre, du dégré de fon épaiffeur & de fon poli. Or plufieurs cir-conftances favorables infenfibles peuvent fur-monter une circonftance défavorable fenfible:

F iij

par exemple, un Baromètre dont le vuide est
sensiblement imparfait peut être lumineux,
parce que toutes les autres circonstances moins
sensibles sont favorables. Au contraire, plusieurs circonstances favorables sensibles peuvent
être surmontées par des circonstances défavo-
rables insensibles; c'est ainsi qu'un Baromètre
bien purgé d'air, & dont le mercure est fort
net, peut n'être pas lumineux, à cause de la
nature du verre, de son épaisseur, ou de l'état
de sa surface. Il faut encore remarquer qu'on
ne peut ni varier, ni augmenter au-delà d'un
certain point le frottement du mercure dans le
tube d'un Baromètre, & que ce frottement est
toujours très-petit. La colonne de mercure se
replie sur elle-même dans ses balancemens;
savoir, de l'axe sur la circonférence en montant, & de la circonférence sur l'axe en descendant: dans le premier cas l'extrémité supérieure
de la colonne est toujours convexe, & l'extrémité inférieure concave: on observe le contraire
dans le dernier cas; c'est le frottement du
mercure contre le tube, qui, retardant les
parties extérieures du mercure, produit ces
vicissitudes, parce que les parties intérieures
cèdent plus aisément à l'impulsion: mais cet
excès de vitesse des parties intérieures sur celle
des extérieures allongeant & raccourcissant
plus promptement la colonne de mercure dans
ses balancemens, elle est plutôt arrêtée par
l'augmentation de son poids dans le premier
cas, & par la résistance de l'air extérieur dans le
dernier; ce qui diminue beaucoup la durée &

l'intensité du frottement des parties extérieures contre le tube. Ainsi, la moindre circonstance nuisible peut empêcher la production de la lumière dans le Baromètre, dont la cause est très-foible par elle-même, si cette cause n'est aidée par d'autres circonstances.

94. Je dois rapporter une autre objection que je me suis faite pendant quelque temps, & qui pourroit peut-être se présenter à d'autres. Si le frottement du mercure contre le verre est la cause du phénomène que j'explique, il semble que, lorsqu'on redresse fort lentement un Baromètre qui étoit incliné, & que le mercure descend insensiblement, le frottement devroit être assez petit pour ne produire aucun effet sensible, comme nous voyons qu'un globe de verre n'est point électrisé quand il tourne lentement. Cependant, quelque précaution que j'aie prise dans cette tentative, les Baromètres propres à donner de la lumière en ont toujours produit, avec cette différence seulement qu'elle paroissoit & disparoissoit par des éclats entre-coupés.

Nouvelle objection contre le système de l'électricité.

Cette expérience m'embarrassa pendant quelque temps, parce que l'obscurité qu'elle exige m'empêchoit d'observer des circonstances qui l'expliquent fort aisément. D'abord, quelque attention que nous portions à rendre uniformes les mouvemens lents de notre corps, nous ne pouvons jamais y parvenir que très-imparfaitement ; ces mouvemens sont toujours entrecoupés par de petites secousses. Ainsi, quand nous redressons un Baromètre par le mouvement de

Réponses.

nos bras, quoique le mercure demeure long-
temps à parcourir l'eſpace total compris entre
le ſommet du tube & le point où il reſte ſuſpendu quand le tube eſt redreſſé, il paſſe
cependant fort vîte ſur chaque partie du verre
priſe ſéparément, & l'on remarque des intervalles ſenſibles de repos; c'eſt ce qui produit
la lumière, & qui fait en même temps ſon
intermittence. J'ai obſervé ces ſuſpenſions de
mouvement en examinant la deſcente du mercure dans un lieu éclairé; &, lorſque je me
ſuis procuré un dégré de lumière tel que je
pouvois appercevoir celle du Baromètre & le
mouvement du mercure en même temps, j'ai
vu que les éclats de lumière du Baromètre
étoient produits par les chûtes ſubites du mercure. Le même effet pourroit avoir lieu lors
même que le Baromètre ſeroit redreſſé par un
mouvement lent & uniforme, parce que le
mercure ne ſuivroit pas ce mouvement: ſon
adhéſion au tube fait qu'il ne ſe détache que
quand ſa hauteur eſt ſenſiblement trop grande
pour le dégré d'inclinaiſon du Baromètre; &
quand il ſe détache, l'accélération de ſon mouvement le fait paſſer au-delà du point où il
devroit ſe fixer: dans ces chûtes ſubites, il
frotte le tube vivement; & c'eſt ce qui met
en action le fluide électrique.

95. Je n'étendrai pas plus loin mes réflexions
ſur cet objet, parce qu'il ne tient pas eſſen-
tiellement à la bonne conſtruction du Baromètre; du moins le petit nombre de ceux que
je n'ai pu rendre électriques n'ont pas laiſſé

d'être aussi parfaitement d'accord avec ceux qui avoient cette qualité, que ceux-ci l'étoient entr'eux. Il suffit donc de remarquer, 1°. que, pour l'ordinaire, un Baromètre bien construit est électrique; 2°. que cependant un Baromètre électrique peut renfermer assez d'air pour être défectueux; 3°. enfin, qu'un Baromètre peut être très-bon sans être électrique.

Baromètres purgés d'air par le feu.

96. Je reviens maintenant à l'un des moyens de rendre les Baromètres *lumineux*, pour le considérer à d'autres égards; c'est celui qu'employoit M. *du Fay*, & dont il ne paroît pas qu'il connût les véritables avantages. J'ai rapporté ci-devant sa manière de faire bouillir le mercure dans le Baromètre; elle fut suivie par M. *Cassini de Thury* dans les expériences qu'il fit avec M. *le Monnier*, sur les montagnes du *Puy-de-Dome*, du *Mont d'Or* & du *Canigou*. J'ai trouvé, dans le Mémoire de M. *Cassini* sur cette matière (1), une remarque à laquelle on n'a pas fait assez d'attention; j'en juge du moins par le peu d'usage qu'on en a fait dans la suite. M. *Cassini* fit bouillir le mercure dans plusieurs tubes, en suivant la méthode de M. *du Fay*, & il observa qu'après les avoir renversés dans un même vâse, la hauteur du mercure se trouva la même dans tous les tuyaux.

97. Sans doute que cette expérience n'a pas réussi à tous ceux qui l'ont tentée, & qu'on

Expér. de M. *Cassini de Thury* sur les Bar. chargés au feu.

Les vrais avantages de cette méthode ont été peu connus.

____

(1) Mém. de l'Ac. Roy. des Sc. année 1704.

n'a pas eu affez de confiance dans le fuccès du procédé, puifqu'en fuivant l'hiftoire des tentatives qu'on a faites en divers temps pour mefurer les hauteurs par l'abaiffement du mercure, je n'ai pas trouvé qu'aucun de ceux qui ont donné des règles à ce fujet ait employé ce moyen de purger d'air les Baromètres; & il m'a paru que fon influence fur la régularité de leur hauteur abfolue, étoit ignorée des artiftes lorfque je commençai à m'occuper de cet objet.

Le procédé de M. du Fay peut avoir contribué à cette inadvertence.

98. Quand je vis, pour la première fois, la remarque de M. *Caffini*, dont je trouvois la vérité jufqu'à un certain point dans mes expériences, je fus étonné du peu d'impreffion qu'elle avoit faite fur l'efprit des Phyficiens, & j'en cherchai les caufes. Remontant alors à la defcription que M. *du Fay* a donnée de fon procédé, je le trouvai trop imparfait pour qu'il dût réuffir à tous ceux qui l'avoient fuivi, & je remarquai que M. *du Fay* lui-même ne l'avoit pas employé dans ce but. Le vitrier Allemand de qui il tenoit fa méthode, la lui avoit annoncée uniquement comme propre à rendre les Baromètres lumineux : il lui avoit appris à charger le tube en trois fois, & à faire bouillir feulement les deux premières portions

Il ne faut pas faire bouillir le mercure en deux fois,

de mercure. Or, par cette opération, il eft très-poffible qu'il refte de l'air dans le Baromètre; cela peut arriver fi l'ébullition ne recommence pas exactement au point où les deux premières portions de mercure fe réuniffent; car alors s'il y a des impuretés dans la première portion qu'on fait bouillir, l'action du feu les

chasse au-dehors; elles s'attachent au tube &
à l'extrémité de la colonne de mercure; elles
y retiennent une couche d'air qui reste enfermée
& s'échappe très-aisément vers le haut du tube
quand on redresse le Baromètre : j'ai éprouvé
cet inconvénient en faisant la même opération
dans un autre but. Il peut arriver la même *ni seulement en partie.*
chose par la jonction de la troisième portion
de mercure avec la seconde, sur-tout en ne
faisant pas bouillir celle-ci. Telle fut la première raison que je trouvai du peu d'usage qu'on
avoit fait de cette méthode.

2°. J'avois remarqué, en employant un fil *Un fil de fer employé pour tirer l'air du mercure peut l'y retenir.*
de fer comme M. *du Fay*, que ce moyen,
propre seulement à accélérer la sortie des grosses
bulles d'air, contribuoit souvent à en faire rétrograder de petites dans l'intérieur du mercure; je compris donc que, si l'on n'y avoit
pas fait attention, il avoit pu en rester assez
pour nuire à l'égalité de hauteur des Baromètres.

3°. Un autre défaut du fil de fer, c'est que *Il peut faire rompre les tu-bes.*
très-souvent il est cause que les tuyaux se
rompent lorsqu'on veut les courber à la lampe
après l'opération du feu. M. *du Fay* dit lui-
même qu'il a rarement réussi à leur faire supporter l'action de la flamme, & il attribue avec
raison cette fragilité à quelques parties dures
& angulaires du fil de fer qui font impression
sur le verre : c'est pourquoi il étoit réduit, de
même que tous ceux qui font l'opération de
cette manière, à n'employer que des tubes
droits plongés dans des réservoirs; ce qui diminue beaucoup l'utilité de la méthode.

99. 4°. Quoique l'opération du feu, quand elle est faite convenablement, contribue beaucoup à l'égalité de hauteur des Baromètres, elle ne suffit pas seule pour produire cet effet : & si M. *Cassini* trouva le mercure sensiblement à la même hauteur dans tous ses tubes plongés dans un même vase, ce fut sans doute par quelque compensation fortuite entre les défauts de la première opération, ou par d'autres causes dont je parlerai dans la suite.

5°. M. *Cassini* lui-même n'insiste point sur l'importance de la méthode dont il fit usage pour charger ses Baromètres ; au contraire, parlant des observations faites avant lui sur diverses montagnes avec des Baromètres chargés à la manière ordinaire, il dit *qu'on ne pouvoit en soupçonner l'exactitude.*

6°. Malgré la précaution que prirent Messieurs *Cassini* & *le Monnier* de faire bouillir le mercure dans plusieurs de leurs Baromètres, ils ne trouvèrent pas plus de régularité entre leurs diverses observations, qu'on n'en avoit trouvé précédemment par la méthode ordinaire ; en sorte que l'expérience ne parla point en faveur de cette précaution.

7°. Enfin, ces Messieurs firent leurs observations avec des Baromètres des deux espèces, c'est-à-dire, chargés à l'ordinaire & au feu ; &, par une singularité qui m'étonne, ils trouvèrent à-peu-près les mêmes résultats ; car étant montés sur le *Canigou*, tandis que M. *l'Abbé de la Caille* faisoit à *Perpignan* des observations correspondantes, leur Baromètre, chargé au

Les expériences de M. *Cassini* peuvent avoir contribué à l'indifférence pour l'opération du feu.

Elle ne suffit pas seule pour mettre d'accord les Bar.

M. de *Cassini* n'insiste pas sur son importance.

Les expér. de M. *Cassini*, &c. ne font pas voir la nécessité de cette opération.

feu, s'abaiſſa de 7 pouces 11 lig. ¼ & celui qui étoit chargé à l'ordinaire s'abaiſſa de 7 pouces 11 lig. Or cette grande approximation, jointe aux raiſons précédentes, étoit très-propre à voiler l'importance de l'opération du feu, & à détourner l'attention d'une des principales cauſes des irrégularités qu'on avoit toujours rencontrées dans les obſervations faites ſur les montagnes.

100. Avant d'abandonner cet objet, je dois dire qu'en parcourant les *Tranſactions Philoſophiques*, j'ai trouvé, ſous le n°. 448, un Mémoire de M. *Henri Beigton*, où il indique un procédé de M. *Charles Ormes* pour charger le Baromètre au feu, qui me paroît très-ſemblable à celui que je décrirai dans la ſuite (356). Mais M. *Beigton* attribue à cette méthode un avantage qu'elle n'a pas (110), & ne fait point mention de celui qu'elle a pour réduire à une même hauteur les Baromètres qui ſont dans les mêmes circonſtances.

M. Ch. Ormes faiſoit très-bien bouillir le mercure dans le Baromètre ;

ſans connoître l'avantage de cette opération.

Expériences ſur l'effet des différens diamètres des tubes.

101. M. de *Plantade*, Avocat Général à la Cour-des-Aides de Montpellier, a fait diverſes obſervations du Baromètre ſur les montagnes du *Rouſſillon* & du *Languedoc*, que M. *Caſſini* a données en 1733 dans les *Mémoires de l'Académie des Sciences*. On y voit, entr'autres, une remarque très-importante, & qui cependant n'a point eu d'effet ſur la correction du

Expériences de M. de Plantade ſur l'effet des différens diamètres des tubes.

Baromètre, parce qu'elle n'a pas été assignée à
sa vraie cause.

« M. de *Plantade* a trouvé, dit M. *Cassini*,
» de grandes variations dans la suspension du
» vif-argent en divers tuyaux dont il s'est servi,
» & qu'à une élévation, sur le niveau de la
» mer, qui n'excédoit pas 1000 toises, le vif-
» argent s'est tenu plus bas dans les tuyaux d'un
» diamètre étroit, que dans ceux qui étoient
» plus larges, & cela constamment sur seize
» montagnes différentes où il a fait ses expé-
» riences avec toutes les précautions néces-
» saires (1); mais que depuis 1000 toises &
» au-dessus, le vif-argent s'est mis au même
» niveau dans tous les tubes, de quelque dia-
» mètre qu'ils fussent, larges où étroits ».

102. La première partie de cette remarque
de M. de *Plantade* pouvoit le conduire à une
découverte très-essentielle pour corriger une
des imperfections du Baromètre; mais d'autres
défauts de cet instrument lui firent prendre le
change sur la vraie cause du phénomène qu'il
avoit observé. Il se fit sans doute des compensations singulières, lorsque M. de *Plantade*
observa ses Baromètres à 1000 *toises d'élévation & au-dessus*, puisque le mercure *se mit au*

---

(1) M. le *Cat* a remarqué qu'en général le mercure
se tient plus bas dans les tubes d'un diamètre étroit que
dans ceux qui sont plus larges; & il croit que par cette
raison on doit toujours indiquer le diamètre des tubes,
quand on parle de ces expériences. *Magasin François*,
pour Décembre 1750.

même niveau dans tous ses tubes, ce qui ne devoit pas être (103); & cette erreur le conduisit à attribuer aux différences du poids de l'air un effet qui dépend des tubes mêmes (381 à 386).

104. Messieurs *Cassini de Thury* & *le Monnier* eurent particulièrement en vue, dans les observations dont j'ai parlé ci-devant, de vérifier celle-ci : ils employèrent des tubes de différens diamètres, & cependant ils ne trouvèrent les différences dont parle M. de *Plantade*, que dans les tubes qui n'avoient pas été chargés au feu.

Les expér. de MM. *Cassini* & *le Monnier* ne parurent pas confirmer celle de M. *de Plantade.*

Ils portèrent aussi sur le *Canigou* deux tubes de différent diamètre chargés à l'ordinaire, & le mercure se tint plus bas dans celui qui étoit plus étroit; la différence fut de $\frac{2}{3}$ de ligne (1).

104. Ainsi, l'observation de ces Messieurs fit cesser l'attention qu'on avoit portée d'abord à celle de M. de *Plantade;* car on vit que la

On cessa d'y faire attention.

---

(1) Je dis que cette différence fut seulement de deux tiers de ligne, quoiqu'à la fin du livre de la *Méridienne vérifiée*, on trouve sous le titre d'*Observations d'Histoire naturelle*, page CCXXIV, que la différence entre le *gros tuyau*, qui étoit *chargé au feu*, & le *tuyau capillaire*, fut de deux lignes, & sept douzièmes. Cela vient de ce que dans cet ouvrage M. *le Monnier* ne fait pas mention d'un Baromètre *chargé à l'ordinaire*, dont parle M. *Cassini* dans les *Mémoires de* 1740, qu'ils observèrent au *Canigou*, & auquel je crois devoir rapporter l'observation faite avec le *tuyau capillaire*, parce qu'il n'y a point d'apparence que celui-ci fût *chargé au feu*, tant par sa nature, que par les expressions même de M. *Cassini* dans son Mémoire : j'entrerois dans cette discussion si je la croyois nécessaire.

hauteur des lieux n'influoit pas dans l'expérience ; & il parut que la différente quantité d'air renfermée dans les tubes, produisoit celle que M. de *Plantade* attribuoit à la différence des diamètres jointe au plus ou moins de pression de l'air.

Recherches sur l'effet que la chaleur produit dans le Baromètre.

Je viens à l'un des points de vue les plus importans sous lesquels on ait considéré le Baromètre, savoir l'effet que produisent sur lui les variations de la chaleur.

Règle de M. Amontons pour corriger l'effet de la chaleur sur le Bar.

105. M. *Amontons*, dont j'ai parlé souvent en traitant cette matière, pensa le premier que la pesanteur spécifique du mercure devoit changer suivant les divers dégrés de température, & chercha les moyens de corriger les influences de ce changement sur le Baromètre (1). Il trouva d'abord que *le mercure augmente son volume d'environ* $\frac{1}{115}$ *du grand chaud au grand froid à Paris* ; &, sur ce principe, il fit une table des corrections qu'il falloit faire à la hauteur du mercure, suivant le dégré du Thermomètre.

Cette Règle ne pouvoit être exacte.

106. Je ne m'arrêterai pas à la règle que M. *Amontons* prescrivit à ce sujet ; elle ne pouvoit être juste, tant à cause du Baromètre lui-même (353), que parce que son Thermomètre n'avoit pas une graduation assez fixe. Mais, malgré ces

Mais son principe étoit certain.

(1) Mém. de l'Ac. Roy. des Sc. année 1704.

défauts,

défauts, qui s'oppofoient à la découverte d'une règle exacte, le principe étoit certain ; il y avoit une correction à faire.

Cependant encore à cet égard, les premières vues, quoique bonnes, ont été abandonnées, parce qu'on a confidéré chaque objet féparément, fans faire attention que le dégré de hauteur du mercure dans le Baromètre, étoit l'effet total d'un très-grand nombre de caufes.

107. Ainfi, le point de vue de M. *Amontons* ne fut pas long-temps fuivi ; on crut reconnoître qu'il s'étoit trompé dans fa conjecture. Voici ce que dit à ce fujet M. *de la Hire* dans un Mémoire fur la pefanteur de l'air (1) : « j'ai » placé, dans une chambre, un Baromètre » fimple à côté d'un Baromètre double, à la » manière de M. *Huygens*, & j'ai mis tout » proche un Thermomètre qui avoit été fait » par M. *Amontons* ; & pendant trois années, » j'ai obfervé, exactement tous les jours, les » hauteurs de ces Baromètres & du Thermo- » mètre, & je n'ai rien négligé des circonf- » tances qui pouvoient me donner quelque » connoiffance de ce que je cherchois. Mais » comme dans tout ce temps il n'a point fait de » froid confidérable, mais feulement de très- » grandes chaleurs en été, j'ai comparé l'état » de ces Baromètres dans le grand chaud, à » celui où ils étoient dans l'état moyen de » l'air, comme il étoit dans le fond des caves

Cependant on abandonna ce principe.

Obfervation de M. *de la Hire* avec un Bar. chargé à l'ord.

(1) Mém. de l'Ac. Roy. des Sc. année 1709.

» de l'Observatoire, ou tout au plus quand il
» a commencé à geler. *J'ai trouvé que, dans*
» *le Baromètre simple, le mercure ne change pas*
» *sensiblement de hauteur, soit qu'il soit exposé*
» *au grand soleil même en été, ou à l'ombre*
» *dans un lieu médiocrement frais* ».

M. *de Fontenelle* rapportant cette observation
dans l'Histoire de l'Académie, ajoute : « M. *de*
» *la Hire* a supposé, *comme il est vrai*, que le
» mercure du Baromètre simple ne se dilatoit
» ni ne se condensoit sensiblement par le froid
» ou par le chaud ».

Remarque sur cette observa-tion.

108. On verra, dans mes recherches sur ce
sujet, une expérience semblable à celle de M. *de
la Hire*, & propre à faire connoître la cause de
son erreur (353); l'espèce de son Baromètre
pouvoit le tromper : mais je ne puis comprendre
comment Messieurs *du Fay & Beigton*, dont
les Baromètres étoient mieux construits que celui
de M. *de la Hire*, ont pensé qu'ils n'étoient
point sensibles aux effets de la chaleur.

M. du Fay pensoit que la chaleur n'avoit de l'influence que sur les Bar. chargés à froid.

109. M. *du Fay*, après avoir décrit sa manière de rendre les Baromètres *lumineux*, dont
j'ai parlé ci-devant (77), & rapporté les expériences qu'il a faites par leur moyen, ajoûte :
« les Baromètres lumineux étant parfaitement
» vuides d'air grossier, sont exempts du défaut
» commun à tous les autres, qui agissent comme
» Thermomètres & varient nécessairement par
» le chaud & le froid; *ce qui n'arrive point aux*
» *Baromètres lumineux*, & par conséquent les
» rend préférables à toutes les autres espèces
» de Baromètres ».

110. M. *Beigton* a dit aussi des Baromètres purgés d'air par le feu, *que la plus grande chaleur & le plus grand froid ne changent rien à leur hauteur; qu'ils sont réellement des Baromètres, & point du tout des Thermomètres* (1).

111. Je ferai voir, dans la suite, combien ces Messieurs étoient dans l'erreur (364), & cependant leur sentiment a prévalu; car je ne connois aucune expérience où l'on ait eu égard aux effets de la chaleur sur le Baromètre simple.

J'ai rassemblé, dans ce chapitre, tout ce que j'ai pu recueillir d'essentiel pour déterminer l'état où étoit le Baromètre, lorsqu'en 1749 je commençai à m'en occuper. Je ne continuerai pas son histoire générale depuis lors, & je me bornerai à celle de mes propres expériences: ce sera le sujet de la seconde partie de cet Ouvrage.

----

(1) Transf. Phil. n°. 448 , année 1738.

CHAPITRE III.

Examen des principales Hypothèses sur les variations du Baromètre.

On n'est pas d'accord sur la cause des variations du Bar.

112. IL n'est peut-être point de matière en Physique où l'on soit moins d'accord que sur la cause des *variations du Baromètre*, quoique, vu l'utilité de cette connoissance & ce qu'elle a d'intéressant en elle-même, un grand nombre de Savans illustres s'en soient occupés.

Principes communs à la pi part des hypothèses sur ce sujet.

113. L'air soutient la colonne de mercure dans le Baromètre; la hauteur de cette colonne varie; nous voyons aussi des changemens dans l'état de l'air : ces deux variations ont nécessairement quelque liaison entr'elles; & les propriétés de l'air sont assez connues pour qu'on ait dû se flatter de découvrir cette liaison.

Raisons générales de la diversité de ces hypothèses.

114. Cependant, dès qu'on approfondit un peu cette matière, on se trouve arrêté à chaque pas, par la variété & l'inconstance des rapports apparens entre les *variations du Baromètre* & les autres effets qui paroissent devoir être attribués à la même cause. Tous ces effets ne se font pas appercevoir en même temps; leur assemblage momentané n'est pas toujours le même ; quelques-uns peuvent échapper aux yeux d'un grand nombre d'observateurs : de-là naît la variété des systêmes, comme la solution d'un problême varie, toutes les fois qu'on

change ses *données*. Il arrive souvent aussi que, partant d'une hypothèse favorite, on veut tout lui rapporter; on ne voit plus alors la Nature avec des yeux propres à découvrir ses mystères, elle se couvre d'un voile qui devient le miroir de l'imagination.

Ces deux causes d'erreur, la difficulté d'observer tout & la facilité avec laquelle on se prévient en faveur d'une hypothèse favorite, me paroissent avoir influé, ensemble ou séparément, dans toutes les explications qu'on a données jusqu'à présent des variations du Baromètre : c'est ce que je me propose de montrer, en parcourant celles de ces explications qui, par elles-mêmes ou par la réputation de leurs auteurs, ont mérité l'attention du Public.

Observations & idées de M. Pascal sur cette matière.

115. M. *Pascal* fut un des premiers qui observa les variations du Baromètre, & qui les rapporta à des changemens dans le poids de l'air : mais il crut voir dans ces variations des présages bien différens de ceux qu'une longue expérience a manifestés depuis lors. Je vais rapporter quelques-uns des passages de ses *Traités de l'équilibre des liqueurs, & de la pesanteur de la masse de l'air,* qui concernent cette matière.

M. *Pascal* fut un des premiers qui apperçut les variations du Baromètre.

« Comme les variations du Baromètre pro-
» cèdent, dit-il, (*pag.* 151) des variations
» du poids de l'air, & que celles de l'air sont

Extrait de son opinion sur ce sujet.

» très-bisarres, & presque sans règle, aussi
» celles qui arrivent au Baromètre sont si
» étranges, qu'il est difficile d'y en assigner.
» (*Pag.* 153.) La saison où le mercure
» est le plus haut, pour l'ordinaire, est l'hiver;
» celle où d'ordinaire il est le plus bas, est
» l'été; où il est le moins variable, c'est aux
» solstices; & où il est le plus variable, c'est aux
» équinoxes.

» Il arrive aussi, pour l'ordinaire, *que le*
» *mercure baisse quand il fait beau temps, qu'il*
» *hausse quand le temps devient froid ou chargé;*
» mais cela n'est pas infaillible.

Il pensoit en général, que plus il y avoit de vapeurs dans l'air, plus le mercure devoit être haut.

» (*Pag.* 154.) Il est aussi très-remarquable
» que, quand il arrive en un même temps que
» l'air devienne nuageux, & que le mercure
» baisse, on peut s'assurer que les nuées qui
» sont dans la basse région ont peu d'épaisseur,
» & qu'elles se dissiperont bientôt, & *que le*
» *beau temps est proche.* Et lorsqu'au contraire
» il arrive en un même temps que le temps
» est serein, & que néanmoins le mercure est
» haut, on peut s'assurer qu'il y a des vapeurs
» en quantité éparses, & qui ne paroissent pas,
» & *qui formeront bientôt quelque pluie.* Et lors-
» qu'on voit ensemble le mercure bas & le
» temps serein, *on peut assurer que le beau temps*
» *durera*, parce que l'air est peu chargé.

» Et enfin, lorsqu'on voit ensemble l'air
» chargé & le mercure haut, *on peut s'assurer*
» *que le mauvais temps durera*, parce qu'assuré-
» ment l'air est beaucoup chargé.

» Ce n'est pas qu'un vent survenant ne puisse

» fruftrer ces conjectures; mais, pour l'ordi-
» naire, elles réuffiffent, *parce que la hauteur*
» *du mercure fufpendu étant un effet de la charge*
» *préfente de l'air, elle en eft auffi la marque*
» *ordinaire* ».

116. M. *Perrier*, embarraffé fans doute de concilier fes propres obfervations avec celles de M. *Pafcal* fon beau-frere, penfa qu'on pouvoit *faire cette règle avec certitude* (pag. 199) : « que le vif-argent fe hauffe toutes les fois que » ces deux chofes arrivent tout enfemble, favoir » que le temps fe refroidit & *qu'il fe charge* » *ou couvre*; & qu'il s'abaiffe au contraire toutes » les fois que ces deux chofes arrivent auffi » enfemble, que le temps devient plus chaud » & *qu'il fe décharge par la pluie, ou par la* » *neige* ».

Idées de M. *Perrier*, combinées avec celles de M. *Pafcal*.

Il n'eft pas néceffaire d'employer des rai-fonnemens pour prouver que MM. *Pafcal* & *Perrier* n'ont pas bien vu; je ne crois pas qu'il y ait perfonne aujourd'hui qui attende le beau temps quand le mercure *s'abaiffe*, ni la pluie quand il *hauffe*. Cependant on peut dire en leur faveur que ce fyftême étoit fpécieux dans l'hypothèfe affez généralement reçue, que les vapeurs augmentent le poids de l'air. D'ailleurs, les variations du Baromètre ne correfpondent pas toujours de la même manière avec les chan-gemens fenfibles de l'atmofphère; & cet inf-trument n'étoit alors ni affez exact, ni connu depuis affez long-temps, pour que des excep-tions fréquentes ne puffent paffer à leurs yeux pour des règles générales.

G iv

Idée du Docteur BÉAL.

117. L'idée de M. *Pascal* fut adoptée par plusieurs de ses contemporains, avec des modifications exigées par l'expérience. Le Docteur *Béal* reconnut en 1666 (1), que *généralement, dans un temps fixe, tant de l'été que de l'hiver, le mercure étoit plus haut qu'un peu avant, ou pendant les temps de pluie;* mais admettant toujours le principe de M. *Pascal*, il ajouta que *généralement aussi le mercure descend plus après la pluie qu'il n'étoit descendu avant la pluie.* Il attribue cet effet à la chûte des vapeurs, dont le poids n'est plus joint alors à celui de l'air; &, pour prouver cette hypothèse, il rapporte le fait suivant. « Le 18 Décembre 1765, dit-il,
» le mercure descendit d'un quart de pouce :
» l'air étoit si serein & si froid par un vent
» d'est, que je ne pouvois concevoir la cause
» de cet abaissement du mercure; je croyois
» qu'il seroit monté, comme il arrive dans ces
» temps-là. J'envoyai, par hasard, mon domes-
» tique à la campagne; il vit des collines éloi-
» gnées de vingt milles couvertes de neige :
» cela me parut manifester que l'air, étant dé-
» chargé de ses nuages par la neige, étoit devenu
» plus léger ».

118. Le Docteur *Wallis* écrivit la même année sur ce sujet; & entre plusieurs raisons qu'il donna des variations du Baromètre, que

---

(1) Transf. Phil. n°. 9.

je rapporterai ci-après, il admit celle du Docteur *Béal. J'ai remarqué*, dit-il (1), *que mon Baromètre baiſſoit ſans une cauſe viſible ; mais il avoit plu ailleurs, ce qui avoit déchargé notre air.*

Cette explication, ne pouvant s'accorder d'une manière ſatisfaiſante avec les phénomènes, a été abandonnée pendant quelque temps ; cependant, M. *Garcin* l'a renouvelée d'une manière plus méthodique ; c'eſt pourquoi j'appliquerai à ſon hypothèſe particulière les raiſons qui ſont contraires à ce ſyſtême.

Hypothèſe de M. GARCIN.

119. M. *Garcin* (2) attribue en général l'aſcenſion du mercure dans le Baromètre aux augmentations de volume, de poids & de reſſort que l'introduction des vapeurs produit dans l'air, & la deſcente du mercure à la chûte des pluies, qui occaſionne les effets contraires. Ainſi, ſuivant M. *Garcin*, la deſcente du mercure n'indique pas une pluie prochaine, mais une pluie actuelle dans le lieu où le Baromètre eſt placé, ou dans quelqu'autre partie de la même *maſſe d'air*, à laquelle il aſſigne arbitrairement une étendue de 5 à 600 lieues.

L'hyp. de M. Garcin reſſemble à celle de M. Paſcal ; mais elle eſt plus méthodique.

120. On ne peut diſconvenir que le poids d'une *maſſe* d'air qui ſeroit retenue par des

Examen de cette hypothèſe.

---

(1) Tranſ. Phil. n°. 10.
(2) Journal Helvétique, années 1734 & 1735.

barrières infurmontables, augmenteroit proportionnellement à la quantité des vapeurs qui s'introduiroient dans fes interftices, & réciproquement. C'eft ce cas-là que M. *Garcin* fuppofe, lorfqu'il donne pour exemple de ce qui fe paffe dans l'air, l'uniformité d'augmentation ou de diminution de poids des colonnes d'un fluide renfermé dans un baffin, lorfque la quantité de ce fluide augmente ou diminue. Mais comme les *maffes* d'air ne font pas retenues par de femblables barrières, fi le volume d'une de ces *maffes* augmente ou diminue, l'équilibre fe rétablit bientôt entr'elle & fes voifines.

Mais, foit qu'on envifage l'air fous ce dernier point de vue, foit qu'on admette même la diftinction de M. *Garcin*, il fe préfente plufieurs difficultés qui me paroiffent invincibles.

1°. Il eft vrai que la defcente du mercure n'eft pas un indice de pluie abfolument certain, & que, quand le mercure remonte, le beau temps ne fuit pas toujours: mais on doit convenir qu'il arrive ainfi pour l'ordinaire. Or il me paroît que, dans l'hypothèfe de M. *Garcin*, les exceptions de cette règle deviennent la règle elle-même; car la pluie ne doit jamais être plus prochaine que dans les temps où l'atmofphère eft chargée de vapeurs, & ce font ceux où M. *Garcin* croit que le mercure doit s'élever; au contraire, le beau temps ne devroit jamais être plus ftable que quand l'atmofphère eft privée de vapeurs, c'eft-à-dire, fuivant M. *Garcin*, lorfque le mercure s'abaiffe beaucoup dans le Baromètre.

2°. Dans l'hypothèfe de M. *Garcin* il faut néceffairement que les variations du Baromètre foient égales fous une *maffe d'air*; car l'extrême fluidité & l'élafticité même de l'air doivent maintenir l'équilibre dans toutes fes colonnes tant qu'il n'arrive de changement que dans la quantité de matière. M. *Garcin* fentoit bien cette conféquence; auffi croyoit-il qu'en obfervant de bons Baromètres on trouveroit leurs variations égales fous la même *maffe*. Mais l'expérience n'eft pas favorable à fon opinion; j'en ai beaucoup de preuves par des obfervations auxquelles j'ai eu part, entre Turin, Genève & Gènes : il fuffira de rapporter les deux fuivantes. Le 29 Juillet 1757 la différence de hauteur du mercure entre Turin & Genève étoit 7 lig. $\frac{1}{4}$, & le 31 du mois elle n'étoit que 3 lig. $\frac{1}{8}$. Le 30 Juin de la même année la différence étoit de 10 lignes entre Turin & Gènes, & le 27 Juillet elle étoit feulement 6 lig. $\frac{7}{8}$: la température étoit à-peu-près égale dans tous ces cas, de même que la hauteur du mercure au niveau de la mer. J'ajouterai que l'influence de la chaleur locale fur la hauteur du Baromètre (619), prouve clairement que l'effet de toutes les caufes qui agiffent dans l'atmofphère ne fe communique pas toujours au loin avec célérité.

3°. Enfin , quoique M. *Garcin* diftingue l'effet des vapeurs fur le volume, fur le poids & fur le reffort de l'air, tous ces effets reviennent au même dans fes explications; c'eft toujours le poids de l'air qui augmente ou diminue par

Elle fuppofe que les variations du Baromètre doivent être égales fous la même *maffe d'air*.

Ce qui n'eft pas.

L'hypothèfe de M. *Garcin* n'eft pas d'accord avec la quantité d'eau de pluie qui peut tomber dans un jour.

une addition ou une souftraction de matière. Or comment la pluie qui tombe dans une partie d'une *maffe* d'air, feroit-elle baiffer le mercure de 6 lignes en un jour dans toute l'étendue de cette maffe, (ce qui eft une variation peu rare) puifque toute la pluie qui tombe en trois mois dans toute la maffe, fuffiroit à peine pour produire cet effet : fix lignes de mercure font équivalentes à 7 pouces d'eau, & la quantité moyenne de pluie qui tombe chaque année dans nos climats, eft de 29 pouces.

Hypothèfe du Docteur GARDEN.

Le Docteur *Garden* penfa le premier que les variations du Baromètre étoient produites par celles de la pefanteur fpécifique de l'air.

121. Une autre idée générale, auffi fpécieufe que celle des Savans dont je viens de parler, & moins contraire à l'expérience, eft celle que le Docteur *Garden* adopta le premier en 1685 (1). Il penfa que l'afcenfion des vapeurs dans l'air, & l'augmentation de hauteur du mercure dans le Baromètre, étoient dûes à l'augmentation du poids de l'air, & que la chûte de la pluie, ainfi que la defcente du mercure, étoient produites par la diminution de ce poids.

Avantages de l'hypothèfe de M. *Garden.*

122. Cette idée, confidérée en elle-même, paroît d'abord très-fatisfaifante, car on y voit pourquoi la defcente du mercure dans le Baromètre doit être un préfage de pluie; la pefanteur fpécifique de l'air ayant diminué, les vapeurs ne doivent plus s'y foutenir : de même l'afcen-

____

(1) Tranf. Phil. n°. 171.

sion du mercure doit être suivie du beau temps, parce que l'air étant alors plus pesant, les vapeurs doivent y monter & y rester suspendues.

123. Mais il se présente deux difficultés très-embarrassantes dans cette explication. Premièrement, si l'air se charge plus abondamment de vapeurs quand sa pesanteur spécifique est plus grande, il devroit être par cela même moins transparent : c'est ce que M. *Garden* assure ; & il ajoûte que, quand le mercure est bas, l'air, alors plus léger, est aussi plus pellucide, quoique parsemé de gros nuages. Ce sont-là des faits soumis au témoignage des observateurs ; quant à moi, il me paroît que, pour l'ordinaire, l'air n'est jamais plus pur qu'après la pluie & quand la hauteur du mercure est à son plus haut période, & qu'au contraire, quand le mercure baisse sensiblement, l'air n'a plus la même transparence.

Mais elle n'est pas d'accord avec les changemens de transparence dans l'air.

124. Il est vrai qu'on ne peut pas toujours appercevoir, dans les plaines, la liaison de ces effets, & qu'en automne ou en hiver, l'air peut paroître très-obscurci dans certaines contrées, quoique le Baromètre soit fort haut : mais cet obscurcissement n'est produit que par une couche plus ou moins épaisse de brouillards qui s'élèvent des lacs ou des rivières ; quand on peut traverser cette couche en montant sur quelque montagne à la hauteur de 250 à 300 toises, on trouve l'air parfaitement serein : & les brouillards sur lesquels on domine étant éclairés par le soleil, forment un très-brillant spectacle. Il arrive aussi quelquefois en été que

Différences des plaines aux montagnes à l'égard de cette transparence.

les vapeurs produites par l'action du soleil sur les plaines, y troublent un peu la transparence de l'air, quoique le mercure soit haut dans le Baromètre ; mais on ne s'en apperçoit pas non plus sur les montagnes où l'air reste presque toujours serein tant que le mercure ne baisse pas ; &, quand il baisse, la transparence de l'air diminue, tant pour les montagnes que pour la plaine (1).

Il s'agit d'ailleurs d'expliquer les changemens de pesanteur spécifique de l'air.

125. Mais quand cette première observation ne seroit pas contraire à l'hypothèse de M. *Garden*, il resteroit toujours à découvrir la cause des augmentations & diminutions de pesanteur spécifique de l'air.

Idées de M. Garden à cet égard, examinées.

1°. Mélanges variables d'un fluide plus subtile & plus elastique que l'air.

126. M. *Garden* propose quelques conjectures à ce sujet. Il suppose d'abord, 1°. que l'air renferme dans ses interstices un fluide plus élastique & plus subtile, qui produit la cohésion des corps, & dont les diverses combinaisons avec l'air opèrent les changemens qui arrivent

---

(1) Je tiens de M. *de la Condamine* un fait très-intéressant sur cette matière ; c'est que pendant les opérations géodésiques faites au Pérou pour la mesure d'un arc du méridien, il a remarqué constamment, que le matin étoit le temps le plus favorable pour prendre les angles : on voyoit distinctement les signaux à vingt & vingt-deux mille toises de distance avec des lunettes à deux verres, de deux pieds à deux pieds & demi, & cela jusques vers les neuf heures du matin : mais depuis ce moment, les vapeurs s'élevoient & troubloient la transparence de l'air ; & c'étoit aussi celui où le mercure, parvenu à sa plus grande hauteur, commençoit à redescendre. Voyez encore un fait anallogue à celui-à, dans la note du n°. 530.

dans sa pesanteur spécifique : mais ce n'est-là que reculer la difficulté ; car il faudroit savoir quelle est la cause du changement de combinaison de ces deux fluides. D'ailleurs, l'augmentation dans la quantité de ce fluide plus élastique, devroit produire bien d'autres effets aussi sensibles que la diminution du poids de l'air. Par exemple, l'Auteur attribue la cohésion des corps à ce fluide subtile ; mais puisqu'on n'apperçoit jamais de changement dans la cohésion des corps, c'est une preuve que la cause de la cohésion n'a point de rapport immédiat avec celle des variations du Baromètre.

Une seconde conjecture de M. *Garden*, est qu'il se fait des mélanges d'autres fluides avec l'air qui, en le pénétrant intimement & se logeant dans ses interstices, forment un composé dont la pesanteur spécifique est plus grande que celle de l'air pur, ou qui en général, pouvant être différemment combinés, produisent des changemens dans la pesanteur spécifique du mixte. Mais encore, à cet égard, M. *Garden* ne fait que reculer la difficulté, & sa supposition n'est appuyée d'aucune preuve.

Enfin, il attribue beaucoup d'influence à la chaleur, dont les différens dégrés rendent l'air plus ou moins élastique : il croit que, quand l'air est plus élastique, il presse moins sur sa bâse, parce que sa pesanteur spécifique diminue. Je pense à cet égard comme M. *Garden*, quoique des Physiciens célèbres, confondant l'air libre avec l'air renfermé, aient pensé le contraire (211). Mais la chaleur agit pour

le moins auſſi puiſſamment ſur les vapeurs que
ſur l'air ; & diminuant ainſi leur peſanteur ſpécifique, en même temps qu'elle diminue celle
de l'air, elle ne peut contribuer à leur chûte.
D'ailleurs, nous voyons ſouvent le mercure
fort haut en été, & fort bas en hiver ; ce qui
prouve que les grandes variations du Baromètre
ne peuvent être attribuées à cette cauſe.

Hypothèſe du Docteur WALLIS.

La variété des idées du Docteur *Wallis*, prouve la difficulté de cette manière.

127. Rien ne fait mieux connoître les difficultés qui ſe rencontrent à chaque pas, lorſqu'on cherche la cauſe des variations du Baromètre, que la variété des opinions de M. *Wallis*.

Il crut d'abord que le mercure devoit être *haut* par le poids des vapeurs, & *bas* par l'air ſec.

On a vu précédemment qu'il penſa d'abord,
avec les premiers Phyſiciens qui s'occupèrent de
cet objet, que le mercure doit s'élever quand
l'air eſt chargé de vapeurs, & s'abaiſſer quand

Il adopta enſuite la diminution de preſſion verticale par les vents :

ces vapeurs retombent en pluie. Cependant,
comme il fut obligé de convenir que le mercure baiſſe ſans qu'il ait plu, & que ſa plus
grande hauteur eſt ſouvent un indice de beau
temps, il expliqua le premier phénomène par
l'action de quelque vent qui diminuoit la preſſion verticale de l'air ; & il eut recours pour
le ſecond à l'action de la chaleur, mais d'une
manière oppoſée à celle de M. *Garden* & au

l'augmentation de reſſort & de preſſion de l'air par la chaleur.

vrai ; car il jugea que, la chaleur augmentant
le reſſort de l'air, ſa preſſion devoit être plus
grande ſur la terre, & que par conſéquent le
Baromètre devoit monter. C'eſt ainſi qu'il
penſoit, en 1666, ſur l'influence de la chaleur

leur (1); mais dans un nouveau Mémoire qu'il donna sur ce sujet, en 1669, il reconnut qu'il s'étoit trompé (2). Cependant, toujours persuadé que la chaleur fait monter le mercure dans le Baromètre, il crut pouvoir attribuer cet effet à la dilatation de l'air renfermé dans le mercure, qui rend ainsi la colonne du Baromètre plus longue. la dilatation de l'air renfermé dans le mercure.

En 1685, M. *Wallis* entreprit de réfuter l'idée de M. *Garden*, sur l'ascension des vapeurs dans un air plus pesant qu'elles, & leur chûte dans un air plus léger (3). En attaquant cette idée dans ses conséquences, il convient qu'elle est vraie dans son principe, & que si l'air étoit toujours calme, les loix de l'hydrostatique exigeroient ce que pensoit M. *Garden*. Mais il refuse d'admettre que ces loix puissent s'exercer dans un fluide comme l'air, qui n'est presque jamais tranquille; & il pense, au contraire, que les vapeurs, quoique plus pesantes que l'air, peuvent y monter par cette agitation, comme nous voyons la poussiere s'élever de la terre, lorsqu'il régne un grand vent, & qu'elles retombent ensuite quand l'air devient calme, ou quand leur quantité est trop grande pour qu'il puisse les soutenir. L'agitation de l'air par les vents, qui doit faire monter les vapeurs comme la poussiere.

Pour favoriser les effets de cette cause, M. *Wallis* y joint le ressort de l'air, qu'il conçoit pouvoir être augmenté de deux manières, par

---

(1) Transf. Phil. n°. 10.
(2) Ibid. n°. 55.
(3) Ibid. n°. 171.

Tome I.   H

l'augmentation du poids qui le presse, & par celle de la chaleur. La premiere augmentation est produite, dans son hypothèse, par l'action des vapeurs elles-mêmes; elles ajoûtent au poids de chaque couche sur ses inférieures, qui, devenant ainsi plus denses & plus élastiques, font plus propres à soutenir les vapeurs qu'elles renferment. Mais si l'abondance des vapeurs peut devenir une des causes de leur suspension, quelle sera la cause de leur chûte ?

Le poids des vapeurs, qui augmente le ressort de l'air.

Quant à l'effet de la chaleur, M. *Wallis* ne le considère plus dans ce Mémoire, comme dans le premier, c'est-à-dire, comme augmentant la pression de l'air sur la terre; il pense seulement que cette pression ne change pas, à cause que les colonnes conservent la même quantité de matière, & que chaque couche, étant plus élastique, soutient plus aisément les vapeurs qu'elle contient. Mais il se présente une difficulté; les colonnes les plus échauffées s'élevant par leur dilatation, doivent se verser sur leurs voisines, & le haut de l'atmosphère sensible doit toujours se mettre de niveau. M. *Wallis* apperçoit cette difficulté, mais il croit la résoudre en supposant que l'air demeure quelque temps à s'étendre, & que, pendant ce temps-là, son augmentation d'élasticité le rend plus propre à soutenir les vapeurs.

La résistance de l'air à son expansion par la chaleur.

Plus il va en avant, plus il trouve d'embarras dans l'explication des phénomènes. Il pleut en hiver, & par conséquent il monte des vapeurs en cette saison, sans que l'air soit échauffé au point requis par son hypothèse.

Cette nouvelle difficulté le porte à croire que les changemens de poids de l'air ne sont pas aussi grands que le Baromètre semble l'indiquer par ses variations, dont il faut, selon lui, chercher la cause dans l'instrument lui-même. « Quand nous remplissons le Baromètre, dit-il, » il se mêle toujours de l'air & de l'humidité » avec le mercure. En été, cet air, se dilatant, » écarte les parties du mercure qui monte ainsi, » sans que le poids de l'atmosphère ait changé. » L'eau se contracte par le froid, jusqu'au mo-» ment où, venant à geler, elle se dilate : qui » sait si l'air n'en fait pas de même ? S'il le » fait, nous concevrons pourquoi le mercure » se dilate aussi en hiver ; ce sera parce que » l'air ou l'eau qu'il contient se dilatent en » gelant ».

Enfin il croit voir une partie de ces causes dans le Barom. même.

L'air contenu dans le mercure pourroit bien, dit-il, se dilater en gelant.

On conçoit aisément que les hypothèses de M. *Wallis* n'eurent pas beaucoup de partisans ; elles étoient trop compliquées, & son système n'étoit pas assez lié, pour obtenir l'approbation de ceux qui savent qu'en général les loix de la nature sont simples dans leurs principes, & que, plus on est obligé d'entasser de suppositions, moins un système est vraisemblable.

Hypothèse du Docteur LISTER.

128. De toutes les hypothèses qu'on a imaginées pour expliquer les variations du Baromètre, il n'y en a point de plus étrange que celle de *Lister*. Peu satisfait de toutes celles où l'on cherchoit à rapporter les variations du Baro-

Lister attribue toutes les variations du Baromètres à des contractions & expansions singulieres du mercure.

mètre aux mêmes causes qui produisent les changemens d'état de l'air, il crut que ces deux effets étoient indépendans, & qu'il falloit chercher dans le mercure même les causes des variations du Baromètre ; voici le précis de son hypothèse, tiré des *Transactions Philof.* n°. 165, année 1683.

Précis de son systême.

« On a observé, dit-il, à *Sainte-Hélène* &
» aux *Barbades*, que le Baromètre n'y est point
» affecté par les différens états de l'air, soit
» que le temps soit nuageux, venteux, plu-
» vieux, ou serein, excepté dans les violents
» ouragans ; & probablement il en est de même
» dans tous les pays renfermés entre les tropi-
» ques. L'observation à Sainte-Hélène a été
» faite par M. *Halley*, qui y tint un Baro-
» mètre en expérience pendant deux mois ; &
» celle des Barbades est fondée sur nos re-
» gistres.

» Il n'en est pas de même en Angleterre ;
» on y remarque que dans les violentes tem-
» pêtes, & lorsque le Baromètre est le plus
» bas, le mercure se *brise* & chasse de petites
» particules ; c'est ce que j'ai observé plusieurs
» fois. Je regarde cet accident comme une
» espèce d'*écorchure* : & dans tous les cas où
» le mercure descend, il *s'écorche* plus ou moins ;
» ce qui provient d'une forte contraction, qui
» rapproche ses parties les unes des autres. Ma
» conjecture est d'autant plus probable, que
» dans ces temps-là le mercure chasse de nou-
» velles particules d'air dans le haut du tube ;
» ce qui, augmentant la quantité de l'air, &

» par conféquent fon élafticité , fait que le
» mercure eft repouffé en-bas par une force
» qui eft hors de lui , tandis qu'il fe contracte
» lui-même ; c'eft-à-dire qu'il defcend par
» deux caufes diftinctes dans leur action, mais
» qui concourent au même effet. On ne peut
» douter qu'il n'y ait beaucoup d'air mêlé dans
» le mercure, car on le voit en appliquant un
» fer chaud contre le tube, comme on le fait
» lorfqu'on veut en purger le Baromètre; &
» en ce que le fer poli fe rouille quand on le
» plonge dans le mercure , comme quelques
» Phyficiens l'ont obfervé depuis peu.

» Quand le mercure s'élève dans le tube, ce
» qui arrive certainement tant dans le froid
» que dans le chaud , il revient alors dans fon
» état naturel, libre & dilaté comme il doit
» l'être , c'eft-là fon état permanent entre les
» tropiques , & c'eft ce qui n'arrive chez nous
» que quand il fait chaud ou froid. Mais quand
» le mercure defcend, il eft contracté & comme
» repouffé ou tiré fur lui-même ; c'eft ce qui
» arrive dans notre climat d'Angleterre , &
» vraifemblablement , plus ou moins, par-tout
» hors des tropiques. Cette contraction paroît
» manifeftement par la concavité des deux fur-
» faces du mercure, c'eft-à-dire, non-feulement
» dans le haut du tube , mais encore , en bien
» obfervant , à la furface du mercure dans
» le vâfe où le tube eft plongé.

» La difficulté gît à concevoir la produc-
» tion d'un même effet, favoir l'afcenfion du
» mercure dans le Baromètre , par deux caufes

» si diſſemblables , le grand chaud & le grand
» froid ; des exemples peuvent ſervir à la faire
» comprendre. La lymphe de notre ſang ſe
» coagule par le froid & par le chaud ; les
» ſels retournent dans leur état naturel de
» cryſtalliſation , par les deux extrêmes ; l'état
» naturel de l'eau eſt d'être glace , & celui du
» mercure d'être un roc dur. Nos humeurs en
» général ſont dans l'état le plus naturel , dans
» le grand froid & dans le grand chaud ; la
» longue vie des montagnards d'Angleterre
» prouve que le froid eſt naturel à l'homme ;
» les animaux dont la liqueur vitale eſt froide ,
» pullulent plus que les autres , comme les
» inſectes , & ceux-ci ſe conſervent dans la
» glace ».

129. Telle eſt en abrégé l'hypothèſe de *Liſter* ;
je ne l'ai rapportée que pour montrer dans quels
écarts on a donné ſur cette matière : il ſeroit
inutile de la réfuter pied-à-pied ; une ſeule
obſervation ſuffit pour détruire ſon fondement
principal. Dans un Baromètre fait d'un tube
cylindrique & ſimplement recourbé, ſi la grande
colonne de mercure s'accourcit d'une certaine
quantité , par la diminution du poids de l'air
& ſans qu'il y ait aucun changement dans la
température , la petite colonne s'allonge de la
même quantité ; ce qui prouve que le mercure
ne ſe contracte pas , & par conſéquent toute
l'hypothèſe, fondée ſur cette contraction , eſt
renverſée néceſſairement. J'ajouterai par ſur-
abondance , que le mercure s'élève & s'abbaiſſe
dans les Baromètres placés en des lieux où la

température ne change point ; ce n'est donc pas à l'action immédiate du *froid* & du *chaud* que ses variations doivent être attribuées. J'ai vu quelquefois de petites bulles de mercure attachées contre les parois du tube dans le vuide ; c'est sans doute ce que *Lister* appelle des *écorchures*, ou ces particules qu'il prétend être lancées par le mercure lorsqu'il se contracte : mais je les ai vues dans des temps fort contraires à sa supposition, puisque c'étoit dans de grandes chaleurs, ou quelquefois en exposant le Baromètre au soleil, au plus fort de l'été ; ces petites bulles sont peut-être l'effet d'une sorte d'évaporation que le vuide favorise ; mais, quoi qu'il en soit, outre que les mêmes circonstances apparentes ne produisent pas toujours ces petites bulles, elles ne peuvent être favorables à son hypothèse, puisque je les ai vues dans les temps mêmes où, suivant lui, le mercure doit être dans son état naturel.

Hypothèse de M. Halley.

130. On a tenté depuis long-temps d'expliquer de diverses manières les variations du Baromètre, par une cause générale & très-puissante à divers égards, je veux dire les *vents :* mais le célèbre M. *Halley* est le premier qui ait formé un système complet sur l'influence de cette cause dans les changemens d'état de l'air relatifs aux variations du Baromètre.

Ce système est très-bien développé dans un Mémoire qu'il donna en 1685 à la Société

M. *Halley* a fait un systême complet de leur action sur l'air.

Royale de Londres, dont il étoit membre (1). Il expose d'abord les phénomènes d'une manière qui me paroît très-exacte ; après quoi il entreprend de les expliquer par le moyen des vents. Je vais rapporter ces phénomènes, en joignant à chacun l'explication qu'en donne M. *Halley* ; & comme ces explications ne me paroissent pas fondées ou suffisantes, j'ajouterai les réflexions qui m'ont conduit à porter ce jugement.

Exposition & examen de ce systême.

Effet des vents contraires partant d'un même lieu.

131. Ph. 1er. *En temps calme & incliné à la pluie, le Baromètre est ordinairement bas.*

Expl. « C'est parce que l'air étant plus lé- » ger, les vapeurs ne peuvent plus s'y soutenir ; » cette plus grande légéreté vient de ce qu'il » souffle deux vents contraires, qui partent » tous deux du lieu où le Baromètre est placé, » dans lequel l'air est raréfié par ce moyen ».

Réfl. Mais pourquoi l'air qui se répand ainsi de tout côté, n'entraîne-t-il pas avec lui les vapeurs, au lieu de favoriser leur chûte ? On conçoit mieux l'accumulation des vapeurs & leur chûte, quand elles sont poussées vers un même lieu par des vents contraires. D'ailleurs, la cause de ce calme dans un lieu qui est l'origine de deux vents, ne peut être que la chaleur, qui dilate l'air ; mais elle doit aussi dilater les vapeurs & diminuer par conséquent leur pesanteur spécifique autant & plus que celle de l'air.

---

(1) Transf, Phil. n°. 181.

Ph. 2. *Dans un temps serein & fixe, le mer-cure est généralement haut.*

Expl. « Le lieu où le Baromètre est placé, se trouve alors comme un centre où des vents contraires aboutissent, ce qui forme le calme; la colonne d'air s'élève par ces impulsions opposées, & devient plus dense par l'augmentation de pression, tant latérale que verticale; elle doit donc soutenir plus efficacement les vapeurs, en même temps qu'elle fait élever le mercure dans le Baromètre ».

Effet des vents contraires soufflant vers un même lieu.

Réfl. Si telle devoit être la cause du calme qui accompagne quelquefois le beau temps, je crois qu'il y en auroit bien rarement de semblables; car pour cet effet il faudroit un parfait équilibre entre les vents contraires qui le produiroient. Nous voyons de plus que la force des vents varie continuellement, ce qui produit un flux & reflux d'air qui résulte des vicissitudes de leur force respective; & bien loin qu'il y ait un calme en de pareilles circonstances, c'est alors que l'air est plus tumultueusement agité. Bien loin encore que, dans un tel conflit, les vapeurs soient mieux soutenues, elles s'accumulent, & acquièrent plus de pesanteur par leur réunion.

Ph. 3. *Dans les grands vents, quoiqu'ils ne soient pas accompagnés de pluie, le mercure est plus bas que jamais: cependant il faut avoir égard à la région d'où le vent souffle.*

Expl. « C'est parce que, dans un grand courant d'air, les parties voisines calmes ne peuvent pas venir assez promptement rem-

Effet de la rapidité des vents sur la densité de l'air;

» placer l'évacuation occasionnée par un si grand
» courant, ce qui fait que l'air s'attenue : à
» quoi il faut ajouter la diminution de pression
» verticale. Mais, dans cette grande agitation,
» les particules des vapeurs, étant soutenues &
» dissipées, ne peuvent tomber, comme l'exige-
» roit sans cela la raréfaction de l'air ».

Réfl. Je remarque d'abord que la première explication de ce phénomène est contraire à l'hypothèse même de l'Auteur : car, après avoir dit, pour expliquer le premier phénomène, que l'air se raréfie dans les lieux d'où partent les vents, bien loin de pouvoir supposer qu'il se raréfie encore dans les lieux où ils passent, il auroit dû admettre le contraire, parce que l'air chassé d'un lieu doit toujours éprouver quelque résistance à déplacer celui contre lequel il se porte. Quant à la seconde cause qu'indique M. *Halley*, si la diminution du poids vertical produit l'abbaissement du mercure dans le Baromètre, cet abbaissement devroit être produit par tous les vents ; ce qu'on n'observe pas. Mais, dans l'énoncé de ce phénomène, l'Auteur fait une exception qu'il explique dans le suivant : il faut donc l'examiner.

Ph. 4. *Toutes choses d'ailleurs égales, la plus grande hauteur du mercure s'observe dans les vents d'est & nord-est.*

Expl. « Parce que dans le grand Océan
» Atlantique, à 35°. de latitude nord, il souffle
» presque toujours un vent d'ouest ou sud-
» ouest ; en sorte que les vents d'est & de nord-
» est sont arrêtés aussi-tôt qu'ils rencontrent

» ce vent-là, ce qui fait accumuler l'air fur
» l'Angleterre ».

Réfl. L'accumulation ne devroit jamais fe
faire qu'à 35° de latitude nord ; là, fuivant
M. *Halley*, il doit y avoir un calme. J'ai con-
tefté la production de ce calme , mais en l'accordant même , il me paroît toujours vrai
que , par-tout où le courant de l'air eft encore
violent , l'obftacle que peut oppofer un vent
contraire ne produit encore aucun effet fenfible , & peut être regardé comme nul pour
foulever l'air; en forte que , fi le mouvement
horifontal de ce fluide devoit produire une
diminution dans fa preffion verticale, qui pût
fuffire pour faire baiffer fenfiblement le mercure dans le Baromètre, comme le dit M. *Halley*
dans l'explication du phénomène précédent ,
cette diminution devroit avoir lieu par les vents
de nord-eft & de nord , tant que leurs cou-
rants ne feroient pas arrêtés par les vents du
fud-oueft & de fud; & il n'y a point de raifon
pour attribuer cet effet à l'un de ces vents plutôt qu'aux autres.

Ph. 5. *Dans un temps calme & froid , le
mercure eft ordinairement haut.*

Expl. « Quand il fait froid , le vent vient
» ordinairement du nord ou du nord-eft , qui
» font des régions froides ; ou , fi ce vent ne
» fouffle pas chez nous, c'eft parce qu'il eft
» arrêté par le vent d'oueft , qui fouffle dans
» l'Océan : d'ailleurs, le froid condenfe l'at-
» mofphère ».

Réfl. Sur la première caufe , je n'ajouterai

qu'une réflexion à ce que j'en ai dit dans le *Ph.* 2. Si le calme peut être produit par l'obstacle que le vent d'ouest oppose aux vents du nord ou du nord-est, dans un calme de cette espèce, l'air sera rarement *froid*, parce que le vent d'ouest est *chaud* pour l'ordinaire. Quant à la seconde cause, elle augmente réellement le poids de l'air ; mais elle influe peu quand elle agit seule, puisque le mercure s'élève dans le Baromètre aussi fréquemment en été qu'en hiver.

Ph. 6. *Après de grands vents pendant lesquels le mercure a été fort bas, il s'élève promptement.*

L'explication de ce phénomène est l'inverse de celle du *Ph.* 3. Mais si cette dernière n'est pas solide, son inverse ne sauroit l'être.

Ph. 7. *Les plus grandes variations du Baromètre sont au nord.*

Ph. 8. *Les moindres sont au sud.*

Expl. « C'est parce qu'il y a au nord des vents plus forts & plus variables qu'au sud ».

Réfl. Si les vents ne peuvent suffire pour expliquer les variations du Baromètre en général, ils suffiront encore moins pour expliquer la différence de ces variations en divers climats, du moins comme cause immédiate.

Hypothèse de M. Garsten.

132. Je m'écarte de l'ordre des temps, pour donner un exemple de la différence singulière qui se trouve quelquefois dans les jugemens des

hommes fur les mêmes chofes. M. *Charles-Louis Garften* publia, en 1733, un Ouvrage fur la caufe des variations du Baromètre (1) : les vents font les agens principaux auxquels il attribue ce phénomène, mais d'une manière abfolument oppofée à celle de M. *Halley.*

133. L'ouvrage de M. *Garften* eft divifé en trois parties. Dans la première, il donne une nouvelle théorie de la propagation des *vibrations tremblottantes* dans une fuite de corps élaftiques contigus. Il affirme que fi une caufe, quelle qu'elle foit, produit des vibrations de ce genre dans un corps élaftique comprimé, il communique ces vibrations aux autres corps élaftiques voifins, & que tant que la caufe agit, ou que, ceffant d'agir, le mouvement n'eft pas encore épuifé par la réfiftance, le premier corps élaftique dans lequel les vibrations ont été produites, & ceux auxquels il les a communiquées, font plus dilatés qu'ils ne l'étoient auparavant.

Précis de fon fyftême fur les vibrat. tremblottantes.

134. M. *Garften* fait, dans la feconde partie, l'application de ce principe aux variations du Baromètre; & pour cela, il fuppofe que toute l'atmofphère a un mouvement principal, caufé par l'action du foleil, favoir d'Orient en Occident, entre les tropiques, & déclinant plus ou moins de l'eft au nord, ou au fud hors

Application de ce fyftême aux variat. du Baromètre par l'entremife des vents.

---

(1) *Chriftiani Ludov. Garften Tentamina Syftematis novi ad mutationes Barometri ex natura elateris aërei demonftrandas, &c. Francofurti* 1733, *in-8°.*

des tropiques ; que ce mouvement, étant égal & continu, ne produit point de vibrations dans les particules élastiques de l'air, & les laisse par conséquent soumises à la loi des pressions ; que, dans nos climats, le mouvement principal de l'air cause un vent de nord-est régulier, pendant lequel l'air presse sur la terre autant qu'il est possible, & que par conséquent le Baromètre est alors dans sa plus grande hauteur : mais que, s'il survient un vent de sud-ouest contraire au premier, le choc de ces deux vents produit, dans les particules élastiques de l'air, des *vibrations tremblottantes* qui, suivant sa théorie, doivent occasionner une dilatation dans l'atmosphère ; & qu'en cet état, l'air presse moins sur la surface de la terre, ce qui produit la descente du mercure dans le Baromètre.

Il est aisé de suivre ce système dans toutes ses parties, & principalement dans ses conséquences pour l'ascension des vapeurs, quand l'air est plus pesant ; & pour leur chûte, quand il l'est moins.

Examen de cette hypothèse.

135. Voilà donc une opposition bien marquée entre le sentiment de M. *Garsten* & celui de M. *Halley* ; celui-ci croit que l'effet des vents contraires est d'augmenter le poids de l'air en le condensant ; & l'autre pense que la même cause doit diminuer le poids de l'air en le dilatant : or il n'est pas probable que les variations du Baromètre puissent être solidement attribuées à une cause dont l'application est si arbitraire & les effets si peu prouvés. Je n'ajouterai à

cela qu'une remarque fur   fyftême de M. *Garften.*

Quand les vibrations dont il parle feroient réellement produites dans le cas qu'il fuppofe, elles ne pourroient l'être qu'à l'endroit où deux vents fe heurteroient, & cet endroit feroit variable; le choc fe feroit dans chaque lieu au moment où le vent d'oueft commenceroit à s'oppofer au vent de nord-eft; & dès que le premier auroit pris le deffus, & que l'air auroit acquis un mouvement régulier en fens contraire, les vibrations cefferoient dans fes particules, & fa preffion fur la terre feroit rétablie dans fon état primitif. Le mercure remonteroit donc alors dans le Baromètre, fuivant l'hypothèfe de M. *Garften,* malgré la continuation du vent de fud-oueft: mais cela n'arrive pas; & par conféquent cette hypothèfe n'eft pas fondée.

Hypothèfe de M. DE LA HIRE.

136. M. *de la Hire* avoit entrepris, avant M. *Garften,* d'expliquer les variations du Baromètre par le moyen des vents. Chargé des obfervations météorologiques par l'Académie des Sciences, dont il étoit membre, il les fit avec beaucoup de foin. Le détail de fes obfervations fur le Baromètre, le Thermomètre, la quantité d'eau de pluie, les vents & les autres météores, fait le fujet du premier des Mémoires de cette Académie pour chaque année, depuis le commencement du fiècle jufqu'en 1719. C'étoit par choix, autant que par état, que M. *de la Hire*

s'occupoit des variations du Baromètre & des circonstances qui les accompagnent; & comme il est difficile d'observer long-temps des phénomènes de même genre sans les rapporter à quelque hypothèse, M. *de la Hire* embrassa, dès l'année 1705, une opinion particulière sur la cause des variations du Baromètre; elle est énoncée très - nettement dans un article de son Mémoire pour cette année-là: c'est pourquoi je vais rapporter cet article en entier.

Exposition de son hypothèse.

137. «Ce qu'il y a de plus remarquable, dit-il,
» dans le Baromètre qui nous marque la pesan-
» teur de l'air, ce sont les changemens qui lui
» arrivent dans deux ou trois jours, où nous
» le voyons souvent descendre & monter de
» plus d'un pouce; ce qui nous fait connoître
» les grandes variations qui arrivent en peu
» de temps à la *hauteur* de l'atmosphère. Car,
» pour rendre raison de ces différentes pesan-
» teurs de l'air, il ne paroît pas vraisemblable
» de supposer, comme font quelques Philo-
» sophes, différens liquides & de différente
» pesanteur sur la surface de la terre, qui sont
» tantôt portés d'un côté, tantôt de l'autre (1);
» car ils devroient être ordinairement plus lé-
» gers quand l'air est chargé de vapeurs, comme
» les observations nous le font connoître.

» Il me semble qu'on peut fort bien ex-
» pliquer, comme il suit, tout ce que nous

Il suppose des transports d'air du *nord au sud* & du *sud au nord*.

---

(1) C'est là une des suppositions de M. *Garden* dont j'ai parlé ci-devant (126).

» observons

» observons de la pesanteur de l'air ou de
» l'atmosphère dans toutes ses circonstances.
» Nous savons, par des observations très-
» exactes, que le Baromètre s'élève en général
» moins haut entre les tropiques que dans les
» pays septentrionaux; d'où l'on peut conjec-
» turer que la figure de l'atmosphère est un
» sphéroïde long, dont l'axe est joint à celui
» de la terre, ce qui est assez facile à expliquer
» dans le systême de *Copernic :* mais comme
» par-tout où il y a de l'air il peut y avoir
» des vents, si le même vent règne dans toute
» la masse de l'air, & qu'il vienne du midi,
» il abaissera la hauteur de l'atmosphère dans
» ces pays-là; & au contraire, s'il vient du
» septentrion, il l'élévera. Mais aussi comme
» les vents du midi nous apportent de la pluie,
» il s'ensuivra qu'il doit pleuvoir quand l'air
» paroîtra léger; tout le contraire arrivera de
» l'autre côté.

» C'est en général ce qui doit suivre de cette
» supposition; mais si le vent du midi ne règne
» que sur la surface de la terre, & qu'il y
» ait un vent du nord dans la partie supérieure,
» il pourra pleuvoir, quoique l'air paroisse fort
» pesant; &, par une raison contraire, il pourra
» faire un temps fort serein avec un vent du
» nord, & le Baromètre étant fort bas; car
» nous ne pouvons observer que les vents qui
» sont fort proches de la terre ».

138. J'avoue que cette hypothèse doit plaire au premier coup-d'œil par sa simplicité, & que, pendant quelque temps, j'ai été porté à l'ad-

Examen
cette hypothè-
se.

Tome I. I

mettre ; mais en la considérant avec attention dans ses conséquences, & comparant ces conséquences avec les faits, j'ai changé de sentiment.

Je n'examinerai pas si, la terre étant un sphéroïde applati vers ses poles, l'atmosphère peut former un sphéroïde allongé dans la même direction ; il faudroit entrer pour cela dans une discussion assez délicate sur ce qui doit résulter à cet égard des loix du mouvement & de la pesanteur. C'est par un moyen plus simple, & par des faits, que je montrerai le peu de fondement de l'hypothèse de M. *de la Hire*.

Les vents du sud viennent, par rapport à nous, des régions voisines de l'équateur ; les vents du nord partent de celles qui sont au-delà du cercle polaire arctique : notre zone ne fait que donner passage à ces vents. Suivant l'hypothèse de M. *de la Hire*, quand les vents viennent du sud, la hauteur de l'atmosphère doit diminuer vers l'équateur ; & l'air se portant vers le nord, sa hauteur doit y devenir plus grande : au contraire, quand les vents partent du nord, l'atmosphère doit s'abbaisser dans cette partie du globe, & l'accumulation de l'air sous l'équateur doit y produire l'effet opposé. Dans notre zone les changemens de hauteur de l'air doivent être peu considérables.

De ces conséquences immédiates il en résulte nécessairement celle-ci : que les moindres variations du Baromètre devroient être dans nos climats ; & les plus grandes entre les tropiques, comme aux Poles. Or il est constant,

Le peu de variation du Bar. sous l'Équateur est absolument contraire à ces transports d'air.

par le témoignage de tous ceux qui ont obfervé le Baromètre dans la zone torride, & fur-tout par celui de M. *de la Condamine*, qui l'a obfervé pendant plus d'un an à *Quito*, que la variation du Baromètre n'y paffe pas une ligne & un quart dans toute l'année (1); obfervation que ce célèbre Académicien a conftatée avec plufieurs autres, par une infcription mife fur un marbre à *Quito* (2). Cette confidération feule me paroît fuffire pour prouver que les changemens de hauteur de l'air fuppofés par M. *de la Hire*, ou n'ont pas lieu, ou ne font pas la caufe principale des différences de hauteur du mercure dans le Baromètre.

D'ailleurs, M. *de la Hire* fe fonde fur les obfervations du Baromètre au nord & fous l'équateur, pour établir une grande différence de hauteur de l'atmofphère dans ces lieux-là. Or, j'ai beaucoup de raifons de douter que nous connoiffions même le rapport des poids de l'air fous l'équateur & dans les régions qui font au-delà du cercle polaire, à caufe du peu d'accord qu'il devoit prefque néceffairement y avoir entre les Baromètres dont on s'eft fervi pour ces obfervations, tant à l'égard de leur hauteur abfolue, que relativement aux effets de la chaleur : au-lieu que je ne vois aucune raifon de douter que les obfervations faites par M. *de*

---

(1) Introduction Hiftorique, ou Journal des Travaux des Académiciens, &c. page 109.

(2) Ibid. pag. 162.

la Condamine au *Pérou* ne soient d'accord entre elles (770 & 771). On sentira la raison de ces différences, quand on aura vu tout ce que j'ai à dire sur l'usage du Baromètre & sa construction.

L'hypothèse de M. *de la Hire* n'explique pas les exceptions qu'il reconnoît lui-même.

Il me paroît encore que les exceptions dont parle M. *de la Hire*, & qui ont lieu réellement, ne découlent pas de son principe. Il dit, *que si le vent de midi ne règne que sur la surface de la terre, & qu'il y ait un vent de nord dans la partie supérieure, il pourra pleuvoir, quoique l'air paroisse fort pesant.* Je lui accorde, suivant son principe, qu'*il pourra pleuvoir* dans cette circonstance, parce qu'il suppose généralement que *les vents du midi nous apportent la pluie :* mais pourquoi, *par une raison contraire, l'air pourra-t-il être fort serein avec le Baromètre fort bas ?* c'est-à-dire, pourquoi ne pleuvra-t-il pas, parce que le vent du midi, au lieu de *régner sur la surface de la terre,* passera au-dessus d'un vent du nord ? Certainement il n'y a aucun fondement de cette différence, ni dans l'hypothèse de M. *de la Hire*, ni dans la Nature.

Hypothèse de M. MARIOTTE.

Quatrième manière d'expliquer les variations du Baromètre par l'action des vents.

139. Je vais rapporter une quatrième hypothèse pour expliquer les variations du Baromètre par le moyen des vents : elle est de M. *Mariotte*, Physicien célèbre & qui mérite bien d'être écouté, quand il s'agit de l'atmosphère. Voici ses idées sur ce sujet, telles qu'il les a exposées dans son *Discours sur la nature de l'air*, imprimé en 1717.

Énumération des phénom.

140. « J'ai fait, dit-il, quantité d'observa-

» tions à Paris pendant plusieurs années, & j'en *suivant* M. *Mariotte.*
» ai fait faire en même temps quelques-unes
» à *Loches*, au *Mont de Marsan*, à *Dijon*, &c.
» desquelles j'ai tiré les maximes suivantes.

» Lorsqu'un vent du sud ou du sud-ouest
» a soufflé quelques jours, & qu'il survient
» un vent de nord ou de nord-est, le mer-
» cure s'élève de 7 ou 8 lignes plus haut qu'il
» n'étoit, & se met à 28 pouces ou à 28 pouces
» & quelques lignes, & il fait ordinairement
» beau temps.

» S'il vient un vent de sud ou de sud-ouest
» après un vent d'est, ou d'est-nord-d'est, le
» mercure descend jusqu'à 27 pouces 4 lignes,
» & quelquefois jusqu'à 27 pouces, ou 26
» pouces 10 lignes, & il se fait alors de grandes
» pluies. Il arrive quelquefois que le sud &
» le sud-ouest ayant poussé beaucoup d'air &
» de nuées vers les parties du nord & du nord-
» est, il se fait un reflux d'air qui fait le nord
» ou le nord-est; ces vents ramènent les nuées,
» & les pressant, il se fait une pluie continuelle
» pendant un jour ou deux.

» Lorsque les vents du nord & du nord-est
» cessent, l'est règne souvent ensuite, & le sud
» & le sud-ouest lui succèdent ».

141. Ces remarques sont assez justes, mais *Cette énumération est incomplette.*
l'énumération des cas est trop incomplette pour
que M. *Mariotte* puisse en déduire la cause générale des phénomènes : voici celle qu'il croit
découvrir.

142. « Il y a deux causes, dit-il, pourquoi *Le sud-ouest doit diminuer le poids de l'air & produire la pluie.*
» l'abbaissement du mercure dans le Baromètre

» est un signe de pluie. La première est, qu'il
» descend quand l'air est moins pesant & moins
» pressé, & quand l'air est dans cet état, il
» ne peut soutenir les vapeurs; d'où il résulte
» que les supérieures tombent sur les inférieures
» & font de grosses nuées, qui enfin se ré-
» duisent en pluie. La seconde, que le sud
» & sud-ouest qui règnent ordinairement alors,
» passent par-dessus des mers avant que d'ar-
» river en France, & par conséquent ils se
» chargent de beaucoup de vapeurs ».

143. Il est vrai que cette seconde cause produit la pluie, c'est-à-dire, que le sud & le sud-
ouest charrient des vapeurs. Mais pourquoi le
Baromètre baisse-t-il alors? & pourquoi monte-
t-il par le nord & le nord-est? Voici les raisons qu'en donne M. *Mariotte.*

144. « Le nord & le nord-est font ordi-
» nairement élever le mercure des Baromètres,
» non-seulement parce qu'ils rendent l'air plus
» pesant en le condensant, mais aussi parce
» qu'en soufflant contre la terre de haut en
» bas, & pressant l'air par ce moyen, ils aug-
» mentent son ressort, ce qui fait élever le
» mercure; & comme le nord-est amène ordi-
» nairement le beau temps en France, on juge
» par cette élévation qu'il doit faire beau temps.

M. *Mariotte* pensant que la cause la plus
puissante des vents généraux est le mouvement
de rotation de la terre, explique comment il
conçoit que le nord peut souffler de haut en-
bas.

» Je suspends, dit-il, à un fil, une boule

>> de plomb d'environ trois pouces de diamètre,
>> & je lui donne un mouvement en rond fort
>> vîte (un mouvement de rotation fans doute),
>> dans un vâfe plein d'eau; alors la pouffière &
>> les autres faletés s'élèvent du fond de l'eau vers
>> la boule, fi elle n'en eft éloignée que de trois
>> ou quatre pouces, pendant que l'eau qui eft
>> à l'entour des parties de la boule qui ont le
>> plus grand mouvement tourne en rond autour
>> avec elle.

>> Le nord-eft & l'eft-nord-eft, continue-t-il,
>> amènent le beau temps en France par trois
>> caufes: la première eft, que depuis le royaume
>> de la Chine jufqu'en France, ils ne paffent
>> par-deffus aucune mer. La feconde, que,
>> foufflant de haut en-bas , ils empêchent le
>> peu de vapeurs qui viennent des terres de
>> s'élever. Et la troifième, que, rendant l'air
>> plus condenfé, les vapeurs élevées ne retom-
>> bent pas fi facilement fur les inférieures pour
>> fe joindre enfemble & former les pluies.

>> Le fud & le fud-oueft qui viennent de
>> loin, foufflent felon les tangentes de la terre
>> & foulèvent l'air fupérieur, & par confé-
>> quent diminue le reffort de l'inférieur; d'où
>> il arrive que le mercure du Baromètre fe
>> baiffe, & alors on peut pronoftiquer la pluie,
>> particulièrement fi le vent ayant été à l'oueft
>> retourne immédiatement au fud ou au fud-
>> oueft. Mais lorfqu'il retourne de l'eft-nord-eft
>> au nord ou nord-nord-eft, c'eft un figne de
>> continuation de beau temps, quand même le
>> mercure baifferoit un peu.

Le sud & le sud-ouest soulèvent l'air.

I iv

L'eſt ſouffle ho-
riſontalement,
& produit les
brouillards.

» Le vent d'eſt amène des brouillards, par-
» ticulièrement en hiver, & les autres vents
» fort rarement ; ce qui procède de ce que
» le vent d'eſt ne ſe fait pas par un mouve-
» ment d'air qui puiſſe diſſiper les vapeurs en-
» haut, ou qui les rabatte contre terre, mais
» par le ſeul mouvement de la terre contre
» un air qui ne va pas ſi vîte ; ce qui fait
» que les vapeurs qui s'étendent joignant la
» terre, demeurent toujours à la même hau-
» teur, & ſont rencontrées ſucceſſivement par
» divers endroits de la circonférence de la terre ».

Examen de
cette hypothè-
ſe relativement
au N. E. & au
S. O.

145. Il eſt difficile de comprendre comment
M. *Mariotte* a pu imaginer ces directions qu'il
donne aux vents, & les effets qu'il leur aſſigne.
Car, qu'eſt-ce qu'un mouvement de haut en-bas
dans un vent qui vient *de la Chine en France?*
Quand, en partant d'un lieu ſi éloigné, le vent
nord-eſt ſe précipiteroit des régions les plus
hautes de l'atmoſphère où il puiſſe avoir ſon
origine, formeroit-il en France un angle aſſez
grand avec la ſurface de la terre, pour qu'il
pût en réſulter une *preſſion de haut en-bas?*
Quant à la direction du ſud & du ſud-oueſt
ſelon les tangentes de la terre, ſi ces vents ſe
mouvoient en ligne droite, cette ligne pourroit
être tangente à un point de la ſurface de la
terre; mais alors même ces vents ne ſeroient
apperçus qu'en cet endroit-là; & parvenus dans
nos climats, à peine atteindroient-ils les dernières régions de l'atmoſphère; ils n'exiſteroient
pas même pour nous. Si M. *Mariotte* entendoit
par cette direction, *ſuivant les tangentes de la*

zerre, quelque chose de semblable à l'impulsion que les planètes ont reçue pour résister à la gravitation & se mouvoir dans leurs orbites, il ne devoit pas considérer une de ces directions seule, mais la courbe qui en résulte; c'est-à-dire, qu'il devoit envisager les vents comme râsant par-tout la surface de la terre. En général, les vents sont des courans d'air; & si ces courans ne rencontrent aucun obstacle, ils doivent toujours suivre la bâse qui les soutient.

Formation & dispersion des brouillards.

146. Quant aux brouillards, je n'ai jamais remarqué qu'aucun vent soit leur cause immédiate : ils sont produits dans le voisinage de la mer, des lacs, des rivières & des marais, quand l'eau est beaucoup plus chaude que l'air; ce qui arrive le plus souvent en automne. Lorsque les brouillards sont formés, tout vent qui ne les dissipe pas par sa force & qui ne réchauffe pas l'air, peut les transporter çà & là; le vent d'est n'a pour cela aucune propriété particulière tirée de sa direction.

Hypothèse de M. LE CAT.

Cinquième manière d'expliquer les variations du Bar. par le moyen des vents.

147. Les *vents* ont toujours paru si propres à changer l'état de l'air, & leur action peut être envisagée de tant de manières, qu'on ne sera pas surpris de voir une cinquième hypothèse imaginée pour expliquer les variations du Baromètre par cette cause. Cette hypothèse est de M. *le Cat*; on la trouve dans un Mémoire que ce Savant lut en 1748 dans une assemblée publique de l'Académie de Rouen, dont

il est Membre : voici comment il s'explique sur ce sujet (1).

Hypothèse de M. *le Cat*, fondée sur la différence de l'air apporté par le N. E. & le S. O.

« C'est un fait constant en Physique que » l'*air de l'équateur* fait très-peu monter le » Baromètre. Au contraire, l'*air dense du nord* » le fait élever considérablement, comme d'une » ligne environ par chaque 10 toises. Au lieu » qu'ici, pour faire élever le mercure d'une » ligne, il faut descendre 13 ou 14 toises, » & à l'équateur beaucoup plus encore....

» Le vent est-nord-est nous apportant un *air* » *du nord très-dense* & pareil à celui qui fait » tant monter le mercure en Suède, doit pro- » duire le même effet chez nous; & le vent » sud-sud-ouest, au contraire, nous apportant » un *air de l'équateur*, doit faire baisser le mer- » cure, comme on le voit arriver dans ces » *climats brûlans*; & ainsi des autres vents situés » entre les deux premiers. Mais d'où vient » n'est-ce pas les vents du nord & du sud tout » court qui produisent ces deux variations ex- » trêmes ? C'est qu'en France le vent nord » passe un long trajet de mers, & que l'air » des mers en pays froid est naturellement plus » doux, moins dense, à cause du mélange con- » tinuel qui se fait de ces eaux avec celles des » climats tempérés, & peut-être encore par les » vapeurs marines qui altèrent la densité de l'air; » au-lieu que le vent est-nord-est ne traverse » que des terres, & nous apporte l'air de Mos-

---

(1) *Nouv. Magasin François*, pour le mois de Décembre 1750.

» covie sans mélange, & comme de la pre-
» mière main. Par la même raison le vent
» sud-sud-ouest nous apporte, par les terres
» d'Espagne, un air d'Afrique non altéré par
» les températures adoucies que lui donneroient
» les eaux des mers Océane & Méditerranée...

» Mais si c'est le vent ou l'air qu'il apporte
» qui règle les variations du Baromètre, ces
» variations devroient être constamment con-
» formes à ces vents. Par exemple, le vent
» est-nord-est donneroit toujours une très-
» grande hauteur du mercure, comme de 28
» pouces 4 lignes à Rouen, & jamais moins;
» cependant on voit quelquefois sous ce vent
» le Baromètre plusieurs lignes au-dessous de
» cette hauteur. Je réponds que, s'il ne ré-
» gnoit jamais qu'un vent à la fois, les hau-
» teurs du Baromètre seroient régulièrement
» les mêmes pour chaque espèce de vent; mais
» un vent unique est très-rare : la plupart du
» temps il en règne plusieurs ensemble dans
» les différentes couches de l'atmosphère ; &
» *c'est de leur combinaison que résultent les tem-*
» *pératures mixtes de l'air*, & l'irrégularité des
» variations du Baromètre ».

148. On peut contester à M. *le Cat* que le
vent sud-sud-ouest, ou sud-ouest, ne soit pour
l'ordinaire accompagné de l'abbaissement du
mercure dans le Baromètre, & qu'on ne remarque
un effet contraire par l'est-nord-est, ou le nord-
est : il a raison aussi de dire que la girouette
n'indique pas toujours le vent qui domine dans
l'atmosphère. Mais ces vents influent-ils sur le

Baromètre comme causes immédiates? C'est ce qui ne me paroît pas probable.

M. *le Cat* n'exprime pas clairement de quelle nature il conçoit que doit être cet *air de l'équateur qui fait très-peu monter le Baromètre*, ni cet *air dense du nord qui le fait élever considérablement*. L'air ne peut être d'une nature différente dans ces deux parties de notre globe: car, outre que, depuis la création du monde, les vents auroient mêlé ces diverses espèces d'air au point de rendre le composé semblable par-tout, je prouverai, dans la suite, que l'air est de même nature dans les deux zones tempérées, sous l'équateur, & probablement dans tous les climats (784). C'est donc sans doute par la différence de température que M. *le Cat* distingue l'air du nord & de l'équateur; il paroît du moins que c'est-là son idée, par ces expressions: *l'air dense du nord; l'air des climats brûlans de l'équateur; c'est de la combinaison des vents que résultent les températures de l'air*. Or il est aisé de prouver que cette différence de température n'est pas la cause des principales variations du Baromètre. Tous ceux qui observent avec quelqu'attention, ont pu remarquer que l'air est, pour l'ordinaire, moins chaud en hiver par le vent sud-ouest, qu'il ne l'est en été par le vent nord-est; cependant le Baromètre est beaucoup plus bas dans le premier cas que dans le dernier; au-lieu que ce devroit être le contraire, si la hauteur du mercure dépendoit de la température de l'atmosphère; c'est-à-dire, si l'air moins chaud devoit soutenir le mercure plus

élevé dans le Baromètre. En général, par l'hypothèfe de M. *le Cat*, le mercure devroit baiffer
dans le Baromètre à mefure que l'air devien-
droit plus chaud, & par conféquent moins denfe:
le Baromètre devroit donc être toujours fort
haut en hiver & fort bas en été; ce qui n'eft
pas conforme à l'expérience. La différence de
température de l'air produit bien quelqu'effet
fur le Baromètre; je le prouverai même dans
la fuite; mais cet effet n'eft qu'une bien petite
partie des variations qu'on obferve dans cet
inftrument.

Hypothèfe de M. WOODWARD.

149. Lorfque j'ai dit ci-devant que, dans
l'explication des phénomènes du Baromètre,
quelques Phyficiens fe font laiffés entraîner au
defir de rapporter tout à un fyftême favori,
M. *Woodward* étoit un de ceux que j'avois particulièrement en vue.

Suivant l'hypothèfe fondamentale de cet Auteur, dans fa *Géographie phyfique*, la terre eft
un globe creux rempli d'une prodigieufe quantité d'eau. Cette eau intérieure communique
avec l'Océan par des canaux qui traverfent la
croûte folide; elle pénètre auffi cette croûte par-
tout où elle eft rompue ou crevaffée; elle s'in-
finue dans toutes les matières poreufes; elle
s'imbibe même plus ou moins dans les pierres
de toute efpèce, en forte que la croûte eft humide par-tout. Toute la maffe folide & fluide
de la terre eft douée d'un dégré de chaleur
conftant & affez confidérable pour tenir toutes

les particules qui la composent, & particulièrement les fluides, dans une agitation continuelle;
ce qui produit une circulation de ces fluides
dans l'atmosphère & dans l'intérieur du globe.
L'eau s'élève dans l'atmosphère en forme de
vapeurs; elle y flotte pendant quelque temps,
puis elle retombe en pluie, en rosée, en grêle,
en neige & en brouillards; elle arrose ainsi
la surface de la terre, & retourne enfin dans
le réservoir intérieur, soit en se rendant à la
mer par les fleuves, soit en pénétrant la terre
par ses crevasses.

150. Suivant M. *Woodward*, & par une
conséquence de son hypothèse, les sources ni
les rivières ne proviennent pas des vapeurs que
le soleil élève de la mer, & que les vents portent
& condensent contre les montagnes, mais elles
sortent de la terre comme d'un alambic. La
chaleur interne fait élever continuellement les
vapeurs du grand réservoir d'eau; ces vapeurs
pénètrent toutes les couches, circulent dans leurs
intervalles & s'y condensent en partie. Quand
ces couches sont élevées au-dessus des plaines,
l'eau s'écoule & forme des ruisseaux qui, par
leur réunion, forment à leur tour des rivières
& des fleuves. Si les vapeurs se condensent dans
des couches qui soient au niveau ou même au-
dessous des plaines, elles forment alors des
sources dormantes, ce sont celles des puits.

Ce grand réservoir que M. *Woodward* suppose renfermé dans les entrailles de la terre,
fournit, suivant lui, en toute saison, la même
quantité d'eau, parce que la chaleur intérieure

eſt conſtante ; mais comme en approchant de la ſurface de la terre les vapeurs ſont ſoumiſes aux influences de la chaleur de l'air, cette chaleur extérieure, qui fait évaporer l'eau, n'étant pas toujours égale, la quantité d'eau qui s'écoule ſur la terre, ou qui s'en élève, varie ſuivant le dégré de cette chaleur. Auſſi, dit M. *Woodward*, la quantité de pluie qui tombe en été ſurpaſſe d'autant plus celle qui tombe dans les ſaiſons froides, que la chaleur du ſoleil en été eſt ſupérieure à celle qu'il a dans les autres ſaiſons. D'un autre côté, comme dans les ſaiſons froides l'eau renfermée dans l'intérieur de la terre fournit beaucoup moins de vapeurs extérieures, celles qui ſont parvenues près de la ſurface de la terre s'y condenſent en plus grande quantité, & fourniſſent plus d'eau aux ſources & aux rivières.

151. M. *Woodward* porte plus loin le détail des conſéquences de ſon hypothèſe ; mais après l'eſquiſſe que je viens d'en donner, je me borne à ce qui concerne les météores & les variations du Baromètre : je vais donner le précis de ce qu'il dit à cet égard dans deux Lettres écrites à M. *Robert Southwell* en 1698, jointes à ſa *Géographie phyſique.*

M. *Woodward* poſe d'abord les principes ſuivans :

1°. Le mercure eſt ſoutenu dans le Baromètre par la preſſion de l'air.

2°. Cette preſſion vient de la peſanteur de ce fluide jointe à celle des vapeurs & des exhalaiſons qu'il renferme.

Hypothéſe de M. *Woodward* ſur les variat. du Bar. fondée ſur le choc des vapeurs contre l'air.

3°. Le poids de tout corps croît en raison de sa masse.

4°. Le poids des mélanges croît en raison des masses de chacun des corps qui les composent.

Donc l'air a plus de poids lorsqu'il contient plus de vapeurs & d'exhalaisons. Mais presse-t-il davantage la terre ? Pour répondre à cette question, M. *Woodward* suppose ;

1°. Que l'eau des pluies vient de la terre, d'où elle sort pour s'élever dans l'air à une grande hauteur ;

2°. Que, pendant son ascension, elle ne fait point sentir son poids, & ne presse point l'air ni les autres corps ;

3°. Que le mouvement par lequel elle monte est opposé à celui par lequel l'air presse la surface de la terre ; qu'en s'élevant elle ne peut passer dans les intervalles de l'air sans le heurter & diminuer ainsi sa pression vers le bas.

Voilà pourquoi le mercure doit baisser, suivant M. *Woodward,* quand les vapeurs montent : &, par la raison contraire, il doit s'élever, quand les vapeurs cessent de monter, c'est-à-dire par deux causes ; l'une est, l'augmentation de poids occasionnée par les vapeurs suspendues dans l'air ; l'autre est, la cessation de leur effort contre les particules d'air de bas en-haut.

Examen du système fondamental de M. *Woodward.*

152. M. *Woodward* s'attache à développer les combinaisons possibles de ces deux effets, c'est-à-dire de l'ascension des vapeurs & de leur chûte, & prétend expliquer les phénomènes par ces combinaisons. Je n'entrerai pas dans ces détails,

détails, parce que, si le principe n'est pas fondé, les conséquences tombent d'elles-mêmes. Je me bornerai donc à examiner le principe, c'est-à-dire, si l'existence de ce réservoir souterrain nous est prouvée par des faits.

153. Il n'y a presque aucune rivière qui n'ait des accroissemens & des diminutions périodiques; mais ces changemens n'ont pas lieu dans le même temps pour toutes les rivières, pas même pour toute l'étendue de la même rivière. Les unes ont leur accroissement en été, & les autres en hiver.

Toutes les rivières ont des accroissemens périodiques; mais non dans la même saison.

154. Suivant l'exposé de M. *Woodward*, & par une conséquence nécessaire de son principe, les rivières qui parcourent de grandes plaines & sur lesquelles les saisons pluvieuses influent beaucoup, doivent être à leur plus grande hauteur en été, puisque, suivant lui (150), il s'élève de la terre même une quantité beaucoup plus considérable de vapeurs, qui, retombant en pluie, ne peuvent pas rentrer dans la terre, qui est leur source, mais doivent s'écouler dans le lit des rivières & retourner au réservoir intérieur par l'Océan (148) : au contraire, celles qui viennent des hautes montagnes doivent être enflées en hiver dès leur source, puisque, dans son hypothèse (150), l'évaporation étant moindre & la condensation plus prompte en cette saison, sur-tout dans des montagnes couvertes de neige, l'eau intérieure doit s'écouler par ces rivières en plus grande abondance.

Par le système de M. Woodward les rivières des plaines doivent être plus hautes en été; & celles des hautes montagnes en hiver.

155. Cependant, nous voyons tout le contraire; car, par exemple, la *Seine*, qui doit la

L'expérience prouve le contraire.

Tome I. K

plus grande partie de ses eaux aux sources basses & aux pluies, en charrie beaucoup plus en hiver qu'en été, tandis que le *Rhône*, le *Rhin* & tous les fleuves qui prennent leur origine dans de hautes montagnes, sont plus enflés en été qu'en hiver, du moins dans la partie de leur cours qui n'a encore reçu les eaux que de ces montagnes.

156. L'hypothèse de M. *Woodward* est donc en défaut dans sa première conséquence, c'est-à-dire dans celle qui en découle le plus nécessairement ; au-lieu que, par la seule circulation des eaux dans l'air & à la surface de la terre, cette différence, dans les temps des accroissemens & des diminutions des rivières, s'explique sans aucun embarras.

157. Ceux qui ont eu occasion de parcourir les Alpes, & qui ont observé cette vaste chaîne de montagnes avec quelque attention, doivent savoir qu'elle renferme d'énormes amas de glace, qui couvrent tous les sommets peu escarpés, & qui remplissent toutes les vallées supérieures : ces amas, qu'on nomme *glaciers*, sont les sources intarissables des fleuves qui sortent de ces montagnes. Depuis le mois d'Octobre jusqu'au mois de Mars, il n'y tombe point de pluie, mais seulement de la neige, qui, ne fondant point, s'accumule pendant tout l'hiver.

Dans l'hypothèse de M. *Woodward* & de tous ceux qui ont recours aux vapeurs souterraines pour expliquer l'origine des fleuves, rien ne devroit plus contribuer à augmenter leurs eaux que cette prodigieuse couche de neige,

& la diminution de chaleur extérieure qui produit cette neige & que celle-ci entretient à fon tour. La neige devroit fervir de *réfrigerant* pour accélérer la *diftillation* dans les montagnes, comme il arrive dans les alambics lorfqu'on couvre de glace leur chapiteau ; c'eft auffi ce que penfe M. *Woodward* de l'effet du *froid* extérieur dans les montagnes; mais il fe trompe beaucoup ; car il eft certain, au contraire (& je puis l'affurer, parce que je l'ai vu très-fouvent) que la quantité d'eau qui découle de ces montagnes eft beaucoup moindre en hiver qu'en été. La plupart des torrens ceffent de couler en hiver; les fources diminuent, plufieurs même tariffent : les *glaciers* ne donnent plus qu'une très-petite quantité d'eau que la chaleur de la terre fait diftiller peu-à-peu des parties inférieures de la glace : & de toutes ces diminutions particulières, réfulte la diminution des fleuves qui prennent leur origine dans ces montagnes.

158. Il n'en eft pas de même des rivières qui peuvent être confidérées comme le réceptacle des eaux de la plaine, des collines & des montagnes peu élevées, telles que la chaîne du Jura. On ne trouve aucun amas permanent de glace dans ces montagnes; la neige qu'elles reçoivent fe fond ordinairement peu de temps après fa chûte, excepté dans les faces tournées au nord & fur les fommités ; elle fond auffi fur les collines & dans les plaines : la terre fouvent refferrée par la gelée n'abforbe que très-peu de l'eau des pluies & des neiges; toujours moins chaude qu'en été, elle en convertit moins en

vapeurs : c'est pourquoi, dans les rivières qui doivent leurs eaux aux pluies & aux neiges récentes, le temps des plus grands accroissemens est toujours en hiver : ce qui est contraire à l'hypothèse de M. *Woodward*.

Effet du passage de l'hiver à l'été, dans les hautes montagnes.

159. On peut aisément se représenter les changemens que le passage de l'hiver à l'été doit produire dans les rivières des deux espèces. Dès le mois de Mars, la chaleur de l'atmosphère augmente assez sensiblement pour que la neige fonde au pied des grandes chaînes de montagnes : on voit alors reparoître les torrens inférieurs.

Formation des torrens.

A mesure que la chaleur devient plus grande, elle agit en montant de proche en proche; il semble que la neige se retire vers le haut des montagnes, & son bord inférieur est par-tout de niveau à la même exposition. Au mois d'Avril l'action du soleil sur ces montagnes est déjà suffisante pour ramollir la neige dans toutes leurs faces exposées au midi : l'eau qui distille de sa surface la pénètre & traverse toute l'épaisseur de la couche; elle s'écoule par-dessous la neige dont elle détruit la liaison intime avec le sol. C'est dans cette saison que la neige se détachant quelquefois tout-à-coup des rochers escarpés où les vents l'ont accu-

Avalanches de neige.

mulée, forme ces terribles *avalanches*, qui, se précipitant du haut des montagnes, renversent tout ce qu'elles rencontrent dans leur chemin, comblent les vallées, causent des inondations en suspendant le cours des torrens, & qui très-souvent encore ensevelissent sous des tas énormes de neige des hameaux entiers, ou de malheureux voyageurs qui s'exposent à traverser les gorges de ces montagnes dans des temps aussi critiques.

Tant que la déclinaison boréale du soleil est petite, & que par conséquent il s'élève peu sur notre horison, les sommets des montagnes intercceptent son action, tant les uns à l'égard des autres, que relativement aux vallées : ainsi, la fonte de la neige ne peut être encore générale, elle n'est même que superficielle dans le haut, & l'augmentation des fleuves n'est pas dans son plus haut période, à moins qu'il ne règne des vents chauds qui peuvent produire des débordemens subits.

Mais quand le soleil est parvenu à sa plus grande déclinaison ; que, par son élévation, les ombres diminuent ; que, par la durée de son séjour sur l'horison & la moindre obliquité des rayons qu'il darde sur la terre, son action devient plus grande, tandis que, par la briéveté des nuits, ses effets s'accumulent, la chaleur pénètre alors par-tout; la neige fond presque entièrement & découvre les glaces qu'elle a formées; celles-ci, crevassées en mille endroits, sont pénétrées par la chaleur en tout sens : leur superficie, semblable à une mer agitée qui géleroit tout-à coup, offre aux vents chauds une très-grande augmentation de surface & favorise leur action : l'eau distille alors par-tout; on voit de tout côté des torrens & des cascades ; les rivières grossissent & trouvent dans des amas de glace qui ne s'épuisent jamais, de quoi entretenir leur cours rapide pendant tout l'été.

K iij

Quand on voyage dans les Alpes en différentes saisons, il suffit d'ouvrir les yeux pour appercevoir tous les phénomènes que je viens de décrire; & il est si vrai que la fonte des neiges & des glaces est la seule cause de l'augmentation des eaux, qu'à l'origine des torrens dans le haut des montagnes, on apperçoit une différence sensible dans la quantité qu'ils en charrient le matin & le soir : j'ai vu des ruisseaux qui, même au mois d'Août, ne couloient point au lever du soleil.

On peut observer encore que l'abondance d'eau, en été, dans les rivières qui proviennent des hautes montagnes, dépend du plus ou moins de chaleur, de la plus grande ou moindre quantité de neige qui étoit dans ces montagnes, & de l'augmentation ou diminution produites dans la quantité des glaces , par la combinaison de l'abondance des neiges en hiver , & de la chaleur de l'été , dans les années précédentes. Je m'arrête ici pour ne pas porter trop loin cette digression.

La chaleur de l'été diminue la quantité d'eau dans les rivières des plaines. 160. La chaleur de l'été produit des effets bien différents sur les rivières dont les sources ne sont pas de hautes montagnes. Les neiges s'étant fondues plusieurs fois durant l'hiver sur tous les terreins qui leur fournissent de l'eau, les premières chaleurs du printems font bientôt écouler le reste; &, pour l'ordinaire, dès le mois de Mai, ces rivières sont réduites à l'eau des sources & des pluies. Or , presque toutes les sources des plaines & des collines diminuent considérablement en été, à cause de la grande

évaporation ; & quant aux pluies, quoique
pour l'ordinaire il en tombe plus en été qu'en
hiver dans nos climats, cependant il en parvient beaucoup moins aux rivières : la terre
échauffée en abforbe une très-grande partie, les
plantes qu'elles abreuvent en retiennent beaucoup, & prefque tout le refte remonte en vapeurs dans l'atmofphère ; auffi faut-il une pluie
bien abondante pour qu'on voie courir l'eau
fur le terrein. Ces rivières ne reçoivent donc
qu'une petite quantité d'eau de pluie, & par
cette raifon, de même que par la diminution
des fources, elles doivent être & font plus
baffes en été qu'en hiver.

161. Quand les rivières de l'une ou l'autre
de ces deux efpèces forment de grands lacs à
peu de diftance de leur fource, il y a plus de
régularité dans leurs accroiffemens & diminutions au fortir de ces lacs, parce que les changemens momentanés que des caufes particulières occafionnent dans la quantité d'eau de
leurs fources fe répandant fur une grande furface, leur effet devient infenfible. C'eft par
cette raifon que le Rhône, au fortir du lac de
Genève, hauffe continuellement depuis le mois
de Mars au mois d'Août, & baiffe enfuite
graduellement, fans que les pluies ou les féchereffes, qui ne font pas d'une longue durée, y
produifent des changemens fenfibles.

162. La jonction des deux efpèces de rivières
que j'ai diftinguées par la différence de leurs
fources, & dont les variations font oppofées,
forme des rivières d'une troifième efpèce, dans

K iv

lesquelles les diminutions & les accroissemens sont déterminés, soit pour la saison, soit pour la grandeur & la durée, par les effets combinés des deux espèces primitives.

163. Il suit de tous les faits que je viens d'exposer, que les rivières en général ne doivent point leur origine aux vapeurs souterraines. Cependant M. *Woodward* le pense ainsi, par une conséquence nécessaire de son principe : il me paroît donc que ce principe n'est pas fondé ; & cela seul suffiroit pour détruire l'hypothèse par laquelle il croit pouvoir expliquer les variations du Baromètre.

Les vapeurs ne peuvent diminuer la pression de l'air par leur choc.

164. Mais ce n'est pas seulement dans son principe que cette hypothèse manque de solidité, elle péche aussi dans ses conséquences. Car lors même qu'on accorderoit à M. *Woodward* ses émanations de vapeurs, il n'en résulteroit pas qu'elles pussent diminuer la pression de l'air par leur ascension. On conçoit bien que les vapeurs pourroient être poussées jusqu'à la surface de la terre par la chaleur souterraine ; mais comment des molécules si petites, après avoir essuyé un frottement considérable dans les pores tortueux de la terre, pourroient-elles conserver assez de mouvement & heurter contre l'atmosphère avec assez de violence pour soutenir en certain temps la quatorzième partie de son poids ? C'est ce qu'il est impossible d'admettre, pour peu qu'on connoisse les loix du mouvement & la nature des vapeurs. J'aurai occasion de pousser plus loin l'examen de cette idée (208).

165. Voici une autre réflexion qui vient à l'appui des précédentes. Suivant M. *Woodward*, lorsque les vapeurs montent, l'atmosphère presse moins la surface de la terre ; quand elles cessent de monter, & quand elles retombent en pluie, la pression de l'atmosphère augmente. Mais pendant l'ascension des vapeurs, l'air doit être serein, puisqu'il s'obscurcit lorsqu'elles sont disposées à tomber ; & par une conséquence nécessaire, le plus grand abbaissement du mercure dans le Baromètre devroit être par un temps serein, & sa plus grande élévation, quand la pluie est prochaine ; ce qui est certainement contraire aux observations.

Hypothèse de M. Leibnitz.

166. M. *Leibnitz*, accoutumé à des spéculations profondes, crut trouver la cause des variations du Baromètre dans une loi que les corps doivent suivre, selon lui, en tombant dans les liquides. J'exposerai son opinion d'après ce qu'en dit M. *de Fontenelle* dans l'Histoire de l'Académie des Sciences pour l'année 1711.

La loi imaginée par M. *Leibnitz* est celle-ci. *Un corps étranger qui est dans un liquide, pèse avec ce liquide, & fait partie de son poids total, tant qu'il est soutenu ; mais s'il cesse de l'être & tombe par conséquent, son poids ne fait plus partie du poids du liquide, qui par-là vient à peser moins.*

167. Voici la démonstration qu'il donne de ce théorème. » Ce qui porte un corps pesant en

» est pressé ; une table, par exemple, qui
» porte une masse de fer d'une livre, en est
» pressée, & ne l'est que parce qu'elle sou-
» tient toute l'action & tout l'effort que la
» cause de la pesanteur, quelle qu'elle soit,
» exerce sur cette masse de fer pour la pousser
» plus bas. Si la table cédoit & obéissoit à l'ac-
» tion de cette cause de la pesanteur, elle ne
» seroit point pressée, & ne porteroit rien. De
» même le fond d'un vâse qui contient un li-
» quide s'oppose à toute l'action de la cause de
» la pesanteur contre le liquide ; si un corps
» étranger y nâge, le fond s'oppose aussi à cette
» même action contre le corps, qui, étant en
» équilibre avec le liquide, en est à cet égard
» une véritable partie. Ainsi le fond est pressé
» & par le liquide & par le corps étranger,
» & il les porte tous deux. Mais si ce corps
» tombe, il obéit à l'action de la pesanteur,
» & par conséquent le fond ne le soutient plus,
» & il ne le soutiendra que quand le corps sera
» descendu jusqu'à lui. Donc pendant tout
» le temps de la chûte, le fond est soulagé
» du poids de ce corps, qui n'est plus porté
» par rien, mais poussé par la cause de la pe-
» santeur, à laquelle rien ne l'empêche de
» céder ».

Expérience
proposée par
M. *Leibnitz*.168. M. *Leibnitz* propose une expérience pour
appuyer son raisonnement. « Il faut, dit-il,
» attacher aux deux bouts d'un fil deux corps,
» l'un plus pesant, l'autre plus léger que l'eau,
» & tels que tous deux ensemble ils flottent
» dans l'eau, les mettre dans un tuyau plein

» d'eau , fufpendre ce tuyau à une balance
» où il foit exactement en équilibre avec un
» poids , & enfuite couper le fil où font atta-
» chés les deux corps de pefanteur inégale ,
» ce qui obligera le plus pefant à tomber. Alors
» le tuyau ne fera plus en équilibre , mais le
» poids qui lui étoit égal l'emportera & le fera
» monter , parce que le fond de ce tuyau fera
» moins chargé ».

169. Appliquant enfuite cette théorie aux variations du Baromètre , M. *Leibnitz* raifonne ainfi : « Les parcelles d'eau fufpendues dans » l'air augmentent fon poids s'il les foutient , » & les diminuent s'il les laiffe tomber ; & » comme il peut arriver fouvent , que les par- » celles d'eau les plus élevées tombent, quelque » temps confidérable avant que de fe joindre » aux inférieures , la pefanteur de l'air dimi- » nue avant qu'il pleuve , & le Baromètre » prédit ».

170. L'Hiftorien de l'Académie ajoûte à l'explication de cette théorie , « que l'expé- » rience de M. *Leibnitz* a réuffi de même à » M. *de Réaumur* , à qui l'Académie en avoit » donné le foin ; & voilà, dit-il , une nouvelle » vue de phyfique , qui, quoiqu'elle tienne à un » principe fort connu , eft fort fine & fort re- » cherchée , & nous donne un jufte fujet de » craindre , que dans les fujets les plus appro- » fondis , il ne nous échappe encore bien des » chofes ». Cette réflexion de M. *de Fonte-* *nelle* eft très-bien fondée dans la thèfe géné- rale , mais elle n'eft pas applicable au cas préfent,

car je crois pouvoir démontrer que M. *Leibnitz* se trompoit dans sa théorie.

171. Je pourrois me dispenser d'entrer dans l'examen des principes de M. *Leibnitz*, en faisant voir simplement qu'ils ne suffisent pas pour l'explication des phénomènes ; je les examinerai cependant, soit à cause de la réputation bien méritée de leur Auteur & de plusieurs autres physiciens qui ont adopté ce système, soit pour développer quelques loix d'hydrostatique qu'il est utile d'avoir présentes à l'esprit dans la matière dont il est question (1).

172. Je remarque d'abord, que la comparaison *d'une table chargée du poids d'une masse de fer posée sur elle lorsqu'elle est en repos*, &

---

(1) M. *Desaguliers* a déjà réfuté l'hypothése de M. *Leibnitz* (dans son *Cours de Physique experimentale*, traduit par le P. *Pézenas*, tom. 11 pag. 313, *in*-4°.) ; mais je ne trouve pas que sa réfutation soit directe, & il me paroît que M. *Raftius* étoit en quelque sorte fondé à dire plaisamment (pag. 411) : « Sans doute » *Desaguliers* n'est pas d'avis que les vapeurs qui font » la matière de la pluie soient portées par des esprits, » comme le corps pesant (de l'expérience de M. *Desa-* » *guliers*) est soutenu dans l'eau par la main » ? En effet, il falloit chercher, dans l'hypothése de M. *Leibnitz*, la cause de la suspension des vapeurs, c'est à-dire, le corps analogue au *corps léger* de son expérience, afin de ne pas *attribuer à ce grand homme*, comme le lui reproche encore M. Raftius, *une erreur dont les commençans en Hydrostatique ne sont pas capables*. Il me semble que j'ai mieux saisi l'hypothése de M. *Leibnitz* que n'a fait M. *Desaguliers* ; la différence essentielle entre nos deux réfutations se verra particulièrement au n°. 192.

déchargée de ce même poids quand elle tombe avec
lui, n'est point applicable à la chûte des corps
dans les liquides, de la manière dont le prétend M. *Leibnitz.* Car dans cette comparaison,
on voit trois choses analogues; 1°. des poids
soutenus, savoir, un *corps étranger* flottant dans
un *liquide,* & une *masse de fer* posée sur une
table. 2°. Des corps soutenans, dont l'un est
le *liquide,* & l'autre est la *table* : 3°. l'appui des
corps soutenans; savoir, le *fond du vâse* qui
contient le liquide, & le *sol* sur lequel repose
la table. Ainsi, pour qu'il y ait parité de cas,
quand on suppose que le *sol* est enlevé & que
la *table* tombe, il faut supposer aussi que le
fond du vâse est enlevé, & que le *fluide* tombe :
& alors certainement, comme la *masse de fer*
posée sur la *table* ne pésera pas sur elle, le
corps flottant dans le *liquide* ne le pressera pas
non plus. Mais c'est-là un cas totalement étranger à la cause des variations du Baromètre,
parce que l'air ne tombe pas, & que c'est des
changemens du poids de l'air même sur la
terre, qu'il faut trouver la raison.

173. Examinons maintenant le principe de *Examen du principe en lui-même.*
M. *Leibnitz* en lui-même, & voyons pour cela
quel effet doit produire l'immersion d'un corps
étranger dans un liquide, tant à l'égard de la
pression que ce liquide exerce alors sur toutes
les parties du vâse qui le renferme, que relativement au poids total du vâse, du liquide &
du corps étranger, en divers cas.

174. C'est un principe reconnu dans l'Hy- *Effet de l'immersion d'un corps dans un liquide, sur la*
drostatique, que *la pression d'un liquide contre*

*les parois du vâſe qui le renferme, eſt propor-
tionnelle à la hauteur du liquide.* Or, quand on
plonge un corps, quel qu'il ſoit, dans un liquide,
celui-ci s'élève proportionnellement au volume
du corps plongé, & préciſément autant qu'il
le feroit par l'addition d'un pareil volume du
même liquide. Donc *l'immerſion d'un corps
étranger dans un liquide produit ſur toutes les
parties du vâſe, une augmentation de preſſion égale
à celle que produiroit l'addition d'un volume du
même liquide égale à celui dont ce corps étranger
occupe la place.*

175. Il découle néceſſairement de cette ſeconde propoſition, que, *faiſant abſtraction de
la réſiſtance du liquide, tant que le corps étranger en eſt entièrement couvert, il eſt indifférent
à l'action du liquide ſur le vâſe, que le corps
monte ou deſcende, & en général, qu'il ſoit en
mouvement ou en repos ;* car la *hauteur* du liquide ne change point, quel que ſoit l'état du
corps étranger qu'il enveloppe.

176. Cela ne doit s'entendre, comme je
l'ai dit, que de l'action du liquide ſur le vâſe;
& c'eſt à ce ſeul égard qu'on peut comparer
les effets de l'immerſion des corps étrangers dans
les liquides, à ceux des vapeurs dans l'atmoſphère. Je vais faire voir que M. *Leibnitz* s'eſt
trompé par cela même, en confondant la preſſion d'un liquide ſur chaque partie du vâſe qui
le renferme, avec la preſſion du vâſe ſur l'appui
qui le ſoutient. La première de ces preſſions
eſt toujours égale, quelles que ſoient la poſition
& la peſanteur ſpécifique du corps étranger que

le liquide renferme ; la seconde varie suivant les cas. Celle-ci peut être éprouvée dans une balance ; ainsi il est aisé d'ajouter l'expérience à la théorie , & de prouver par ce moyen que l'expérience proposée par M. *Leibnitz* , & exécutée par M. *de Réaumur* , n'est point favorable à l'hypothèse du premier de ces Philosophes.

177. Supposons un vâse plein d'eau , placé dans un des bassins d'une balance & mis en équilibre avec un poids posé dans l'autre bassin , & voyons les changemens qui doivent arriver lorsqu'on plongera des corps étrangers dans l'eau. On peut d'abord distinguer deux manières générales de faire cette immersion ; l'une est , de soutenir le corps plongé dans l'eau par quelque moyen indépendant de la balance ; l'autre est de tenir le corps suspendu dans l'eau , en le faisant porter par la balance , ou de l'abandonner à l'action de sa pesanteur.

Exp. à ce sujet dans une balance.

178. Dans le premier cas , quelle que soit la pesanteur spécifique du corps qu'on plonge dans l'eau , pourvu qu'il y soit retenu par une cause indépendante de la balance , l'équilibre sera rompu par une force égale au poids du volume d'eau dont le corps étranger tient la place. Un morceau de plomb suspendu dans l'eau par un fil que la main retient , ou toute autre puissance extérieure , n'augmentera pas plus la pression sur la balance , qu'un morceau de liége de même volume qu'on y plongera au bout d'une baguette ; car l'eau exerce sa tendance à descendre proportionnellement à sa hauteur ; cette hauteur est autant augmentée

Si le *corps* est soutenu dans l'eau indépendamment de la balance, il agira sur elle comme un pareil volume d'eau.

par le liège que par le plomb, puisqu'on les
suppose ici de même volume ; & pourvu qu'ils
soient également immobiles, la réaction se fera
de la même manière contre le vâse, & par lui
contre le bassin de la balance ; en sorte que la
pression totale des colonnes d'eau augmentera
précisément autant que si l'on eût augmenté
l'eau du vâse d'une quantité égale à celle dont
ces corps étrangers occupent la place.

Démonstra-
tion.

179. On peut se représenter l'effet que produisent le liège & le plomb dans ces cas-là,
en considérant l'effort que la puissance extérieure emploie pour que ces corps soient immobiles. Si, par exemple, on fait passer sur une
poulie le fil qui soutient le plomb, il faudra
mettre à l'autre bout du fil un poids égal à
celui par lequel le plomb tend à descendre
dans l'eau, c'est-à-dire, suivant une des loix de
l'Hydrostatique, un poids égal à l'excès de poids
du plomb sur celui d'un pareil volume d'eau.
La balance ne sera donc chargée que du reste
de ce poids, qui est précisément le poids d'un
volume d'eau égal à celui du plomb.

Il faudra procéder différemment à l'égard du
liège ; celui-ci étant moins pesant que l'eau,
tend à monter par une force égale à la différence de son poids comparé à celui d'un pareil
volume d'eau. Il faudra donc, pour tenir le
liège plongé, charger la baguette qui le tient
dans l'eau, d'un poids égal à cette différence ;
le liège sera alors immobile, & le tout ensemble
pesera autant sur la balance, qu'un volume

d'eau

d'eau égal à celui du liége , abſtraction faite du poids & du volume de la baguette.

180. Mais il n'en ſera pas de même quand ces corps plongés dans l'eau ſeront libres , ou retenus par la balance ; car alors l'équilibre ſera rompu par une force égale à leur poids. C'eſt une loi reconnue en Hydroſtatique , *qu'un ſolide plongé dans un fluide perd une partie de ſon poids, qui eſt égale à celui de la portion du fluide qu'il déplace ; & que le poids du fluide augmente d'autant.* Si donc on ſuſpend dans l'eau une balle de plomb par un fil attaché au point de ſuſpenſion du baſſin ſur lequel repoſe le vâſe , cette balle produira deux augmentations de poids qu'on peut conſidérer ſéparément : l'une qui agira immédiatement par le fil ſur le bras de la balance , ſera le poids de la balle moins celui d'un pareil volume d'eau; l'autre qui agira ſur le baſſin , ſera le poids d'un volume d'eau égal à celui de la balle; la ſomme de ces deux poids eſt viſiblement égale au poids total de la balle de plomb. Il étoit néceſſaire de diſtinguer ces deux augmentations de poids , pour expliquer aiſément l'expérience ſuivante.

Mais ſi le corps eſt tenu par la balance, il agira ſur elle par tout ſon poids.

181. La balle étant ſuſpendue au bras de la balance miſe en équilibre , ſi l'on coupe le fil qui ſuſpend la balle , pendant le temps de ſa chûte, le baſſin oppoſé devient plus peſant de tout l'excès du poids de cette balle ſur un pareil volume d'eau; mais l'équilibre ſe rétablit lorſque la balle eſt parvenue au fond du vâſe.

Effet de la chûte d'un corps peſant ſuſpendu à la balance.

182. Ces effets s'expliquent aiſément par ce

Explication.

Tome I.

qui précède ; car pendant la chûte de la balle, l'eau ne change point de hauteur, la seconde augmentation de poids dont j'ai parlé ci-dessus doit donc subsister ; mais le fil étant coupé, la première augmentation, c'est-à-dire, l'excès de poids de la balle sur celui d'un pareil volume d'eau, n'agit plus sur aucune partie de la balance, qui par conséquent en est déchargée, jusqu'à ce que la balle arrive au fond de l'eau & repose sur le fond du vâse.

Pendant l'exp. le fond du vâse est toujours également pressé par l'eau.

183. Il est essentiel de remarquer que pendant les trois temps différens de l'expérience, toutes les parties du vâse restent également chargées du poids de la liqueur. Cela est évident dans les deux premiers temps ; car soit pendant que la balle de plomb est suspendue au bras de la balance, soit pendant qu'elle tombe, le vâse ne supporte que l'augmentation de poids produite par le volume d'eau déplacé ; & quand la balle est parvenue au fond du vâse, elle n'agit par l'excès de son poids que sur l'endroit où elle repose ; le reste du vâse éprouve toujours la même pression.

L'immersion d'un corps léger change la pression sur le vâse comme un pareil volume d'eau ; & son poids est ajouté à la balance.

184. Les circonstances de cette expérience changeront, si, au lieu d'un corps spécifiquement plus pesant que l'eau, on se sert d'un corps plus léger : car dans le premier cas, la pression de l'eau sur le vâse a toujours été la même, tandis que l'action totale sur la balance a changé ; au-lieu qu'en employant un corps plus léger que l'eau, la pression de l'eau sur le vâse changera, pendant que l'action totale sur la balance restera toujours la même.

185. Suppofons un morceau de liége retenu au fond de l'eau par un fil attaché au vâfe : le liége foulèvera l'eau d'une quantité égale à fon volume , & la preffion de l'eau fur le vâfe fera par-tout égale à celle qu'elle exerceroit , fi , avec la même hauteur , elle ne renfermoit point de liége , excepté au point où le fil eft attaché. Mais il n'en fera pas de même de l'augmentation de poids du vâfe fur la balance ; celle-ci ne peut indiquer dans le cas préfent , que la quantité de matière renfermée dans le vâfe ; & comme , à pareil volume , le liége contient moins de matière que l'eau , le baffin qui porte le vâfe eft moins chargé que fi la place occupée par le liége étoit remplie d'eau.

186. Pour trouver immédiatement la raifon de cette différence & fa quantité , il faut confidérer , que toutes les colonnes d'eau renfermées dans le vâfe agiffent les unes contre les autres pour fe foulever réciproquement , & qu'elles ne reftent immobiles que parce que la réfiftance eft par-tout égale. La réfiftance de toutes ces colonnes , excepté de celle qui renferme le liége , ne vient que de leur propre poids , leur hauteur étant égale ; mais cette dernière colonne , ou plutôt le liége lui-même , réfifte parce qu'il eft attaché au fond du vâfe. Toutes les colonnes d'eau pèfent donc fur leur bâfe précifément fuivant leur hauteur , excepté fur le point où le fil eft attaché , qui eft tiré en-haut ou déchargé de toute la différence du poids du liége à celui d'un pareil volume d'eau ; c'eft ce que la balance indique.

L ij

Suite de la
même expér.

L'émersion
d'un *corps léger*
change la pref-
fion fur le vâfe,
& non le poids
fur la balance.

187. Maintenant, fi l'on coupe le fil qui retient le liège au fond de l'eau, tant qu'il fera entièrement couvert en s'élevant, la preffion de l'eau fur le vâfe reftera la même, avec cette feule différence, que, pendant que le liége étoit au fond, le vâfe n'étoit chargé que dans le point où tenoit le fil; au-lieu que, pendant l'afcenfion du liége, toute la colonne qui le renferme péfera moins fur le fond : mais dès qu'il flottera, l'eau s'abbaiffant, le poids de toutes fes colonnes fur le vâfe diminuera, excepté dans celle qui renferme le liège ; & cette diminution fera égale à celle qu'on auroit produite en ôtant du vâfe une quantité d'eau égale en volume à la portion du liége qui s'élèvera hors de l'eau, & fera baiffer les autres colonnes. Cependant ces changemens de preffion de l'eau fur le vâfe n'en produiront aucun dans le poids total fur la balance, car le poids de la colonne où le liége fera foutenu augmentera précifément autant que celui de toutes les autres colonnes prifes enfemble dimi-nuera, parce que toute l'eau qui fortira de ces colonnes, qui s'abbaifferont pour remplir le vuide que laiffera la partie émergente du liége, paffera dans celle qui le foutiendra.

Expérience
propofée par
M. *Leibnitz.*

Deux corps
d'inégale pef.
fpéc. réunis &
plongés dans
l'eau.

188. Après avoir pofé ces principes, venons à l'expérience propofée par M. *Leibnitz*, & aux conféquences qu'il en tire. « Il faut, dit-il, » attacher aux deux bouts d'un fil deux corps, » l'un plus pefant, l'autre plus léger que l'eau, » & tels que tous deux enfemble ils flottent » dans l'eau, les mettre dans un tuyau plein

» d'eau, fufpendre ce tuyau à une balance où
» il foit exactement en équilibre avec un poids,
» & enfuite couper le fil où font attachés les
» deux corps de pefanteur inégale, ce qui obli-
» gera le plus pefant à tomber. Alors le tuyau
» ne fera plus en équilibre, mais le poids qui
» lui étoit égal l'emportera & le fera monter,
» parce que le fond de ce tuyau fera moins
» chargé ».

Jufqu'ici M. *Leibnitz* avoit raifon, je l'ai éprouvé moi-même ; mais il s'eft trompé dans les conféquences qu'il en tire, pour expliquer les phénomènes du Baromètre : il a confondu l'effet des deux corps fur la balance, avec celui de la preffion de l'eau fur le vâfe ; c'eft ce que je vais montrer.

Cette expérience n'eſt pas applicable aux vapeurs.

189. Le corps moins pefant que l'eau refte-roit en partie hors de la furface s'il étoit feul ; l'addition du corps plus pefant fait enfoncer le premier ; & l'effet total de deux corps ainfi accouplés, relativement à la balance, réunit les deux effets dont j'ai parlé ci-devant (180 & 185), c'eft-à-dire que le cas eft abfolument le même que fi le corps *pefant* étoit fufpendu au bras de la balance, & le corps *léger* arrêté par un fil au fond du vâfe. Couper le fil qui lie ces deux corps, dans l'expérience de M. *Leibnitz*, c'eft donc couper les deux fils qui tiennent féparé-ment la balle de plomb & le morceau de liége. L'afcenfion du corps *léger* ni fon émer-fion partielle ne changent rien au poids qui charge la balance (187) ; mais pendant la chûte du corps *pefant*, il ne pèfe plus fur la balance

Preuve.

Les deux corps réunis produi-ſent l'effet d'un pareil volume d'eau.

Leur fépara-tion & la chûte du corps pefant diminue un inf-tant le poids fur la balance.

L iij

qu'autant que pèseroit un volume d'eau égal au sien (181) : elle doit donc perdre son équilibre pendant cet instant.

Les changemens qui arrivent à la pression du fluide sur le vâse sont produits par d'autres causes. Les deux corps étant réunis par le fil & plongés sous l'eau, la font élever dans le vâse comme le feroit un pareil volume de ce fluide, & sa pression sur le vâse augmente d'autant. Lorsqu'on coupe le fil, la chûte du corps *pesant* ne change point la hauteur de l'eau ; & si par une cause, quelle qu'elle soit, le corps léger est retenu au-dessous de sa surface, le poids de l'eau restera par-tout le même, malgré la séparation du corps *léger* d'avec le corps *pesant*, & malgré la chûte de celui-ci, excepté dans la colonne où le corps *léger* est arrêté.

190. Pour appliquer ces principes aux vapeurs répandues dans l'atmosphère, il n'est pas besoin de discuter les diverses opinions des Physiciens sur la manière dont elles y sont suspendues ; il faut supposer avec M. *Leibnitz*,

que les vapeurs sont un composé de corps *légers* & *pesans*, du fluide igné ou de la matière éthérée & de l'eau ; que la pesanteur spécifique de ce composé est telle qu'il reste suspendu dans l'atmosphère ; & que les vapeurs retombent en pluie, quand l'eau se sépare du fluide igné qui la soutient : c'est dans cette supposition (1)

---

(1) Ce n'est pas-là une simple supposition ; je ferai voir dans la suite, que ce mélange est la vraie cause de

feulement qu'on peut appliquer aux vapeurs l'exemple cité par M. *Leibnitz*.

Le fond du vâfe que j'ai employé dans toutes les expériences faites avec une balance, repréfente la furface de la terre, fur laquelle des Baromètres placés çà & là, indiquent les changemens du poids des colonnes d'air qui foutiennent le mercure dans leur tube. Le changement des vapeurs en pluie eft produit par la féparation de l'eau d'avec le fluide igné, celui-ci refte dans l'air dont il écarte les particules (1), & l'eau tombe; c'eft-là l'effet qu'indique la balance.

191. On verra bientôt fi cette chûte doit produire une diminution de preffion, mais on peut remarquer dès-à-préfent, qu'au moins cette diminution ne devroit avoir lieu que dans les colonnes où la pluie tombe, puifque celles-ci confervant fenfiblement le même volume, toutes les autres reftent dans le même état. Le mercure ne devroit donc baiffer dans les Baromètres par cette caufe, que quand il fe trouve à leur zénit des nuages qui fe diffolvent en

l'afcenfion des vapeurs & de leur fufpenfion dans l'air (675 & *fuiv.*) : en forte que le raifonnement, fondé fur ce principe, n'eft pas fimplement un argument *ad hominem*, mais une preuve directe que la chûte de la pluie ne diminue pas le poids de l'air.

(1) Le feu dilate l'air, il n'eft pas befoin de le prouver : on n'objectera pas qu'il peut fortir de l'atmofphère, car il faudroit premièrement indiquer où l'atmofphère finit.

L iv

pluie. Or , on voit très-souvent baisser le mer-cure , long - temps avant qu'il y ait des nuages sur l'horison ; il remonte aussi quelquefois après avoir baissé , sans que pendant ce temps-là il ait paru de nuages. Il est donc prouvé que la chûte de la pluie ne fait pas baisser le Baro-mètre sous les colonnes de l'atmosphère où elle ne tombe pas.

Elle ne peut même le faire baisser sous les colonnes où elle tombe.

Il n'est pas difficile de prouver outre cela , que le mercure ne doit pas baisser par cette cause , même sous les colonnes où la pluie tombe. Le peu de hauteur des vâses qu'une balance peut recevoir , empêche de remarquer un effet qui doit résulter nécessairement des loix de la chûte des corps. Ce n'est que dans le premier instant de sa chûte qu'un corps *pesant* qui tombe dans un fluide ne pèse sur le fond du vâse que comme un volume du fluide égal au sien : car ce corps descend bientôt par un mouvement accéléré , au moyen duquel il presse le fluide proportionnellement à la résistance qu'il éprouve à séparer ses parties ; & cette

Augmentation de pression pro-duite par l'accé-lération du mouvement des gouttes de pluie.

résistance croissant comme les quarrés des vi-tesses , devient enfin égale , pour l'effet , à l'excès de poids du corps étranger sur celui d'un pareil volume du fluide. Ce corps tombe alors par un mouvement uniforme , & il presse le fond avec la même force que s'il y reposoit. Cette proposition ne peut être bien exactement véri-fiée par l'expérience , au moins d'une manière directe pour la chûte des corps ; mais elle se prouve par l'uniformité de vitesse qu'acquièrent bientôt les *volans* dont on se sert pour modérer le mouvement de divers rouages. Ainfi le choc des particules d'eau contre l'air produit une preffion fur la terre, qui compenfe la diminution du poids ; d'où il réfulte que la chûte des gouttes de pluie ne peut pas même occafionner l'abbaiffement du mercure dans les Baromètres placés fous les colonnes où elle tombe.

192. Après avoir examiné l'hypothèfe de M. *Leibnitz* dans fes principes, il me refte à démontrer que, même en les accordant, elle ne fatisferoit pas aux phénomènes.

Suivant M. *Leibnitz*, *il peut arriver fouvent que les particules d'eau les plus élevées tombent quelque temps confidérable avant que de fe joindre aux inférieures ; que la pefanteur de l'air diminue ainfi avant qu'il pleuve, & par conféquent il fe peut que le Baromètre prédife la pluie.* Mais de quelle prodigieufe élévation ne faudroit-il pas fuppofer que les vapeurs commencent à tomber, pour que le Baromètre marquât, comme il le fait, la diminution du poids de l'air plufieurs jours avant la pluie ?

D'ailleurs il réfulte en général du fyftême de M. *Leibnitz*; 1°. qu'il ne doit pas pleuvoir quand le mercure eft élevé dans le Baromètre. 2°. Que plus il tombe de pluie, plus le mercure doit baiffer. 3°. Que le mercure ne peut remonter tant que la pluie tombe avec la même abondance. Cependant, il pleut quelquefois pendant que le mercure eft élevé dans le Baromètre : la plus ou moins grande quantité de pluie qui tombe, ne paroît influer en rien fur la hauteur du mercure ; &, très-fouvent, le

mercure monte & annonce le beau temps long-
temps avant qu'il cesse de pleuvoir.

Troisième ob-
jection , tirée
de la quantité
de pluie qui
tombe par jour.

Enfin , les grandes pluies donnent à peine
quatorze lignes d'eau dans un jour : si donc
l'abbaissement du mercure procédoit de la chûte
de la pluie , l'atmosphère n'étant dechargée que
du poids de quatorze lignes d'eau , équivalent
à une ligne de mercure , le Baromètre ne pourroit baisser dans un jour que de cette quantité.
Comment donc expliquer par cette hypothèse,
des variations de plus de six lignes , dans le
même espace de temps, & quelquefois avant
la pluie.

Hypothèse de M. DE MAIRAN.

L'Académie de *Bordeaux* proposa pour sujet
du prix de l'année 1715, *la Cause des Variations du Baromètre* : M. *de Mairan* concourut
à ce prix & le remporta , par une Dissertation
dont l'ordre, la netteté & la solidité, à quelques
égards , mérite certainement l'éloge qu'en fit
l'Académie en le couronnant (1). Il me seroit
difficile de donner un extrait de cette Dissertation , comme je l'ai fait de quelques autres
ouvrages qui traitent de la même matière,
parce que tout est si concis & tellement lié
dans celui de M. *de Mairan* , qu'il faudroit le

______

(1) *Recueil des Dissertations qui ont remporté le prix
à l'Ac. Royale des Belles-Lettres , Sciences & Arts
de Bordeaux ,* TOME I.

rapporter presqu'en entier pour en donner une idée exacte. Je me bornerai donc aux chefs principaux, d'autant mieux que j'ai eu ci-devant occasion d'examiner, & les principes mêmes, & la plupart des conséquences qu'en tire M. *de Mairan.*

193. L'état de l'air, quant au mouvement & au repos, est la cause principale à laquelle M. *de Mairan* attribue les variations du Baromètre : selon lui, quand l'air est en repos, il pèse sur la terre autant qu'il peut y peser ; & dès qu'il se meut, sa pression diminue, plus ou moins, suivant la vitesse du courant & sa direction, qu'il suppose n'être jamais de haut en-bas. Les vents étant les plus sûrs indices du mouvement de l'air, c'est par eux que M. *de Mairan* explique particulièrement les changemens de hauteur du mercure dans le Baromètre.

M. de Mairan attribuoit, dans cette differtation, la descente du mercure à l'agitation de l'air.

Cette hypothèse a beaucoup de rapport avec celle de *Halley* dont j'ai parlé ci-devant (131, Phén. 3) ; & à l'égard de laquelle, sans contester la diminution produite par cette cause dans la pression verticale de l'air, j'ai dit, qu'elle n'explique pas les principaux phénomènes ; puisque le mercure s'élève dans le Baromètre par le vent du nord. L'un & l'autre de ces savans ont prévu cette difficulté ; mais leurs solutions sont différentes : j'ai examiné celle de *Halley* (131, Phén. 4) ; je rapporterai celle de M. *de Mairan,* après avoir examiné le principe en peu de mots.

Objection tirée de la différence d'effets des vents du nord & du sud sur le Barom.

194. *Hartsoeker* fit imprimer à *Utrecht,* en

Objection de Hartsoeker contre l'hypo-

 1722, un petit *in-*12 sous le titre de *recueil
de plusieurs pièces de physique*, où l'on fait principalement voir l'invalidité du système de M. Newton.
C'est une critique assez dure des Ouvrages de
plusieurs Savans. Les dissertations de M. *de
Mairan* sur *les variations du Baromètre, la formation de la glace, & la lumière des phosphores*,
qui avoient remporté le prix de l'Académie de
Bordeaux, & après lesquelles ce Physicien célèbre fut prié de ne plus concourir aux prix,
sont au nombre des pièces que *Hartsoeker* critique. Parmi les objections peu fondées de ce
Savant, il y en a quelques-unes de solides, &
M. *de Mairan* lui-même l'a reconnu : il avoit
dit, par exemple, que, « si une boule est en
» repos sur une table ou plan horisontal, elle
» n'agira ou ne pèsera sur le plan qui la porte,
» que par sa pesanteur propre & absolue; *mais
» que, si l'on suppose la boule en mouvement,
» & qu'elle roule d'un bout de la table à l'autre,
» sa pesanteur deviendra moindre par rapport à
» la table, & qu'elle la pressera où y pèsera d'au-
» tant moins, qu'elle roulera avec plus de vitesse* ».
C'étoit-là le principe sur lequel M. *de Mairan*
appuyoit son hypothèse de la diminution de
pesanteur absolue de l'air quand il est en mouvement.

Hartsoeker objectoit à ce principe (p. 115)
que, *si cela étoit vrai, toute la théorie des bombes
étoit fausse.* » Je conviens, dit-il, que chaque
» point de la table par où la boule passeroit,
» seroit moins pressé, & que c'est sur une
» semblable idée, pour me servir de l'exemple

» de l'Auteur, qu'*Homere*, pour peindre la ra-
» pidité du char d'un de ſes Héros, dit que
» les roues ne laiſſoient que des marques légères
» ſur la pouſſière la plus ſubtile ; mais je nie
» que toute la table en fût moins preſſée, &
» il ſeroit facile de s'en convaincre par l'ex-
» périence. Si l'on prenoit, par exemple, un
» vâſe rempli d'eau, & qu'on y fît tourner
» cette eau en rond, elle ne pèſeroit pas moins
» ſur le fond de ce vâſe que ſi elle étoit en
» repos. Une toupie ne pèſeroit pas moins ſur
» un des baſſins d'une balance, ſi elle y étoit
» en mouvement, que ſi elle y étoit en repos ».

Cette réfutation de *Hartſoeker* n'eſt pas abſolument exacte ; il eſt certain que le mouvement horiſontal diminue l'effet de la peſanteur ;
c'étoit ſeulement dans la quantité de cette
diminution que M. *de Mairan* ſe trompoit.
Cependant, comme l'objection de *Hartſoeker*
étoit fondée, quant aux variations ſenſibles du
Baromètre, M. *de Mairan* ne s'arrêta point à
tirer parti de l'inexactitude de ſon adverſaire :
voici comment il s'exprima ſur ce ſujet, dans
une lettre qu'il écrivit aux Auteurs du *Journal
des Savans.* (1) : « Entre toutes les fautes que
» M. *Hartſoeker* a prétendu relever dans les
» diſſertations dont il s'agit, je n'en vois guères
» que deux ou trois qui méritent ce nom,
» *encore y auroit-il peut-être bien des choſes à*
» *dire ſur la manière dont il s'y eſt pris :* mais,

M. de Mairan reconnut la ſo-
lidité de cette
objection.

---

(1) *Journ. des Sav.* année 1722, pag. 569.

» dans le fond, je reconnois pour mauvais ce
» qu'il cite de moi, où j'ai raisonné de la *pres-*
» *sion*, comme je devois faire seulement de
» l'*impression*, & tous les endroits qui sont une
» suite de cette erreur ».

Malgré cet aveu de M. *de Mairan*, quelques
Physiciens ont continué de penser que le mouvement de l'air influe sur la hauteur du mercure
dans le Baromètre; il ne sera donc pas inutile
de donner ici une idée de l'effet que les plus
grands vents peuvent produire sur la hauteur
du mercure dans le Baromètre.

Propositions fondamentales, démontrées par Huygens.

195. Il a été démontré, par *Huygens* (1),
qu'un corps qui feroit dix-sept fois le tour de
la terre en vingt-quatre heures, perdroit tout
son poids; c'est-à-dire, qu'il tendroit autant à
s'écarter de la terre par sa *force centrifuge*, qu'à
s'en approcher par la *pesanteur* : un corps qui
se mouvroit avec une telle vitesse, parcourroit
24339 pieds par seconde. *Huygens* a démontré
encore (2) que les tendances à s'éloigner du
centre, dans les corps qui se meuvent dans des
grands cercles, sont entr'elles comme les quarrés
des vitesses de ces corps.

Estimation de la plus grande vitesse des vents par M. de la Condamine.

M. *de la Condamine* (dans un Mémoire lu
à l'Ac. des Sc. en 1757), partant du plus grand
sillage des vaisseaux, qui est de 6 lieues par
heure, trouve que le vent le plus violent ne
doit parcourir que 85 pieds par seconde.

---

(1) *Discours de la cause de la pesanteur.* Leyde
1690, *in* 4°. pag. 142.

(2) Troisième Théorème *de vi centrifuga.*

En fuppofant donc que le vent le plus violent peut occuper toute la hauteur de l'atmofphère; ce qui eft le cas le plus favorable à
l'hypothèfe que j'examine, le poids des colonnes
en mouvement ne diminueroit que dans le rapport du quarré de 85 à celui de 24339, ou
d'une $\frac{1}{81991}$ partie; & fi le poids de ces colonnes
tranfportées par le vent étoit égal à celui de
28 pouces de mercure, l'abbaiffement du mercure dans le Baromètre produit par cette caufe,
ne feroit que la $\frac{1}{244}$ partie d'une ligne, quantité abfolument infenfible à nos yeux.

196. L'expérience eft ici d'accord avec la
théorie, & c'eft même par elle que j'ai été
conduit à l'examen de l'hypothèfe de M. *de
Mairan.*

Les variétés que je remarquai dans le réfultat
de mes premières obfervations relatives à la
mefure des hauteurs par le Baromètre, m'in-
térefsèrent fi vivement, que je ne négligeai aucune des idées qui me vinrent à l'efprit pour
tenter d'en découvrir les caufes. Une de ces
idées à laquelle je m'arrêtai le plus, fut de
rechercher l'effet de l'agitation de l'air, pen-
fant alors qu'elle devoit avoir quelque influence
fur la hauteur du Baromètre.

Il me parut d'abord que, quand la viteffe
des vents étoit, par elle même ou par la pofition des lieux, fenfiblement inégale dans les
diverfes couches d'air comprifes entre des fta-
tions que j'avois fixées fur le penchant d'une
montagne, les denfités de ce fluide ne devoient
pas conferver entr'elles les mêmes rapports que

quand il étoit calme ou également agité. Il me sembloit principalement que, quand le mouvement horisontal de l'air étoit beaucoup plus rapide depuis le pied de la montagne jusqu'à son sommet qu'il ne l'étoit au-dessus, la différence de hauteur entre les Baromètres devoit être moins grande que quand l'agitation étoit partout égale ; parce que la pesanteur de la couche d'air qui produisoit la différence entre les deux hauteurs observées du mercure, & par conséquent cette différence elle-même, devoit être d'autant moindre, que cette couche étoit plus en mouvement. Je donnai une attention particulière à la recherche des effets de cette cause, dont je ne révoquois point en doute l'existence ; j'employai même un anémomètre portatif que j'avois construit exprès, & je notai, aussi exactement qu'il me fut possible, la direction & la force des vents : cependant je ne découvris aucun effet qui pût être attribué avec certitude à cette cause.

Différences indiquées par M. de Mairan entre le vent du sud & celui du nord.

197. J'ai dit ci-devant (193), que dans le temps où M. *de Mairan* attribuoit à l'agitation de l'air les principales variations du Baromètre, il sentoit bien qu'on pouvoit lui objecter l'ascension du mercure par le vent du Nord. La solution qu'il donnoit de cette difficulté renfermoit l'indication de plusieurs causes de variation dans le poids de l'air propres aux diverses espèces de vents, indépendantes du mouvement horisontal, & qui par ces raisons demandent un examen particulier. Voici comment il s'exprime sur ce sujet.

cc Les

« Les vents de sud, dit-il (pag. 44), doivent
» nous apporter un air plus rare, & en moindre
» quantité »; 1°. parce qu'ils viennent d'un pays
plus chaud, 2°. parce que l'atmosphère est plus
mince entre les tropiques qu'au nord, tant par
sa figure que par celle de la terre; l'atmosphère
devant être un sphéroïde allongé vers les poles,
& la terre un sphéroïde applati dans le même
sens: si donc les vents du sud « soufflent hori-
» sontalement, ils doivent abbaisser & mettre
» à leur niveau la surface de l'atmosphère, qui
» par sa situation étoit auparavant plus haute;
» les vents du nord, au contraire, doivent
» pousser vers nous un air plus dense, & en
» beaucoup plus grande quantité; & si leur
» direction est de même parallèle à l'horison,
» ils doivent élever & mettre à leur niveau
» la surface de l'atmosphère, par le nouvel
» air qu'ils y entraînent. De plus, les vents
» de sud sont ordinairement les avant-coureurs
» de la pluie, ou règnent pendant la pluie; les
» vents de nord, au contraire, ramènent le
» temps sec, ou ne règnent guères que dans
» le temps sec: donc, par toutes les raisons
» qui en ont été dites ci-devant, le vent de
» sud se trouve joint avec un moindre poids
» d'atmosphère, ou absolu, ou relatif, ou ab-
» solu & relatif tout ensemble; & le vent de
» nord, au contraire, est lié avec des cir-
» constances qui augmentent ce même poids:
» partant, le Baromètre baissera ordinairement
» pendant le sud, & il se soutiendra ou s'élè-
» vera même quelquefois pendant le nord. Il

Tome I.   M

» se soutiendra, si l'augmentation de masse &
» de hauteur que le vent de nord produit
» dans la colonne d'air qui fait équilibre au
» mercure, est égale à la diminution de pe-
» santeur relative que le mouvement y cause;
» il s'élévera, si cette augmentation est plus
» grande ».

Il y a donc, suivant M. *de Mairan*, trois différences essentielles entre le vent du nord & celui du sud, qui concourent à la différence de leurs effets sur le Baromètre; savoir 1°. la différence de hauteur de l'atmosphère dans les parties du monde d'où ces vents procèdent; 2°. la différence de l'air qu'ils transportent relativement à la présence ou à l'absence des vapeurs; 3°. la différence de température. Je vais considérer séparément ces trois différences.

Première dif-férence, fondée sur la hauteur de l'atmosp. dans ces deux part. du monde.

198. La différence de hauteur de l'atmosphère dans les parties du monde d'où procèdent les vents du nord & du sud, est la première de celles que M. *de Mairan* indique entre ces deux vents relativement à leurs effets sur le poids de l'air : c'est celle qui sert de fondement à l'hypothèse de M. *de la Hire*, dont j'ai parlé ci-devant (137). Mais je crois avoir démontré

Object. tirée du peu de var. du Bar. sous l'équateur.

que, si les variations du Baromètre étoient occasionnées par des différences dans la hauteur de l'atmosphère, & que ces différences fussent produites par le transport alternatif de l'air du nord vers l'équateur & de celui de l'équateur vers le nord, les plus grands changemens de hauteur du mercure seroient entre les tropiques comme aux poles. Or, il est certain par l'expé-

rience (& M. *de Mairan* le reconnoît lui-
même) que le Baromètre varie très-peu fous
l'équateur.

En rapportant le fyftême de M. *de la Hire,*
j'ai montré fimplement qu'il n'étoit pas d'accord
avec l'expérience, fans examiner le principe en
lui-même ; parce que fe contentant de fuppofer l'allongement de l'atmofphère vers les
poles, je n'aurois pu contefter fon hypothèse
fans entrer dans une trop grande difcuffion.
Mais M. *de Mairan* s'explique fur la caufe de
cet allongement, ce qui rend l'examen plus
aifé, & m'engage à l'entreprendre : Voici comment il s'exprime.

« Le tourbillon qui décrit l'orbe annuel
» autour du foleil, ce fluide, quel qu'il foit,
» qui entraîne la terre & l'air, doit pouffer
» les corps qu'il rencontre avec d'autant plus
» dé force, que les furfaces qu'ils lui préfen-
» tent font moins inclinées, & plus perpen-
» diculaires à la direction de fon mouvement.
» Mais la terre & l'atmofphère fuppofées fphé-
» riques, doivent préfenter au fluide qui les
» emporte des furfaces d'une infinité d'incli-
» naifons & d'obliquités différentes ; donc ce
» fluide les pouffera avec une infinité de forces
» différentes, parmi lefquelles la plus grande
» de toutes fera celle qui agit fur le milieu
» de la zone torride, où la direction eft per-
» pendiculaire ; & le choc des parties du fluide,
» qui heurteront d'autres endroits à côté, fera
» toujours moins fort, à mefure qu'elles s'éloi-
» gneront davantage de ce milieu ; ainfi il me

M. *de Mairan* penfoit que l'at-mofph. devoit être allongée vers les poles.

M ij

» paroît très-vraifemblable que le tourbillon
» qui entraîne le globe terreftre , agiffe un peu
» plus fur l'atmofphère de la zone torride ,
» que fur celle des autres zones , & qu'il oblige
» par-là l'air fupérieur de s'échapper & de re-
» fluer vers les poles. Cela pofé , il eft clair
» que l'atmofphère fera plus mince entre les
» tropiques qu'en aucun autre endroit.... »

199. On voit d'abord que l'allongement fuppofé de l'atmofphère vers les poles n'eft qu'une conféquence du fyftême des tourbillons de *Defcartes :* fyftême qui étoit encore admis par la plupart des Savans, quand M. *de Mairan* & M. *de la Hire* ont écrit fur les variations du Baromètre. Mais depuis lors , le fyftême de la gravitation univerfelle ayant prévalu par de bien bonnes raifons , & M. *de Mairan* lui - même l'ayant adopté (1), il n'y a plus lieu de donner à l'atmofphère la figure d'un fphéroïde allongé. Par la gravitation, la terre & tout ce qui l'environne tend à s'approcher du foleil en ligne droite ; tandis que par une fuite de l'impulfion qu'elle a reçue primitivement , elle tend à s'échapper par des tangentes à fon orbite : de-là réfulte fon mouvement autour du foleil ; mais on n'y voit rien qui puiffe comprimer l'atmof-phère fous l'équateur & la repouffer vers les poles.

Cette caufe d'extenfion de l'atmofphère vers

------

(1) *Suite des Mém. de l'Ac. des Sc.* pour l'année 1731 , *in-*12 , pag. 121. *Traité Phyf. & Hift.* de l'*Au-rore Bor.* Paris , 1754 , *in-*4°. pag. 96.

les poles eſt donc au moins très-incertaine ; tandis qu'il y a une cauſe très-probable de ſon applatiſſement dans le même ſens. Par le mouvement diurne de la terre , toutes les parties qui la compoſent & qui tournent avec elle doivent acquérir une force centrifuge d'autant plus grande , qu'elles ſe meuvent avec plus de viteſſe : par conſéquent la plus grande force centrifuge s'exerce ſous l'équateur ; il n'eſt pas néceſſaire de le prouver. Les parties ſolides du globe ne peuvent plus obéir à cette action ; elles ſont trop liées entr'elles : mais il eſt évident qu'elles s'y ſont conformées dans le commencement du monde, car il n'eſt plus douteux que la terre ne ſoit un ſphéroïde applati par ſes poles. Quant aux fluides, la force centrifuge doit affoiblir continuellement l'effet de leur peſanteur ; & comme la première de ces cauſes agit plus puiſſamment entre les tropiques qu'en aucune autre partie de la terre, tandis qu'elle eſt nulle ſous les poles , il eſt naturel de penſer que l'atmoſphère doit avoir une forme lenticulaire dont le plus grand cercle eſt dans le plan de l'équateur. C'eſt la raiſon que M. *de Mairan* donne lui-même dans ſon excellent *Traité de l'Aurore Boréale ,* de la forme ſous laquelle paroît communément la *lumière zodiacale* (1), qui n'eſt autre choſe que l'atmoſphère ſolaire vue de profil & par ſon tranchant (2). Dans le même Traité M. *de*

---

(1) *Ibid.* 1731 , pag. 32 ; & 1754 , pag. 25.
(2) *Ibid.* 1731, pag. 26 ; & 1754 , pag. 20.

Mairan pose aussi pour principe, *que tout fluide qui tourne actuellement avec les parties extérieures de la terre, a d'autant plus de force centrifuge, qu'il se trouve plus près de l'équateur* (1).

Il semble d'abord que, si l'atmosphère étoit plus épaisse sous l'équateur que dans toute autre partie de notre globe, la hauteur du mercure dans le Baromètre devroit y être aussi plus grande. Pour résoudre complettement cette difficulté, il faudroit entrer dans des détails qui m'écarteroient trop de mon sujet ; d'ailleurs il suffit de considérer, que la même force qui fait élever l'air, diminue sa pression sur la terre ; ou plutôt que l'air ne s'élève plus haut que parce qu'il pèse moins : ainsi toutes choses d'ailleurs égales, les colonnes de l'atmosphère placées sous l'équateur, ne pèsent pas plus sur la terre, que les colonnes moins hautes qui reposent sur les régions polaires.

Je reviens à l'objet qui m'a fait entrer dans cette discussion, pour faire remarquer que par la théorie même, les vents du nord devroient moins augmenter la hauteur de l'atmosphère dans nos climats, que les vents du sud ; & que par conséquent la différence de hauteur de l'air dans les parties du monde d'où ces vents viennent par rapport à nous, ne peut contribuer à la différence connue de leur effet sur le Baromètre.

200. Avant d'examiner la seconde différence

indiquée par M. *de Mairan* entre les vents du nord & ceux du sud, il est nécessaire de rapporter ce qu'il pense de l'effet que les vapeurs & la pluie produisent dans la pesanteur *relative* de l'air.

« Selon les plus habiles Physiciens de ce
» siècle, dit-il, (page 16), ce sont principa-
» lement les vapeurs qui causent les vents,
» quoique ce ne soient pas elles seules qui les
» composent : au moins est-il certain que les
» vapeurs sont presque toujours accompagnées
» de vents. On sait aussi que la pluie n'est
» formée que de l'assemblage de plusieurs pe-
» tites parcelles de vapeurs ; ainsi en suivant
» l'analogie de la pluie aux vapeurs, des va-
» peurs au mouvement qu'elles causent dans
» l'atmosphère, & de ce mouvement à la di-
» minution du poids de la colonne d'air, qui
» fait équilibre au mercure, on en viendra à
» l'abbaissement de ce mercure dans le Baro-
» mètre. Le temps étant donc disposé à la
» pluie, c'est-à-dire, les vapeurs dont elle va
» se former étant répandues dans l'air, & y
» causant de l'agitation, il faut nécessairement
» que la variation du Baromètre s'ensuive.
» Mais ce n'est pas seulement lorsqu'il doit
» pleuvoir, que le mercure descend ; cela ar-
» rive souvent pendant la pluie même, du
» moins voit-on rarement alors que le mercure
» s'élève. La principale raison en est, selon
» moi, que la pluie est presque toujours ac-
» compagnée de l'agitation de quelque partie
» de l'atmosphère. Cette agitation est même

L'agitation produite par les vapeurs dans l'air qui nous vient du sud.

» très-capable de la produire ; car le vent
» venant à pousser les parcelles des vapeurs les
» unes contre les autres, les réduit à de petites
» gouttes ; & celles-ci se joignant encore, par-
» viennent enfin à une assez grande pesanteur,
» à raison de leur surface, pour vaincre la
» force qui les soutenoit, & pour tomber en
» forme de pluie. Or, il y a apparence qu'à
» mesure que la première pluie tombe, il s'en
» forme successivement de nouvelle ; & qu'ainsi
» la cause pour laquelle le Baromètre descend ou
» demeure assez bas pendant qu'il pleut, est la
» même qui le faisoit baisser lorsqu'il devoit
» pleuvoir. Si l'agitation cesse, & qu'il ne se
» forme plus de nouvelle pluie, le Baromètre
» monte, & prédit le beau temps ».

C'est cette influence des vapeurs & de la pluie sur la pesanteur de l'air que M. *de Mairan* indique dans le passage que j'ai cité dès l'entrée, lorsqu'il dit : « Les vents de sud sont
» ordinairement les avant-coureurs de la pluie,
» ou regnent pendant la pluie ; les vents de
» nord au contraire ramènent le temps sec,
» ou ne regnent guères que dans le temps sec:
» donc, &c. ». Mais il ne me paroît pas que les vapeurs ni la pluie puissent avoir cette influence.

Idée de quelques Physiciens sur la cause des vents.

L'idée des Physiciens, dont parle M. *de Mairan*, sur la manière dont les vents sont produits par les vapeurs, est tirée des effets de l'éolipile, où l'eau réduite en vapeurs par l'action du feu, déplace l'air & le fait sortir avec violence par un canal fort étroit. Les vapeurs peuvent donc produire une espèce de vent, dont la direction supposée de bas en-haut pourroit soulever l'atmosphère & diminuer son poids.

Mais en admettant cet effet des vapeurs dans l'atmosphère, il me semble qu'il faut y distinguer deux choses ; savoir, la cause & l'effet du vent. Les vapeurs, en se formant & montant dans l'atmosphère, se glissent entre les particules de l'air, elles les écartent & les chassent de tous côtés ; voilà, selon eux, la cause du vent. Mais les premières vapeurs étant mêlées avec l'air, cèdent avec lui à l'action des nouvelles vapeurs qui se forment continuellement : de-là naît un courant d'air mêlé de vapeurs, dans lequel les particules des deux espèces ne doivent pas être plus agitées que ne le sont celles d'un courant d'air pur : c'est ainsi que le fluide élastique produit par la poudre à canon, après avoir écarté l'air quand il se débande, perd son activité propre, & cède, comme l'air naturel avec lequel il se mêle, à toutes les causes qui leur impriment un mouvement commun. Il suit de-là, que les vapeurs mêlées avec l'air que nous apporte le vent du sud, ne sont pas une cause particulière de mouvement dans cet air ; & que par conséquent il ne doit point y avoir de différence à cet égard entre le vent du sud & celui du nord. L'expérience prouve encore, qu'il n'y a pas une liaison immédiate entre la formation successive de la pluie & l'abbaissement du mercure : car pour l'ordinaire le Baromètre baisse avant la pluie & remonte pendant qu'il pleut ; c'est par-là qu'il prédit : l'intervalle de temps qui s'écoule depuis la formation de la pluie dans les nues, ou depuis qu'elle cesse, jusqu'à ce que ces effets soient apperçus sur la terre, doit être si petit, qu'il ne peut entrer pour rien dans les prédictions du Baromètre.

Troisième différence, indiquée par M. de Mairan entre le vent du sud & celui du nord tirée de leur température.

201. La troisième différence que M. *de Mairan* indique entre le vent du nord & celui du sud relativement aux variations du Baromètre, est une cause réelle de changement dans le poids de l'air ; il s'agit seulement de déterminer ses bornes. J'ai déjà parlé plusieurs fois de cette cause, & sur-tout en rapportant le système de M. *le Cat*, qui paroît l'employer seule à l'explication des phénomènes (148) ; mais je me suis contenté jusqu'ici de montrer qu'elle ne peut produire les principales variations du Baromètre, puisque, si cela étoit, nous verrions nécessairement un bien plus grand rapport entre ces variations & celles des Thermomètres exposés en plein air. Je me proposois d'abord de m'en tenir à cette preuve qui me paroît suffisante ; mais considérant que l'effet des variations de chaleur sur le poids de l'atmosphère est un point de physique générale très-intéressant en lui-même, je crois devoir entrer dans quelques détails qui contribueront peut-être à l'éclaircir.

Examen des effets de cette différence.

Je ne suis point étonné que M. *de Mairan*, M. *le Cat* & plusieurs autres Physiciens qui ont traité cette matière, aient attribué à la chaleur plus d'influence qu'elle n'en a réellement dans les phénomènes dont il s'agit ici : pour découvrir les vrais effets de cette cause, il falloit des expériences immédiates qu'ils n'ont pas eu occasion de faire , & auxquelles d'autres recherches m'ont conduit ; elles serviront de bâse à ce que je vais dire sur cette matière.

202. Je montrerai dans la suite , par le résultat d'un grand nombre d'expériences, qu'une variation d'un dégré sur un Thermomètre à mercure divisé suivant M. *de Réaumur* , correspond à un changement d'$\frac{1}{215}$ dans la densité actuelle de l'air (607). Supposons pour plus de commodité , que le changement absolu pour chaque dégré du Thermomètre est toujours le même , & qu'il a lieu dans une colonne d'air qui soutient 27 pouces de mercure : alors une variation d'un dégré dans le Thermomètre qui affectera toute l'épaisseur de l'atmosphère sans changer la hauteur de ses colonnes, fera varier d'$\frac{1}{215}$ partie ou d'une ligne $\frac{1}{2}$ celle du mercure dans le Baromètre. Ce fondement paroît d'abord très-simple ; il semble annoncer qu'on peut réduire au calcul les effets de la chaleur sur le poids total de l'air : mais il se combine le plus souvent avec d'autres circonstances qui rendent ce calcul impossible. C'est cependant un terme de comparaison nécessaire ; il nous indique le plus grand effet que la chaleur produiroit sur le poids des colonnes d'air quand elle les affecteroit dans toute leur hauteur ; & il peut nous diriger dans la recherche des effets combinés de cette cause & d'un grand nombre d'autres qui agissent avec elle dans l'atmosphère. Je vais indiquer quelques-unes de ces combinaisons.

*Première li-
mitation. Les
grandes variat.
de chaleur ne
se font que dans
le bas de l'atm.*

*Ses variat. sur
les hautes mon-
tagnes.*

203. Les grandes augmentations de chaleur de l'atmosphère n'ont ordinairement lieu que dans sa partie inférieure : au plus fort de l'été, le haut des Alpes reste couvert de glace & de neige ; aucun arbre, pas même le sapin, n'y croît au-dessus de sept à huit-cents toises d'élévation, à compter des plaines voisines : les vents ou d'autres causes accidentelles transportent souvent leurs semences à de plus grandes hauteurs ; quelquefois elles y germent & produisent de petits arbustes ; mais ils sont défigurés & périssent bientôt. La raréfaction de l'air influe sans doute sur cet effet ; mais le peu de chaleur y contribue beaucoup : car les arbres & les plantes de diverses espèces croissent à une plus grande élévation & en plus grande quantité dans les faces tournées au midi, que dans les expositions différentes. Cette diminution de chaleur de bas en-haut, n'est pas particulière aux Alpes ; elle tient à la constitution générale de l'atmosphère, puisque dans la zone torride & sous l'équateur même, le haut des cordilières est constamment couvert de neige. Il est essentiel encore de remarquer que, dans nos climats, on n'éprouve pas de bien plus grands froids en hiver sur les montagnes que dans les plaines : c'est ce dont je suis instruit, tant par ma propre expérience, que par le témoignage des habitans des Alpes, où j'ai souvent voyagé en hiver. La seule différence ordinaire qu'il y ait entre les hautes montagnes & la plaine quant au froid, & qui fortifie ce que je me propose d'établir, c'est qu'il est constant,

en hiver fur les premières, que l'air y eſt très-rarement échauffé, même par le vent du ſud, & qu'on n'y connoît preſque point ces viciſſitudes de température qu'on éprouve dans la plaine ou ſur les montagnes moins élevées. Il eſt donc certain que les variations de température ſont ordinairement petites au ſommet des hautes montagnes; & il ne l'eſt pas moins que l'étendue de ces variations croît en deſcendant ou décroît en montant. J'ai été un très-grand nombre de fois ſur une montagne peu diſtante de Genève, dont le ſommet, aſſez étendu, eſt élevé de quatre à cinq cents toiſes au-deſſus de la plaine; j'ai parcouru ce ſommet pendant des journées entières, au plus fort de l'été, & je n'y ai jamais vu le Thermomètre plus haut de $17°\frac{1}{2}$, tandis qu'il étoit en-bas de 25 à 28 degrés: j'ai été auſſi quelquefois ſur cette montagne en hiver; il n'y faiſoit pas plus froid qu'à la plaine.

Voici une preuve plus directe du peu de changement qui ſe fait dans la température des parties ſupérieures de l'atmoſphère. J'ai beaucoup d'obſervations du Baromètre, & du Thermomètre expoſé à l'air libre, dans la plaine, faites en diverſes ſaiſons, dans des temps où le Baromètre étoit fixe; c'eſt-à-dire, que pluſieurs jours de ſuite il s'étoit tenu à-peu-près au même point à la même heure: ces obſervations, deſtinées à un autre objet, ont été faites chaque fois de quart-d'heure en quart-d'heure, depuis le lever du ſoleil juſqu'au ſoir (595). J'ai combiné toutes ces obſervations, en prenant dans chaque jour les plus grandes différences de température & de hauteur du Baromètre, & j'ai trouvé que, de la moindre à la plus grande chaleur du jour, la différence moyenne de température avoit été 9° $\frac{1}{3}$, & celle de la hauteur du Baromètre seulement $\frac{11}{16}$ de ligne, dont il étoit plus bas quand la chaleur étoit la plus grande. Je ne donne pas ce résultat comme absolument exact; il est possible que la tendance moyenne du Baromètre, dans ces observations, fût plutôt de monter que de descendre, indépendamment des variations de température; mais on va voir que l'erreur ne pourroit être que de petite conséquence, relativement à l'écart qui résulte de la comparaison de cet effet avec celui que devroit produire une augmentation de chaleur qui affecteroit toute la hauteur de l'atmosphère en même temps. J'ai dit ci-devant que dans ce cas, une variation d'un dégré de chaleur produiroit un changement d'une ligne $\frac{5}{2}$ dans la hauteur du Baromètre; ainsi pour 9° $\frac{1}{3}$ d'augmentation de chaleur, le Baromètre auroit dû baisser de 14 lignes, au lieu de $\frac{11}{16}$ de ligne. On pourra voir dans la suite qu'une augmentation de chaleur de 9° $\frac{1}{3}$, qui affecteroit dans toute sa hauteur la couche d'air comprise depuis le niveau de la plaine jusqu'à environ 2000 pieds d'élévation, suffiroit pour faire baisser le Baromètre de $\frac{11}{16}$ de ligne, en supposant même, que le tiers de sa matière qui sortiroit de l'enceinte primitive de chaque colonne, par la dilatation, s'emploieroit à aug-

menter sa hauteur. Il est donc évident que les

variations de température vont beaucoup en décroiſſant de bas en-haut dans l'atmoſphère; & ce qu'il y a de très-intéreſſant encore à re-marquer dans les obſervations qui me fourniſſent cette preuve, c'eſt que l'augmentation de cha-leur de la nuit au jour étant produite par la préſence du ſoleil, dont les rayons traverſent toute l'épaiſſeur de l'air, ces obſervations prou-vent en même temps, que les couches ſupé-rieures de l'atmoſphère ſont très-peu ſuſceptibles de s'échauffer (678).

On peut tirer de la réunion de tous ces faits, deux conſéquences eſſentielles dans la matière que je traite : la première, que nous éprou-vons ſouvent des viciſſitudes de chaleur dans la plaine, qui n'ont pas lieu à de plus grandes élévations, ſur-tout en hiver : la ſeconde & la plus importante, que l'étendue des variations de chaleur eſt d'autant moins grande dans une couche donnée de l'atmoſphère, que cette couche eſt plus élevée. Je crois donc pouvoir ſuppoſer, qu'ordinairement la ſomme de toutes les variations de chaleur qui ſe font en même temps dans une colonne de l'atmoſphère, n'excède pas la ſomme de celles qui ſe feroient dans une hauteur de 2550 toiſes au-deſſus de la plaine, en ſuppoſant que celles-ci ſeroient toutes égales à celle qui ſe fait au bas de la colonne. Or, le Baromètre étant ſuppoſé à 27 pouces au pied de cette colonne, il ſeroit à-peu-près à 15 pouces à la hauteur de 2550 toiſes (576) : il n'y auroit donc que les $\frac{12}{27} = \frac{4}{9}$ de la maſſe de la colonne qui éprouveroient les variations de la chaleur; & ſuivant ce que j'ai dit ci-deſſus (202), un changement d'un dégré ſur le Thermomètre n'indiqueroit qu'une variation de deux tiers de ligne dans la hauteur du Baromètre placé ſous cette colonne ; c'eſt-à-dire qu'il faudroit une variation d'un dégré $\frac{1}{2}$, dans la chaleur indiquée par le Thermomètre, pour faire changer d'une ligne la hauteur du Baromètre : j'adopte ici un rapport déterminé pour un rapport indéterminé & très-variable ; mais je ne crois pas m'écarter beaucoup du rapport moyen. Donc, quand le Baromètre baiſſe d'une ligne, ſi cet abbaiſſement eſt produit par l'augmentation de chaleur, il faut qu'en même temps le Thermomètre obſervé dans l'air libre à la plaine, monte d'un degré $\frac{1}{2}$. On a déjà pu voir, & l'on verra encore mieux dans la ſuite, que cette détermination regarde autant pour l'ordinaire les effets des vents du ſud, que ceux de toute autre cauſe de changement de température. Je paſſe à d'autres modifications des effets de la chaleur ſur le poids de l'atmoſphère.

204. Dans le paſſage de l'hiver à l'été, l'augmentation totale de la chaleur ſe fait très-lentement ; &, comme à meſure que l'air devient plus rare, ſa peſanteur diminue, il doit s'élever néceſſairement pour ſe mettre en équilibre avec les parties de l'atmoſphère qui ne ſont pas autant échauffées par le ſoleil ; & comme les colonnes les plus élevées ſe verſent continuellement ſur leurs voiſines, cette circulation eſt une des principales cauſes des vents. C'eſt ſans doute par cette raiſon que le Baromètre ne baiſſe pas en été autant que l'exigeroit le changement de température

température; les colonnes d'air font alors moins denfes, mais elles font plus hautes, ce qui fait une compenfation. Il n'en eft pas tout-à-fait de même dans les changemens de température du jour à la nuit; ils fe fuccèdent trop promptement pour que les colonnes d'air, plus ou moins échauffées, fe mettent abfolument en équilibre entr'elles: c'eft par cette raifon, abftraction faite des autres caufes, que le mercure defcend pendant le jour dans les Baromètres de la plaine, & qu'il y remonte pendant la nuit (528 & 530).

Et de la nuit au jour.

205. Venons maintenant aux différences de températures produites par les vents. Je conviens d'abord que le dégré de denfité de l'air qu'ils tranfportent doit influer fur la hauteur de la colonne du Baromètre; parce que dans cette agitation de l'atmofphère l'équilibre ne peut fe rétablir: je crois auffi que, quand un vent du fud fuccède à un vent du nord en hiver, ou en général à un temps froid, le poids de l'air doit diminuer fenfiblement à caufe du changement qui arrive alors dans la température: c'eft par cette raifon fans doute que les plus grands abbaiffemens du mercure fe font dans ces circonftances. Mais il eft aifé de voir, par ce que j'ai dit ci-deffus des effets de la chaleur fur l'atmofphère, que les changemens de fa température ne peuvent occafionner qu'une partie de ces grandes variations du Baromètre (1): car quand le mercure s'abbaiffe en

Effet de la différente température des vents.

Elle ne fuffit pas feule pour expliquer les phénomènes, même en hiver.

---

(1) Voici une preuve de ce qui eft dit dans le texte,

peu de temps de 12 & même de 18 lignes, il faudroit que la chaleur eût augmenté dans la plaine de 18° dans le premier cas , & de 27° dans le dernier. Souvent aussi la chaleur augmente sensiblement en hiver , même par le vent du sud, sans que le Baromètre descende ; & il descend

---

que les grandes variations du Baromètre en hiver ne sont produites qu'en partie par les changemens de température de l'air. Au commencement de Décembre 1763 , j'eus occasion de traverser le Jura par un fort beau temps ; le Baromètre se tenoit à Genève à 27 pouces 4 lignes. La température étoit pendant la nuit, sur la montagne , à 8 dégrés de M. *de Réaumur* au-dessous de zéro ; l'air s'y réchauffoit beaucoup pendant le jour : la plaine étoit couverte de brouillards , & par cette raison le Thermomètre s'y tenoit assez constamment à un dégré au-dessous de zéro (698). Cet état de l'air se maintint sans aucun changement remarquable jusqu'au dixième du même mois ; le Baromètre commença à baisser alors par un petit vent du sud, qui réchauffa l'air au-dessus des brouillards , les dilata & les fit élever. Le Baromètre continua à baisser jusqu'au treizième , & fut au matin de ce jour-là plus bas que je ne l'ai jamais vu à Genève ; il y étoit à 25 pouces 10 lignes & trois quarts (724 , *note*). Le Baromètre baissa donc dans trois jours de 17 lignes un quart , ce qui supposeroit une augmentation de chaleur de 25 dégrés sept huitièmes , par le rapport établi ci-dessus , & qui pourroit être beaucoup modifié dans ce cas , sans qu'il cessât de prouver en faveur de ma thèse ; car en combinant la température moyenne dans l'espace de 24 heures à la montagne , avant l'abbaissement du Baromètre , avec celle de la plaine où j'étois pendant cet abbaissement , la variation totale de chaleur ne fut que de 5 à 6 dégrés ; & ce présage menaçant du Baromètre fut suivi d'un peu de neige qui tomba par un vent nord-ouest , auquel le sud vint s'opposer ensuite , tellement que la neige fut balottée par ces deux vents.

quelquefois, quoique la chaleur diminue ; ce dernier changement arrive quand un vent nord-ouest succède à une suite de beaux jours. Ainsi les variations du Baromètre sont peu correspondantes aux changemens de température, dans la saison même où ces changemens sont les plus grands & les plus favorables à l'hypothèse que j'examine, parce que le vent du sud, en faisant baisser le Baromètre, occasionne le plus souvent une augmentation de chaleur.

206. Mais c'est particulierement en été que le peu d'accord entre les changemens de la chaleur de l'air & ceux de la hauteur du mercure dans le Baromètre devient le plus sensible. Dans cette saison, les jours sont plus longs dans nos climats & vers le nord, qu'ils ne le sont entre les tropiques ; & cette longueur des jours compense tellement la moindre élévation du soleil, que nous éprouvons des chaleurs à-peu-près aussi grandes que les habitans de la Zone torride. Nous devons cette comparaison à M. *de Réaumur* ; il a pris soin de rassembler un grand nombre d'observations de chaleur faites en divers climats, & de les publier chaque année dans les mémoires de l'Académie depuis 1733 jusqu'en 1740 ; il est utile d'en donner ici une extrait.

(1) M. *Coffigny* partit le premier Janvier du port de l'*Orient*, pour les *Isles de France & de Bourbon* ; il passa la ligne le 25 Février, à

Moins encore en été.

Observations qui indiquent le dégré de chaleur de la zône torride.

---

(1) Mém. de l'Ac. Roy. des Sc. année 1733.

N ij

353° de longitude, & depuis 4° de latitude
nord, jusqu'à 4° de latitude sud, qui fut
l'intervalle où il éprouva la plus grande chaleur, son Thermomètre ne monta qu'à 26
dégrés de M. *de Réaumur* : on étoit alors bien
près de l'équinoxe du printemps, & par conséquent d'une des saisons où le soleil darde ses
rayons à plomb sous la ligne. M. *Cossigny* continua ses observations pendant toute cette année-
là dans les *Isles de France & de Bourbon* ; il
étoit dans cette dernière Isle au mois de Décembre, & comme elle est à-peu-près à 20°
de latitude sud, c'étoit alors son été : cependant le Thermomètre n'y monta qu'à 26° ¼.
M. *Cossigny* passa au mois de Janvier à *Ma-*
dagascar, & il resta depuis le dixième du même
mois jusqu'au quatrième Mars, dans une baye
de cette Isle à 15° 44 sec. sud ; & pendant tout
ce temps, la plus grande chaleur fut à 26
dégrés (1). En Janvier & Février 1734,
M. *Cossigny* vit quelquefois son Thermomètre
à 27 dégrés dans l'*Isle de Bourbon*, & en Mars
à 28 dégrés ; ce fut la plus grande chaleur de
toute l'année dans cette isle (2). Revenant en
France en 1735, il passa la ligne le ving-quatrième
Mai, à 358° de longitude, & le Thermomètre
ne monta qu'à 24 dégrés ½. Le sixième Juin
il se trouva à la hauteur du *Sénégal*, & la
chaleur ne fut que de 21 dégrés : on verra

---

(1) Mém. de l'Ac. Roy. des Sc. année 1734.
(2) *Ibid.* année 1735.

bientôt pourquoi je rapporte cette obfervation. En arrivant au port de l'*Orient*, le Thermomètre de M. *Coffigny*, qu'il tenoit de M. *de Réaumur* lui-même, fe rompit (1). Le quatorzième Mars 1736, il repartit du port de l'*Orient* pour l'*Ifle de France* avec d'autres Thermomètres, le dixième Avril, il dépaffa le *Sénégal* par une chaleur de 19 dégrés : en paffant la ligne, le vingt-feptième Avril, à 358°. de longitude, fon Thermomètre ne fut qu'à 22 dégrés. Il arriva à l'*Ifle de France* le fixième Juillet, il y obferva le Thermomètre pendant le refte de l'année; il le vit fur la fin de Décembre à 24 dégrés, & ce fut la plus grande chaleur. M. *de Réaumur* rapporte dans ce Mémoire des obfervations faites pendant la même année à *Pondichéri*, par un Père Capucin, à qui M. *Coffigny* avoit envoyé un de fes Thermomètres. *Pondichéri* eft fitué dans la prefqu'ifle orientale de l'Inde, à environ 7°. de latitude nord : le Thermomètre s'y tint, en Septembre, à 28 dégrés $\frac{3}{4}$ (2). La plus grande chaleur obfervée à l'*Ifle de France* en 1737, toujours par M. de *Coffigny*, fut au mois de Janvier à 27 dégrés $\frac{3}{4}$. A *Pondichéri*, elle fut le feptième Juin à 32 dégrés $\frac{1}{2}$. M. *de Réaumur* fait mention dans ce Mémoire d'un paffage de la ligne au mois de Mars, où la chaleur n'excéda pas 26 dég. (3). Dans l'année 1738, la plus grande chaleur

------

(1) Mém. de l'Ac. Roy. des Sc. année 1736.
(2) *Ibid.* année 1737.
(3) *Ibid.* année 1738.

fut à 32 dégrés ½ en Mai à *Pondichéri* , & à 26 dégrés en Janvier à l'*Isle de France*. Dans le Mémoire de cette année , M. *de Réaumur* rapporte des observations faites dans l'isle du *Sénégal* , qui indiquent à la vérité de bien plus grandes chaleurs : quoique la latitude de cette isle soit plus grande de 7° que celle de *Pondichéri* , le Thermomètre s'y tint à 38 dég. ¼ le douzième Avril à 3 heures après-midi. Mais en comparant cette observation à toutes celles que j'ai rapportées jusqu'ici , & particulière-ment a celles qui ont été faites dans la même saison , à la même latitude & à peu de distance de cette isle , il est indubitable que , s'il n'y a point d'erreur , cet excès de chaleur est dû à quelque circonstance locale : par exemple , l'ob-servateur indique qu'il faisoit alors un vent d'est ; or, ce vent pouvoit avoir traversé quelque désert d'Afrique , & cette circonstance , réu-nie peut-être avec la position du lieu , produisoit cet excès de chaleur , qui , s'il est réel , ne fait qu'une exception ; on en verra bientôt une autre preuve : quelque cause locale peut avoir influé de même dans les observations faites à *Pondichéri* (1). En 1739 , M. *Cossigny* observa encore le Thermomètre à l'*Isle de France* pen-dant l'été de ce pays-là , & la plus grande cha-leur fut à 25 dégrés ½ au mois de Janvier. Il s'embarqua le dixième Juillet pour l'Inde , & le vingt-quatrième Août il arriva à la rade de *Pondichéri* : dans ce voyage il traversa la ligne

---

(1) Mém. de l'Ac. Roy. des Sc. année 1739.

pour la quatrième fois , & la plus grande hauteur où s'éleva la liqueur du Thermomètre fut de 25 dégrés le vingt-deuxième Août (1). En 1740 , M. *Poligny* allant aux Indes orientales fit une station à *Saint-Jago* , l'une des isles du *Cap - Verd* , qui est à peu de distance du *Sénégal* , & à-peu-près à la même latitude; il observa le Thermomètre dans cette isle le 16 Mars à deux heures après-midi , & il le trouva à 21 dégrés. Les recueils de M. *de Réaumur* cessent ici ; ils suffiroient , pour nous donner des idées plus justes qu'on ne les a communément du dégré de chaleur qu'on éprouve dans la zone torride. Mais rien n'est plus capable de diriger notre jugement à cet égard , que les obsertions de Messieurs les Académiciens de Paris , faites pendant leur séjour en Amérique pour mesurer quelques dégrés du méridien près de l'équateur. Dans le cours de sept années consécutives qu'ils ont passées au Pérou , la plus grande chaleur qu'ils aient éprouvée , même sur la côte , n'a pas excédé 29 dégrés du Thermomètre de M. *de Réaumur*. Ce qu'il importe le plus de remarquer dans leurs observations, c'est que la chaleur diminue considérablement en montant sur les *Cordilières* : à *Quito* , par exemple , qui est élevé au-dessus de la mer de 1462 toises , & où ces Messieurs ont fait un long séjour, la chaleur n'excédoit pas 10 dégrés le matin , & 17 dégrés ½ le soir. Lorsqu'ils furent au sommet de la montagne de *Pitchincha* ,

____

(1) Mém. de l'Ac. Roy. des Sc. année 1740.

élevée d'environ 2300 toises sur le niveau de
la mer, malgré le soin qu'ils prirent de se renfermer dans une petite cahute presque remplie
par huit ou dix personnes, & dans laquelle ils
avoient beaucoup de lumières & de réchauds
de feu, l'eau geloit sur leur table en moins
d'un quart d'heure (1). Enfin, M. *de la Con-*
damine nous apprend, qu'à la hauteur de 2440
toises, la neige ne fond jamais sur ces montagnes (2).

Conséquences. 207. De toutes les observations que je viens
de rapporter, & de beaucoup d'autres qu'on
pourroit y joindre encore, il résulte; 1°. que
la principale différence entre nos climats &
ceux qui sont renfermés entre les tropiques
par rapport à la chaleur, n'est pas dans son
intensité, mais dans sa durée; elle varie peu
dans la zone torride, au lieu que dans la nôtre
elle diminue beaucoup en hiver. 2°. Que la
chaleur est beaucoup moins grande en mer que
dans les terres. 3°. Que dans les terres même,
où la chaleur est la plus constante, elle diminue beaucoup dès qu'on s'élève au-dessus des
plaines. 4°. Que nous éprouvons en été des
chaleurs aussi grandes que la chaleur moyenne
de la zone torride. 5°. Enfin, que notre été
étant une des saisons de l'année où la chaleur
diminue le plus entre les tropiques, il est pro-

---

(1) Voyez *Observ. du Thermomètre, &c.* par M. *de*
Réaumur; Mémoire de l'Ac. des Sc. année 1736.
(2) *Mesure des trois premiers dégrés du Méridien dans*
l'Hémisphère austral; Paris 1751, *in-4°.* pag. 54.

bable qu'elle n'y égale pas dans cette saison, celle que nous éprouvons quelquefois. Donc le vent du sud, & sur-tout le vent de sud-ouest, qui traverse moins de terres, ne doivent pas toujours réchauffer notre air en été : c'est la conclusion générale que je tire des observations que j'ai rapportées ci-dessus, & qui est confirmée par l'expérience. Je vais maintenant en tirer des conséquences relatives à notre objet.

La chaleur n'étant pas constante en été dans nos climats, les vents du sud & du sud-ouest, doivent produire des changemens différens dans la température. Le plus souvent, quand ils succèdent au nord-est, ils réchauffent l'air ; c'est alors qu'ils font le plus baisser le Baromètre : ce cas a du rapport aux changemens qui arrivent en hiver, & dont j'ai parlé. Quelquefois aussi, quoique l'air soit calme, la chaleur augmente avant la pluie ; c'est un cas différent dont je parlerai dans la suite ; mais dès que la pluie commence à tomber, l'air se rafraîchit considérablement (720) : cet effet se produit jusques sur les plus hautes montagnes, où il tombe même souvent de la neige quand le vent est à l'ouest ou au nord-ouest. Le Baromètre ne monte pas par cette diminution de chaleur, au contraire il continue à descendre ; & quand il remonte, l'air se réchauffe par le retour du beau temps. Mais voici ce qu'il importe le plus de considérer. Quand, par la constance du beau temps, par la longueur des jours & la briéveté des nuits, la chaleur est parvenue dans nos climats au point d'égaler & surpasser même celle

Les vent du sud ne doivent pas toujours réchauffer notre air en été.

Comparaison des var. du Baromètre avec celles de la chaleur produites par les vents en été.

Effet des vents de sud dans les grandes chaleurs.

de la zone torride, les vents du sud & du sud-
ouest sur-tout, ne peuvent réchauffer notre air ;
aussi ne le font-ils pas : dès que ces vents commencent à régner, la chaleur diminue, &
cependant le mercure descend insensiblement
dans le Baromètre ; les vapeurs s'accumulent
dans l'air, les nuages se forment, il pleut, la
grande chaleur cesse, une fraîcheur incommode
lui succède quelquefois ; la grêle nous prouve
souvent que les régions supérieures de l'air sont
bien moins échauffées que la nôtre (712), &
cependant le mercure reste abbaissé dans le
Baromètre jusqu'au retour du beau temps, que
nous devons, pour l'ordinaire, au nord-est. Ce
phénomène me paroît inexplicable par la différence de température.

Effet des vents
d'ouest , nord-
ouest & nord. Les vents du sud & du sud-ouest ne sont pas
les seuls qui fassent baisser le mercure en été ;
les vents d'ouest, de nord-ouest, quelquefois
même le vent du Nord, produisent un effet
semblable : ces vents, & principalement les
deux derniers, ne sont pas plus chauds que le
nord-est dans cette saison ; celui-ci, cependant,
fait élever le mercure dans le Baromètre ; mais
il nous apporte un air sec, tandis que les autres
produisent la pluie ; voilà sans doute la différence essentielle qui est entr'eux : c'est ce que
je ferai voir. Leur température ne peut y entrer
pour rien lorsqu'elle est égale, & elle l'est
presque toujours.

Je me suis beaucoup étendu sur l'hypothèse
de M. *de Mairan*, parce que je l'ai trouvée

propre à marquer assez précisément ce qu'il me paroît qu'on n'a pas encore expliqué des variations du Baromètre. Ce Physicien célèbre avoit réuni dans son hypothèse les causes de changement dans la pesanteur de l'air, qui ont toujours paru les plus puissantes ; mais en les comparant attentivement avec des expériences immédiates, & avec les phénomènes, j'ai senti le vuide qu'elles laissent dans les explications, & j'ai cru devoir l'indiquer.

On a vu dans le commencement de ce Chapitre, que les premiers Physiciens qui réfléchirent sur cette matière, posèrent pour principe général, que le mélange des vapeurs avec l'air, augmente son poids, & qu'après leur chûte il diminue. Persuadés de la solidité de ce principe, ils crurent voir que la plus grande hauteur du mercure étoit l'indice de la pluie. L'expérience détruisit bientôt cette erreur ; on reconnut que la plus grande hauteur du mercure étoit l'indice du beau temps. Il fallut donc changer de principe : plusieurs Physiciens pensèrent alors, que les vapeurs étoient soutenues dans l'air quand leur pesanteur spécifique étoit moindre que la sienne, & qu'elles retomboient quand le rapport de ces pesanteurs spécifiques devenoit opposé. Conduits par cette idée, ils cherchèrent les causes de ces changemens de pesanteur relative ; & de là naquirent les divers systêmes que j'ai examinés.

Plusieurs Physiciens ont pensé que les vapeurs s'élèvent dans l'air quand leur pesant. spécifiq. est moindre que la sienne, & réciproquement.

Mais l'ascension des vapeurs, par leur *légè-*

Mais ce principe a été combattu par d'autres Physiciens.

reté, ne fut pas généralement admise. On a vu que le Docteur *Wallis* la contestoit, & que M. *Woodward* avoit recours à une impulsion des vapeurs contre l'air, pour expliquer les phénomènes du Baromètre. Plusieurs Physiciens ont écrit depuis lors, pour prouver que les vapeurs, malgré leur ascension, restent toujours spécifiquement plus pesantes que l'air; comme les molécules des métaux restent spécifiquement plus pesans que les menstrues dans lesquels ils sont soutenus par la dissolution. Pour ne pas entrer dans de trop grands détails sur cette matière, je me bornerai à l'examen d'une des hypothèses fondées sur ce principe; c'est celle que Mr. *Hamberger* a adoptée dans ses *Élémens de Physique* (1).

Hypothèse de M. HAMBERGER.

M. *Hamberger* est un de ceux qui ont cru que les vapeurs étoient spécifiquement plus pes. que l'air.

208. M. *Hamberger* pose pour principe fondamental, que les vapeurs ne peuvent devenir plus légères que l'air, par aucune cause & que par conséquent elles ne peuvent monter dans l'air par l'excès de pesanteur spécifique de celui-ci sur elles (2). Il regarde la formation des vapeurs comme une sorte de dissolution de

Il attribue la formation des vapeurs à une dissolution, & leur ascension à l'impulsion du fluide igné.

l'eau par l'air à la façon des menstrues; & il attribue leur ascension au mouvement des particules ignées, qui se portent vers l'air plus froid que l'eau, & qui passent de la partie

---

(1) Georg. Erhardi Hambergeri Philos. & Medic. Doctor. Elementa Physices, &c. *Editio tertia*, Ienæ 1741, *in-8°*.

(2) Ibid. §. 477, schol. 1.

inférieure de l'atmosphère à la supérieure, lorsque celle-ci est moins chaude que la première. Suivant lui, ces particules de feu entraînent celles de l'eau par le mouvement qu'elles leur impriment, quoique les dernières soient plus pesantes que l'air. Il en donne pour preuve les parcelles de fer qui se détachent d'un fer rouge, quand on le retire des charbons ardens, & les globules qu'on voit s'élancer hors des liqueurs qui sont prêtes à bouillir. Ces particules d'eau, qu'il conçoit monter avec rapidité par l'impulsion des particules ignées, heurtent à leur tour contre l'air, dont elles suspendent ainsi la pression sur la terre : le Baromètre doit donc baisser pendant cette ascension. Et, comme ces particules d'eau sont la matière de la pluie, l'abbaissement du mercure qui résulte de leur introduction dans l'air, doit ordinairement la présager.

209. Cette hypothèse se rapproche beaucoup de celle de M. *Woodward*, quant à la cause prochaine des variations du Baromètre ; mais elle est moins complette, & les conséquences découlent moins des principes. M. *Woodward*, par sa supposition des vapeurs souterraines, indique une cause toujours prête à opérer ; au lieu que M: *Hamberger*, n'admettant point cette première cause, est réduit aux vapeurs qui s'élèvent de la surface du globe. Or, je demande, comment il est possible que dans le milieu des grands continens, & après de longues sécheresses, la terre, & même les lacs & les rivières, puissent produire assez de vapeurs,

pour que par leur afcenfion elles faffent baiffer le Baromètre, & pour que leur chûte produife des pluies abondantes ? Comment fe peut-il même qu'en hiver , tandis que les pores de la terre font bouchés par la gelée, il s'élève affez de vapeurs pour produire la grande abondance de neige qùi tombe quelquefois durant plufieurs jours ?

210. M. *Hamberger* a fenti cette difficulté; &, pour la prévenir , il a donné une explication particulière de la formation des pluies qui tombent après de longues féchereffes. « L'air , » dit il (§. 485) en tant que fluide grave , » élaftique , & actuellement comprimé autour » de la terre , ne fe tient en repos qu'autant » qu'il réfifte par-tout également. Il fe porte » donc, par un mouvement progreffif, 1°. d'un » lieu où il eft plus échauffé, & par conféquent » plus élaftique, vers un lieu moins chaud où l'air » eft moins élaftique; 2°. d'un lieu où les vapeurs » ne montent pas, vers celui où les vapeurs mon- » tent & où l'air pèfe moins par cela même; » 3°. d'un lieu où les vapeurs étant montées, » & reftant enfuite immobiles , rendent l'air » plus pefant, vers un lieu où la même caufe » n'agit pas, & où, par conféquent, l'air eft » moins pefant ». C'eft par cette dernière caufe de mouvement dans l'air , que M. *Hamberger* croit qu'il peut pleuvoir après de grandes fé- chereffes. Il fuppofe donc , que l'air des grands continens n'étant pas chargé de vapeurs, cède à l'air qui couvre les mers , devenu plus pefant que le premier par les vapeurs qu'il renferme.

211. Le fyftème général de M. *Hamberger* ,

comme la plupart des autres, renferme deux ^{dans les princi-pes, & manque dans l'applica-tion.} choses qui le rendent infuffifant ; favoir, les principes, & leurs conféquences. Je regarde d'abord comme un principe mal fondé, l'excès de pefanteur fpécifique des vapeurs comparées avec l'air; &, quoique cette idée lui foit commune avec plufieurs favans, je ne vois rien de mieux prouvé en Phyfique que l'idée contraire. Je n'entreprendrai pas de le démontrer ici, parce que ce point faifant une partie effentielle de mon hypothèfe particulière fur la caufe des variations du Baromètre, je me réferve de le traiter féparément : il me reftera d'ailleurs affez d'autres objections à faire contre l'hypothèfe de M. *Hamberger*.

212. Suivant cet auteur, les particules ignées ^{L'expérience eft contraire à l'impulfion des vapeurs par le fluide igné.} ne fe meuvent jamais, que pour paffer d'un lieu plus chaud dans un autre qui l'eft moins, & par conféquent elles ne peuvent entraîner avec elles des particules d'eau, que dans les cas où celle-ci eft plus chaude que l'air. Or, il eft certain qu'en été l'air eft prefque toujours plus chaud que les grandes maffes d'eau, la mer, les lacs & les rivières ; cependant il fe fait dans cette faifon-là une évaporation confidérable. Les vapeurs ne peuvent donc fortir alors avec impétuofité, heurter contre l'air jufqu'à une grande hauteur, & fufpendre ainfi une partie de fa preffion fur la terre. Les exemples tirés des particules qui fe détachent d'un fer rouge, & de l'eau prête à bouillir, ne prouvent rien ; car outre la prompte chûte de ces particules, la différence de température

entre ces corps & l'air, est une cause qui n'a pas lieu dans l'évaporation ordinaire, comme je viens de le prouver : d'ailleurs, ces particules visibles ont une masse assez grande pour vaincre la résistance que leur oppose l'air. Mais comment peut-on concevoir, que des particules d'eau, imperceptibles à l'œil le plus perçant, soient lancées par le feu jusqu'au-dessus des plus hautes montagnes ? & si elles se meuvent lentement, peuvent - elles exercer contre l'air une action suffisante pour diminuer sensiblement l'effet de son poids ?

Les variations du Baromètre en temps ordinaire sont opposées au système de M. Hamberger.

213. Suivons les autres conséquences qui découlent des principes de M. *Hamberger*, & examinons d'abord le cas qu'il suppose être le plus ordinaire, c'est-à-dire celui où la chûte de la pluie est précédée, dans le même lieu, par l'ascension des vapeurs. L'air serein devroit être d'une pesanteur moyenne entre l'air où les vapeurs montent & celui où elles demeurent en repos ; puisque, selon M. *Hamberger*, l'ascension des vapeurs diminue le poids de l'air, & que le repos l'augmente. La hauteur moyenne du Baromètre devroit donc être l'effet de l'air serein ; avant qu'il pleuve, le mercure devroit d'abord baisser, parce que les vapeurs montent ; il devroit remonter ensuite au-dessus de sa hauteur moyenne, lorsque les vapeurs sont en repos, & redescendre insensiblement à cette hauteur moyenne, à mesure que l'air se décharge par la chûte de la pluie. Mais ce n'est pas là certainement ce que nous observons.

214.

215. Les phénomènes qui accompagnent la féchereffe, ne font pas mieux d'accord avec l'hypothèfe de M. *Hamberger.* Suivant lui, un air devenu plus pefant parce qu'il eft chargé de vapeurs, déplace notre air, qui eft plus léger parce qu'il eft fec. Mais fi telle étoit la caufe des pluies qui fuccèdent aux longues féchereffes, ce déplacement de notre air par un air plus pefant que lui, devroit faire monter le mercure dans le Baromètre pour préfage de pluie. Cependant les Baromètres n'annoncent jamais plus certainement la pluie, que quand, après de longues féchereffes, leur colonne de mercure s'abbaiffe infenfiblement.

216. Quelques Phyficiens ont penfé que la hauteur du mercure dans le Baromètre étoit proportionnelle à l'élafticité de l'air; & partant de cette hypothèfe générale, ils ont cherché quelle pouvoit être la caufe de la diminution du reffort de l'air, indiquée, felon eux, par l'abbaiffement du mercure. Je ne m'arrêterai pas à examiner leurs opinions particulières fur cette diminution, que plufieurs d'entr'eux ont attribuée aux exhalaifons fulfureufes; une feule réflexion fuffit pour prouver que, quelle que foit la caufe qui affoiblit le reffort de l'air, fi elle ne diminue pas en même temps fa pefanteur fpé-cifique, elle doit produire un effet abfolument contraire fur la hauteur du mercure.

Quand l'élafticité de l'air diminue, le volume de ce fluide diminue auffi, parce que fes parties

Tome I.　　　　　　　　　O

ne tendent plus à s'écarter avec la même force : or, comme l'équilibre ne peut pas se rétablir tout-à-coup dans l'atmosphère, par-tout où l'air se condenfe par la diminution de fon élaftcité, quelle qu'en foit la caufe, l'air voifin doit s'y verfer. Ainfi les colonnes d'air dont l'élafticité a diminué, fans que leur pefanteur fpécifique ait diminué en même temps, contenant alors plus de matière, ont néceffairement acquis plus de poids, & par conféquent elles doivent faire monter le mercure dans le Baromètre, jufqu'à ce que l'équilibre foit rétabli entre ces colonnes & leurs voifines.

M. Bernoulli a adopté une partie de ce principe.

217. J'examinerai dans le Chapitre fuivant, la différence qui doit fe trouver entre les effets des changemens de force élaftique, dans l'air libre & dans l'air renfermé, en rapportant les idées de M. *Bernoulli*, relativement à l'influence de l'élafticité de l'air fur la mefure des hauteurs par l'abbaiffement du mercure : mais comme l'hypothèfe particulière de cet auteur fur les variations du Baromètre, quoique fondée fur le même principe général, diffère effentiellement de celles dont j'ai parlé ci-deffus, je vais la rapporter ici telle qu'il l'a expofée dans fon *Hydrodynamique* (1).

Hypothèfe de M. BERNOULLI.

M. Bernoulli penfe que l'air renfermé dans la terre fait partie de l'atmofp. libre.

« 218. Il eft connu, dit M. *Bernoulli*, que

---

(1) Sect. X. *de affectionibus atque motibus fluidorum elafticorum, præcipué autem aëris.* §. 20. (Argentorati, 1738, *in-*4°.)

» la terre renferme beaucoup de très-grandes
» cavités, & que même dans les maffes qui
» n'ont point de cavités fenfibles, les pores
» peuvent produire le même effet. Si donc on
» raffemble tous ces efpaces remplis d'air, dans
» une profondeur de 20 à 30 mille pieds au-
» deffous de la furface de la terre, & qu'en
» les comparant à la partie folide on fuppofe
» celle-ci mille fois & même cent-mille fois
» plus grande que les premières, l'action de
» la chaleur dans cet air renfermé fera fuffi-
» fante pour produire toutes les variations du
» Baromètre ».

M. *Bernoulli* ne s'arrête pas beaucoup fur cette matière ; mais par ce qui précède & ce qui fuit le paffage que je viens de citer, on voit qu'il attribue l'augmentation de hauteur du mercure dans le Baromètre, à l'air dilaté par la chaleur dans les pores & les cavités de la terre, qui fortant en partie, fe joint à l'air extérieur, & augmente fa preffion fur le Baromètre. La diminution de hauteur du mercure eft, fuivant lui, l'effet de la même caufe qui agit en fens contraire ; c'eft-à-dire que, fi la chaleur diminue, l'air intérieur fe condenfe, & l'atmofphère s'abbaiffant alors pour remplir les cavités, il ne preffe plus autant fur le mercure du Baromètre.

219. Cette hypothèfe eft ingénieufe par fa fimplicité, mais elle n'eft pas d'accord avec l'expérience. Si nous la confidérons d'abord dans fon principe, nous verrons qu'elle fuppofe de grandes variations de chaleur dans les entrailles

de la terre : or, l'expérience prouve, au contraire, que la température de notre globe est toujours sensiblement la même ; toutes les expériences du Thermomètre faites à de grandes profondeurs, le déposent incontestablement. Il ne peut être question ici de l'augmentation de chaleur produite par des fermentations ou des explosions souterraines ; car ce font des causes particulières, qui ne peuvent servir de fondement à un système général.

On devroit appercevoir des gouffres quand la terre abforberoit la quatorzième partie de l'atmofp.

D'ailleurs s'il y avoit dans l'intérieur de la terre des viciffitudes de dilatations & de condenfations, telles qu'elles devroient être pour produire les variations du Baromètre, leur effet feroit certainement très-fensible à la furface : on appercevroit des courans d'air qui s'ouvriroient des paffages, ou, pour mieux dire, des gouffres ; car lorfque dans l'efpace de peu de jours le Baromètre varie de deux pouces, & que par conféquent, fuivant M. *Bernoulli*, la quatorzième partie de l'atmofphère devroit fortir des entrailles de la terre ou s'y précipiter ; une révolution de cette nature ne pourroit fe faire ni tranquillement, ni par un petit nombre d'ouvertures inconnues aux obfervateurs.

Le Barom. devroit monter par la chaleur, & il arrive le contraire.

L'expérience prouve encore de diverfes manières, que le principe de M. *Bernoulli* n'eft pas fondé. Suivant ce principe, la hauteur du Baromètre devroit être plus grande en été qu'en hiver ; mais certainement tous ceux qui obfervent le Baromètre conviendront que ce n'eft pas là ce qu'ils ont remarqué.

Il fuit auffi de ce principe que la plus grande hauteur du mercure devroit ordinairement correfpondre chaque jour au moment où la chaleur eft la plus grande. Or, j'ai conftamment obfervé que ce rapport eft précifément contraire dans les Baromètres de la plaine, qui cependant font le plus immédiatement foumis à tout ce qui peut augmenter ou diminuer le volume & le reffort de l'air (528 & 596).

220. Il eft vrai que M. *Bernoulli* a pour principe fondamental dans fon hypothèfe, que les effets de toutes les caufes qui agiffent dans les différentes parties de l'atmofphère fe communiquent promptement par-tout ; en forte que la hauteur du mercure dans chaque Baromètre, étant l'effet combiné de toutes ces caufes, doit être égale dans toute l'étendue de chaque couche fphérique autour de la terre ; & que par conféquent elle ne peut être proportionnelle aux changemens que l'air éprouve dans chaque pays pris féparément. Mais ce principe même eft encore oppofé à l'expérience ; car il fuppofe que les variations du Baromètre n'ont pas un rapport fenfible avec la chaleur locale : ce rapport a lieu cependant, comme on vient de le voir, & il eft oppofé à celui qu'exigeroit l'hypothèfe de M. *Bernoulli.* Ce principe fuppofe auffi que les variations du Baromètre font toujours égales & femblables par-tout ; & cependant j'ai trouvé le contraire par des obfervations que j'ai faites à Turin, correfpondantes avec d'autres obfervations qu'on faifoit en même temps à Genève & à Gènes (644 & 648).

Réponfe de M. *Bernoulli* examinée.

O iij

Son hypothé-
se n'indique pas
la raison des
changemens de
temps avec les
variat. du Bar.

221. Enfin M. *Bernoulli* ne dit point comment les condensations & les dilatations de l'air renfermé dans les entrailles de la terre, en produisant, suivant lui, la descente & l'ascension du mercure dans le Baromètre, occasionnent, pour l'ordinaire, la pluie & la sérénité de l'air ; c'est-là cependant une partie très-essentielle du problême. Sans doute que M. *Bernoulli* n'a point porté ses vues de ce côté-là ; & c'est vraisemblablement la raison pour laquelle il n'a pas apperçu que son hypothèse n'est pas bien fondée. Car il n'y a point de raison suffisante de la chûte des vapeurs, dans une diminution de hauteur de l'atmosphère qui seroit produite par la condensation de l'air renfermé dans l'intérieur du globe ; & on ne voit pas mieux pourquoi l'air extérieur devroit être plus serein, quand son volume seroit augmenté par la sortie de l'air *intérieur*.

Hypothèse *de* M. Muschenbroeck.

M. *Muschen-
broeck* admet
presque toutes
les hypothéses
sur ce sujet.

222. M. *Muschenbroeck*, qui connoissoit la plupart des hypothèses que j'ai rassemblées dans ce Chapitre, ayant remarqué, sans doute, qu'elles étoient insuffisantes en les considérant chacune séparément, a cru que leur réunion expliqueroit plus heureusement les phénomènes ; en ce sens, il les admet toutes, excepté celle de M. *Leibnitz* : on peut voir ce systême combiné dans ses *Essais de Physique* (1). Mais

_____

(1) Traduction de M. Massuet, Leyde 1751, tom. II, pag. 622 à 625, & 723 à 732.

en prouvant que la plupart de ces caufes font incompatibles entr'elles , & avec les phénomènes, j'ai prouvé d'avance que leur affemblage ne peut faire un fyftême folide.

D'ailleurs, quand il faut un grand concours de circonftances pour produire un effet fenfible , cet effet doit être rare : or , les variations du Baromètre font très-fréquentes ; ce qui fuppofe naturellement qu'elles font dûes à une caufe principale & affez puiffante pour agir feule ordinairement. Cela n'empêche pas cependant que les autres caufes particulières, dont l'exiftence eft prouvée , ne puiffent concourir avec cellelà , ou modifier fes effets dans quelques circonftances.

Un fyftême ainfi fabriqué, ne peut être folide.

✥

223. Je finirai ce Chapitre par quelques remarques générales fur les hypothèfes qui en ont fait le fujet. On a vu dans plufieurs de ces hypothèfes des caufes réelles, ou très-vraifemblables, de changement dans le poids de l'air; favoir : L'augmentation de l'atmofphère par l'introduction des vapeurs , & fa diminution par leur chûte (1) : Les variations de la chaleur (2) : Les changemens de pefanteur fpécifique de l'air (3) : L'accumulation ou la

CONCLUSION DE CE CHAPITRE.

Caufes réelles de changemens dans le poids de l'air :

---

(1) *Pafcal* (115), *Beal* (117), *Wallis* (118) , *Garcin* (119).

(2) *Perrier* (116), *Garden* (126), *Halley* (131), *Le Cat* (147), *de Mairan* (194).

(3) *Garden* (121).

dispersion de l'air produites par des vents contraires (1). J'ai fait voir que toutes ces causes ,
quoique réelles , ne suffisent pas pour expliquer
les phénomènes : il paroît même que cette insuffisance a été reconnue par la plupart des Physiciens qui ont écrit sur cette matière ; car les
uns n'ont point fait mention de ces causes , &
d'autres ont entrepris de suppléer au défaut de
ces premières par d'autres causes , que j'ai
montré ne pas exister , ou ne pas produire les
effets qu'on leur attribue.

Voici les principales de ces causes supposées :
La différence de pression verticale de l'air en
mouvement ou en repos (2) : Des variations
dans l'élasticité de l'air , auxquelles on prétend
que la hauteur du Baromètre est directement
proportionnelle (3) : Des contractions & dilatations dans le mercure même (4) : Des vibrations produites dans les particules d'air par les
vents (5) : Le transport de l'air du Sud au nord,
& du nord au sud (6) : L'inclinaison , plus
ou moins grande , des vents , par rapport à la
surface de la terre (7) : Le choc des vapeurs
contre l'air , quand elles montent , & la cessation de ce choc quand elles sont en repos (8).

---

(1) *Halley* (131).
(2) *Wallis* (127), *Halley* (131), *de Mairan* (193).
(3) *Wallis* (127), divers Physiciens (216).
(4) *Wallis* (127), *Lister* (128).
(5) *Gersten* (123).
(6) *De la Hyre* (136), *de Mairan* (198).
(7) *Mariote* (142).
(8) *Woodward* (151), *Hamberger* (209).

La diminution du poids de l'air quand la pluie tombe (1) : Une agitation occaſionnée dans l'air par les vapeurs (2) : Enfin , l'augmentation de l'atmoſphère produite par la ſortie de l'air renfermé dans les entrailles de la terre , & ſa diminution dans le cas oppoſé (3). J'ai fait voir qu'aucune de ces cauſes n'entre pour rien de ſenſible dans les variations du Baromètre.

Faut-il donc chercher quelqu'autre cauſe de variation dans le poids de l'air , différente de toutes celles qu'on a découvertes juſqu'à préſent , & aſſez puiſſante pour produire les effets qu'on n'a point encore expliqués ? J'ai peine à le croire ; il me ſemble du moins qu'il eſt peu probable qu'elle ait échappé aux recherches aſſidues de tant de Phyſiciens attentifs & pénétrans ; & il me paroît plus naturel de ſuppoſer que cette cauſe eſt connue, mais qu'on ne lui a pas encore aſſigné ſes vrais effets. Je vais expliquer mon idée.

De tous les phénomènes de ce genre, celui qu'il faut expliquer principalement, c'eſt la correſpondance ordinaire du *mauvais temps* avec l'abbaiſſement du mercure dans le Baromètre , & celle du *beau temps* avec la variation oppoſée. Dans le *mauvais temps* , l'air eſt mêlé de vapeurs, il pleut : dans le *beau temps* , l'air eſt ſerein & ſec. La préſence ou l'abſence des vapeurs eſt donc une des circonſtances eſſen-

------

(1) *Leibnitz* (169).
(2) *De Mairan* (200).
(3) *Bernoulli* (218).

tielles dans les variations du Baromètre : la plupart des Physiciens l'ont reconnu , & nous voyons qu'ils ont cherché , par diverses routes à expliquer comment les vapeurs influent sur le poids de l'air. On peut réduire à trois classes leurs hypothèses sur ce point. Je range dans la première classe, les hypothèses dans lesquelles on attribue de diverses manières la plus grande hauteur du mercure à l'abondance des vapeurs ; celles-ci sont absolument opposées aux prédictions du Baromètre. Je mets dans la seconde classe l'hypothèse de M. *Garden* , par exemple (121) , qui attribue les variations du Baromètre aux changemens de pesanteur spécifique de l'air ; dans cette hypothèse , l'ascension & la chûte des vapeurs ne sont pas des causes , relativement aux variations du Baromètre : ce sont des effets produits , comme ces variations , par les changemens de pesanteur spécifique de l'air. Cette hypothèse est très-spécieuse , cependant j'ai fait voir , en l'examinant , qu'elle est contraire à ce que nous observons dans la correspondance ordinaire des différens dégrés de transparence de l'air avec les diverses hauteurs du mercure , & qu'elle ne fait que reculer la difficulté , parce qu'on n'y voit pas des causes démontrées de ces changemens de pesanteur spécifique. Je mets enfin dans la troisième classe , l'hypothèse de M. *de Mairan* (100) , qui me paroît avoir beaucoup approché du vrai dans sa façon d'envisager l'effet des vapeurs , en les considérant comme une des causes immédiates de l'abaissement du mercure : mais la manière dont il explique la diminution de *pefanteur relative* de l'air, qu'il leur attribue, ne m'a pas paru fondée.

Voici un autre point de vue fous lequel on peut confidérer l'effet des vapeurs ; je me contenterai de l'indiquer ici, fans en donner encore les explications ni les preuves. Je crois donc que l'introduction des vapeurs dans l'air produit une diminution dans la pefanteur fpécifique de ce fluide, & conféquemment dans le poids abfolu des colonnes de l'atmofphère, qui, malgré ce mélange, refte d'une hauteur égale à celle des colonnes d'air pur. En admettant ce principe, tout s'explique avec la plus grande facilité ; car le mercure doit s'élever dans le Baromètre quand l'air devient fec & ferein, puifqu'alors fon poids augmente : l'abbaiffement du mercure doit, au contraire, préfager la pluie, puifqu'elle eft produite par les vapeurs qui en même temps diminuent le poids de l'air ; & il n'eft pas difficile de découvrir les caufes des exceptions & des modifications que fouffre cette caufe générale. C'eft-là ce qui m'a paru réfulter des obfervations que je fais depuis long-temps fur le Baromètre ; elles m'ont auffi conduit à une explication générale de tous les phénomènes qui font liés aux variations de cet inftrument. J'expoferois ici mon fyftême à cet égard, fi je ne croyois plus convenable de le faire précéder du détail de mes expériences.

CHAPITRE IV.

Histoire des tentatives qu'on a faites en divers temps, pour mesurer les Hauteurs par le Baromètre.

La mesure des hauteurs par le Bar. parut d'abord très-facile.

224. Quoique l'usage du Baromètre pour mesurer les hauteurs ne soit pas aussi général que celui d'en tirer des présages pour les changemens de l'air, dont j'ai parlé dans le Chapitre précédent, il n'a pas moins intéressé les Physiciens ; on peut dire même, qu'ils l'ont regardé comme plus essentiel à la Physique, à cause du grand nombre de conséquences qui en découlent : c'est aussi l'objet dont je me suis principalement occupé. Lorsqu'on eut la première idée de cette méthode, on crut que son exécution seroit aisée, & il étoit assez naturel de l'espérer ; car le mercure s'abbaissant dans le Baromètre à mesure qu'on passoit dans des lieux plus élevés, il suffisoit de trouver le rapport de ces deux changemens, pour conclurre l'un des deux par la connoissance de l'autre.

Mais on éprouva bientôt de grandes difficultés.

Mais dès qu'on voulut réduire la théorie en pratique, les difficultés se présentèrent en foule ; & plus on a travaillé sur cet objet, moins on a espéré d'y réussir. C'est ce qu'on verra par le recueil que je vais donner des principales tentatives qu'on a faites sur cette matière.

Recherches de PASCAL.

225. Il faut toujours remonter à *Pafcal*, quand on cherche l'origine des obfervations du Baromètre : c'eft à lui que nous devons encore la première idée de l'ufage de cet inftrument pour mefurer les hauteurs. On a vu précédemment quel fut fon but dans les expériences qu'il chargea M. *Perrier* de faire fur le *Puy-de-Dome*; mais j'ai différé jufqu'ici de rapporter leur réfultat.

Pafcal fit les premières tentatives.

226. Je dois dire ici que *Defcartes* s'attribue la première idée de cette expérience, dans une lettre, écrite le 11 Juin 1649, à M. *de Cafcavi*, pour lui en demander le fuccès. Il fe plaint de ce que *Pafcal* ne l'a pas informé lui-même de fa tentative fur les montagnes d'Auvergne, dont il prétend lui avoir fourni l'idée deux ans auparavant; en l'affurant d'avance, que le mercure baifferoit dans le Baromètre à mefure qu'on s'élèveroit fur une montagne. *Defcartes* attribue ce filence de *Pafcal* aux liaifons de celui-ci avec M. de *Roberval*, fon antagonifte (1).

Defcartes s'en attribue l'idée.

227. Quoi qu'il en foit, M. *Perrier* fit, le 19 Septembre 1648, les obfervations que M. *Pafcal* l'avoit prié de faire (2); il les com-

Obferv. du Baromètre au *Puy-de-Dome* par M. *Perrier*.

---

(1) *Renati Defcartes Epiftolæ, &c.* Amft. 1682, pars III, Epift. LXVII ; & tom. III, Lettre LXXV de l'édition de M. *Clerfelier*, Paris 1667.

(2) *Traités de l'équilibre des liqueurs & de la pefanteur de la maffe de l'air*, Paris 1698, page 179.

mença au *jardin des Minimes*, qui est le plus bas lieu de la ville de *Clermont*, & il trouva que le mercure se soutenoit à . . . 26 p^{ces} 3 lig. ½.

Il monta au sommet du *Puy-de-Dome*, & le mercure descendit à 23   2

Il estima la hauteur de la montagne environ 500 toises.

Pour ce changement d'élévation, le mercure baissa donc de   3 p^{ces} 1 lig. ½.

M. *Perrier* fit encore une observation sur le penchant de la montagne, dans un lieu nommé *Lafon-de-l'arbre*, qu'il estima être élevé d'environ 150 toises sur le *jardin des Minimes* ; le mercure se tint à 25 pouces dans ce lieu-là.

Charmé de ces premières expériences, M. *Perrier* voulut les répéter à une moindre hauteur, pour connoître jusqu'à quel dégré l'abbaissement du mercure pouvoit être sensible. Il mesura pour cet effet la tour de *Notre-Dame de Clermont*, qu'il trouva haute de 20 toises : il observa le Baromètre, & il le trouva, au pied de la tour, à . . . . . 26 p^{ces} 3 lig.

Au donjon. 26   1 lig.

Il y eut donc, pour 20 toises de hauteur, une différence de . .   2 lig.

228. *Pascal* éprouva lui-même que l'abbaissement du mercure dans le Baromètre étoit sensible pour de petites hauteurs ; car ayant fait la même expérience à la tour de *Saint Jacques-*

de-la-Boucherie à *Paris*, haute d'environ 24 toises, le mercure baissa d'un peu plus de 2 lignes dans le Baromètre transporté du pied au haut de la tour (1).

229. Ces expériences prouvèrent d'abord à *Pascal*, que *l'air est pesant* : cette conséquence étoit immédiate, & n'avoit besoin d'aucune autre preuve pour être admise sans contestation raisonnable. Il vit aussi qu'on en pouvoit tirer d'autres usages, & premièrement celui de *juger de combien un lieu est plus élevé que l'autre ; ce qui est*, dit-il (2), *un moyen de niveller les lieux, quelqu'éloignés qu'ils soient, assez exactement & bien facilement.* Il dit encore ailleurs (3) ; « que c'est un moyen de connoître, si deux » lieux sont en même niveau, c'est-à-dire » également distans du centre de la terre ; ou » lequel des deux est le plus élevé : si éloignés » qu'ils soient l'un de l'autre, quand même » ils seroient *Antipodes ;* ce qui seroit comme » impossible par tout autre moyen.

230. On voit, par ces expressions, jusqu'à quel point *Pascal* portoit ses espérances, soit pour l'usage du Baromètre à cet égard, soit pour la facilité de l'employer. Cependant il connoissoit déjà une des causes des difficultés qu'on a trouvées dans la suite, savoir la dilatabilité de l'air. Il compare ce fluide à un amas de laine, dont les parties inférieures

Il crut que cette mesure des hauteurs seroit facile.

Il connoissoit cependant la di-latabilité de l'air,

Il compare ce fluide à un amas de laine.

---

(1) Ibid. pag. 188.
(2) Ibid. pag. 114.
(3) Ibid. pag. 189.

doivent être plus pressées que les supérieures ;
& , « comme il arriveroit, dit-il (1) , en cette
» masse de laine, que, si l'on prenoit une
» poignée de celle qui est dans le fond, dans
» l'état pressé où on la trouve, & qu'on la por-
» tât, en la tenant toujours pressée de la même
» sorte, au milieu de cette masse, elle s'élar-
» giroit d'elle-même, étant plus proche du
» haut , parce qu'elle auroit une moindre
» quantité de laine à supporter dans ce lieu-là ;
» ainsi si l'on portoit de l'air , tel qu'il est ici-
» bas, & comprimé comme il y est, sur le
» sommet d'une montagne par quelque artifice
» que ce soit , il devroit s'élargir lui-même ,
» & devenir en même état que celui qui l'en-
» vironneroit sur la montagne , parce qu'il
» seroit chargé de moins d'air en cet endroit
» là qu'il n'étoit en-bas ».

*Un ballon flas-
que s'enfle
quand on le
porte sur une
montagne.*

231. Ce n'étoit point par une simple conjecture que *Pascal* parloit ainsi de la dilatabilité
de l'air ; car après avoir exposé toutes les conséquences qui découloient de la vérité de sa
proposition , il finit ainsi : « Mais c'est trop
» différer ; il faut dire en un mot que l'épreuve
» en a été faite , & qu'elle a réussi en cette
» sorte. Si l'on prend un ballon à demi plein
» d'air , flasque & mou , & qu'on le porte au
» bout d'un fil sur une montagne haute de
» 500 toises , il arrivera qu'à mesure qu'on
» montera, il s'enflera de lui-même; & quand

---

(1) Ibid. pag. 49.

il

» il fera en haut , il fera tout plein & gonflé
» comme fi on y avoit foufflé de l'air nou-
» veau ; & en redefcendant il s'applatira peu-
» à-peu par les mêmes dégrés ; de forte qu'étant
» arrivé en-bas , il fera revenu en fon pre-
» mier état ».

Voilà des progrès bien rapides, produits par
un génie fécond , fecondé par le loifir & par
les fecours néceffaires ; & quand on lit ce petit
ouvrage de *Pafcal*, tout femble annoncer qu'on
verra les découvertes fur cette matière portées
fort loin dès leur origine : mais il abandon-
nera la phyfique pour fe livrer à la théologie
& à la morale , laiffant à fes contemporains &
à fes fucceffeurs le foin de perfectionner ce qu'il
avoit fi bien commencé.

Expériences & découvertes de BOYLE.

232. Dès que les expériences de *Pafcal* fur
le poids de l'air furent répandues en Europe ,
elles attirèrent l'attention des favans & les exci-
tèrent à de nouvelles recherches , foit à l'égard
du principe, foit relativement aux conféquences
qui en découlent. La hauteur de l'atmofphère
fut la première de ces conféquences. Les Aftro-
nomes virent d'abord qu'il étoit très-utile de
pouvoir détreminer cette hauteur, & le fameux
Képler lui-même en fit l'objet de fes recherches ;
mais ignorant fans doute une partie des expériences de *Pafcal*, qui auroient pu le diriger,
il donna dans un écart confidérable : car ayant
cherché par des expériences, apparemment bien

Képler eftima le premier la hauteur totale de l'atmofph.

Il fe trompa beaucoup dans fon eftimation.

Tome I.   P

mal faites , le rapport des pesanteurs spécifiques du mercure & de l'air , il borna la hauteur de l'atmosphère à deux ou trois milles anglois , & il fut suivi dans son évaluation par divers Philosophes.

Boyle entreprit cette recherche.

233. *Boyle* ne tarda pas à redresser cette erreur : ce Savant illustre , à qui la physique expérimentale doit ses plus belles expériences sur le ressort de l'air , traça bientôt la route qu'on devoit suivre. La carrière qu'il ouvrit étoit si difficile , qu'on ne doit pas s'attendre à trouver beaucoup d'exactitude dans ses premiers pas. Cependant , comme la marche de l'esprit humain dans les découvertes est toujours intéressante , j'espere qu'on se retracera avec plaisir ces premières tentatives , d'autant plus qu'il s'agit d'un objet qu'un grand nombre de Physiciens célèbres ont trouvé digne d'attention.

Il reconnut l'erreur de *Képler.*

234. Le mercure est soutenu dans le Baromètre par le poids d'une colonne d'air qui s'étend jusqu'au haut de l'atmosphère , & dont la base est égale à celle de la colonne de mercure. Ce principe posé , on en tira d'abord cette conséquence , qu'en trouvant le rapport des pesanteurs spécifiques de ces deux fluides , on connoîtroit celui de leurs hauteurs ; on entreprit aussi cette recherche en comparant les pesanteurs spécifiques de l'air & de l'eau , & celle de l'eau & du mercure. *Boyle* ayant réfléchi sur cette matière , découvrit des erreurs essentielles , & dans le raisonnement , & dans les expériences qui en furent la suite. On trouve

ſes réfléxions & ſes propres expériences dans un ouvrage qu'il dédia en 1659, à M. *de Dungarvan*, ſon neveu ; il a pour titre : *Nova Experimenta Phyſico-mechanica de vi aëris elaſticâ & ejus effectibus* (1).

235. Pour prouver les écarts qu'on avoit faits dans la fixation du rapport des peſanteurs ſpécifiques de l'eau & de l'air, *Boyle* dit, que *Galilée* l'avoit déterminé de 1 à 400, tandis que *Riccioli* prétendoit l'avoir trouvé de 1 à 10 mille, en employant une veſſie pour ſes expériences. *Boyle* remarque que l'imperfection des moyens étoit cauſe de cet écart énorme, & il rapporte à ce ſujet, qu'en employant une veſſie mince, peſée d'abord auſſi vuide d'air qu'il lui fut poſſible, enſuite pleine d'air, & enfin pleine d'eau, il avoit trouvé le rapport des peſanteurs ſpécifiques de ces deux fluides comme 1 à 7600.

236. Pour éviter les erreurs que la dilatabilité des veſſies occaſionnoit dans ces expériences, *Boyle* ſe ſervit d'une éolipile, qu'il peſa d'abord pendant qu'elle étoit rouge, & qu'ainſi l'action du feu en avoit preſqu'entièrement chaſſé l'air : il la peſa enſuite pleine d'air, quand elle fut refroidie, & enfin pleine d'eau : & comparant les augmentations de poids qu'avoit reçu l'éolipile par l'introduction de ces deux fluides, il trouva le rapport de leurs peſanteurs ſpécifi-

---

(1) Ce Traité eſt joint au Recueil des ouvrages de *Boyle*, imprimé à *Genève* en 1677.

ques comme 1 à 938 , qu'il changea pour la commodité , dans celui de 1 à 1000.

Et celui des
pes. spec. de
l'eau & du mer-
cure.

237. *Verulam* avoit estimé le rapport des pesanteurs spécifiques du mercure & de l'eau , comme 17 à 1 ; mais *Boyle* apportant une plus grande exactitude dans ses opérations , trouva que cette estime n'étoit pas juste. Il employa d'abord un siphon renversé , dont l'une des branches contenoit de l'eau , & l'autre du mercure ; & prenant la raison inverse des hauteurs , il trouva que celle des poids étoit comme 13 $\frac{22}{111}$ à 1. Il pesa ensuite de l'eau & du mercure dans une boule de verre , dont l'orifice étoit fort étroit , & il trouva le rapport des poids comme 13 $\frac{19}{28}$ à 1.

Il résulte de la
combinaison de
ces rapporss,
que celui de
l'air au mercure
est comme 1
à 14000.

238. En combinant ce rapport avec celui de l'eau à l'air , & prenant des nombres ronds , il trouva enfin que la pesanteur spécifique du mercure étoit à celle de l'air comme 1 à 14000. Cette fixation n'est pas exacte , comme je le

L'air inférieur
est plus dense
que n'indique
ce rapport.

prouverai dans la suite (787) ; l'air inférieur est plus pesant que *Boyle* ne le trouvoit : son erreur venoit sans doute de ce qu'il négligeoit le poids de l'air qui restoit dans l'éolipile rouge , & en général de ce qu'il est bien difficile de peser exactement une si petite quantité d'air.

S'il étoit juste,
& que l'air fût
partout égale-
ment dense,
l'atm. auroit
35000 pieds de
ha.
Mais l'air est
élastique.

239. En partant de ce rapport des pesanteurs spécifiques de l'air & du mercure , & de la hauteur du mercure dans le Baromètre , *Boyle* trouva , qu'en supposant l'atmosphère également dense , sa hauteur seroit au moins de 35000 pieds ; cette hauteur est déjà plus que double de celle que *Képler* avoit estimée.

Mais *Boyle* ne fe borna pas là ; il vit bientôt
que la dilatabilité de l'air devoit donner à l'atmofphère une étendue beaucoup plus grande ,
& il fouhaita dès lors qu'on pût faire des expériences au fommet , au pied & dans des parties intermédiaires de quelque haute montagne ,
pour déterminer quelle eft *la proportion dans
laquelle l'air fe dilate à mefure qu'il eft déchargé.*

240. Les objections contribuent fouvent à
accélérer le développement des idées ; c'eft ce
qu'éprouva *Boyle*, & qui lui fournit les moyens
de connoître le premier la loi des condenfations de l'air , fans le fecours des obfervations
du Baromètre fur les montagnes. Toutes les
expériences faites par ce Savant illuftre dans
fa machine du vuide , n'avoient pu convaincre
les zélés partifans de la loi de *continuité*. On
écrivit contre les principes qu'il vouloit établir
d'après fes expériences ; & *François Linus* ,
entr'autres , prétendit , qu'à fuppofer quelque
vertu élaftique dans l'air , elle ne pouvoit jamais
fuffire pour réfifter à la preffion de 28 pouces
de mercure fufpendu dans le Baromètre. *Boyle*
pouvoit détruire cette objection par un grand
nombre d'expériences qu'il avoit déjà publiées ;
cependant il en préféra une nouvelle , où l'air
agit directement par fon reffort : voici quelle
fut cette expérience (1).

241. Il prit un tube courbé , à branches iné-

------

(1) *Boylii defenfio contra Francifcum Linum,* pag. 42.
Cette pièce eft jointe à la collection des ouvrages de
Boyle , imprimée à *Genève* en 1677.

P iij

gales & parallèles; la plus courte de ces branches avoit douze pouces anglois de longueur; elle étoit cylindrique, & scellée hermétiquement; la plus longue branche étoit ouverte par le haut, elle avoit plusieurs pieds de longueur. Ce tube étant placé verticalement, il introduisit un peu de mercure par le haut de la grande branche, pour remplir le fond de la courbure & fermer ainsi la communication de l'air extérieur avec celui qui restoit dans la petite branche, sans comprimer ce dernier. Il versa ensuite du mercure dans la grande branche, jusqu'à ce que l'espace occupé d'abord par l'air contenu dans la petite fût réduit à la moitié; cela fait, il trouva que le mercure s'étoit élevé de 29 pouces de plus dans la grande branche que dans la petite.

Boyle trouva la loi des condensations de l'air sans la chercher.

242. *Boyle* prouva par cette expérience, à son adversaire, que le seul ressort de l'air étoit capable de soutenir, non-seulement 29 pouces de mercure, mais beaucoup au-delà, puisqu'après avoir rempli de mercure la grande branche du tube, l'air renfermé dans la petite branche n'étoit pas totalement comprimé. Satisfait de cette conséquence, *Boyle* ne vit pas d'abord que la même expérience lui offroit la loi des condensations de l'air. Mais un de ses disciples,

Richard Townley son disciple la découvrit.

nommé *Richard Townley*, moins occupé de la dispute que de ce qui se passoit sous ses yeux, remarqua, *que la force élastique de l'air étoit en raison inverse de l'espace qu'il occupoit.* Boyle convient avec plaisir qu'il doit cette découverte à son disciple.

243. Pour démontrer cette loi d'une ma-
nière fenfible, *Boyle* fait obferver, qu'au commencement de l'expérience, l'air renfermé dans
la petite branche, étant au même dégré de condenfation que l'air extérieur, foutenoit le poids
de l'atmofphère, équivalant à 29 pouces de
mercure ; que cet air étant réduit à la moitié
de l'efpace qu'il occupoit d'abord, foutenoit en
même temps un poids double, puifqu'au poids
de l'atmofphère toujours exiftant, il falloit ajouter celui de 29 pouces de mercure, qui s'étoient
élevés dans la grande branche de plus que dans
la petite. Ainfi *la condenfation étoit propor-*
tionnelle au poids ; ou, ce qui revient au même,
la force élaftique de l'air avoit augmenté en
raifon inverfe de la diminution de l'efpace qu'il
occupoit.

Boyle répéta plufieurs fois cette expérience,
en augmentant fucceffivement la quantité du
mercure, & il trouva toujours, *que l'excès de*
hauteur du mercure dans la grande branche, joint
au poids de l'atmofphère, étoit à ce dernier poids,
comme l'efpace occupé par l'air avant l'expé-
rience, étoit à celui dans lequel il fe trouvoit
condenfé.

244. Puifque les condenfations de l'air fui-
vent la raifon des poids qui le compriment,
les dilatations doivent être en raifon inverfe
de ces poids : c'eft ce que *Boyle* prouva par une
autre expérience. Il remplit de mercure un
tube de 6 pieds de longueur, fcellé par un bout,
& dont la capacité étoit fort grande : il plongea
dans ce mercure un autre tube ouvert par les

P iv

deux bouts, à-peu-près de même longueur que le premier, mais beaucoup moins large; il avoit collé sur toute la longueur de ce second tube une bande de papier divisée *en doigts & huitiemes de doigt*. Le mercure contenu dans le grand tube entroit dans le petit par l'orifice inférieur de celui-ci, & se mettoit à-peu-près au même niveau dans l'un & dans l'autre. En usant de quelques précautions, *Boyle* ferma avec de la cire l'orifice supérieur du tube étroit; de telle sorte qu'il resta au-dessus du mercure un espace d'un doigt rempli d'air condensé au même dégré que l'air extérieur; celui-ci étoit alors chargé d'un poids équivalant à 29 pouces ¾ de mercure, suivant ce qu'indiquoit le Baromètre. En tirant verticalement le tube étroit hors du tube large, l'air que renfermoit le premier à son sommet se dilata, mais en même temps une colonne de mercure s'éleva au-dessous de cet air dilaté, à cause du poids de l'atmosphère, qui pesoit sur la surface du mercure dans le grand tube. Quand l'air renfermé occupa un espace de deux *doigts*, *Boyle* mesura cette colonne de mercure, & il trouva qu'elle étoit sensiblement la moitié de celle qui étoit soutenue dans le Baromètre. Ainsi la moitié du poids de l'atmosphère étant contrebalancée par la colonne du mercure qui s'étoit élevée au-dessous de l'air dilaté dans le tube étroit, cet air n'étoit plus comprimé que par l'autre moitié du poids de l'atmosphère; & puisqu'il occupoit alors un espace double, il s'étoit dilaté proportionnellement à la diminution du poids qui le comprimoit avant l'expérience. Quand l'efpace occupé par l'air renfermé fut de quatre doigts, la colonne de mercure qui le fuivoit fe trouva être les trois quarts de celle du Baromètre. L'atmofphère n'agiffoit donc plus que par le quart de fon poids contre l'air renfermé, qui occupoit alors un efpace quadruple. *Boyle* continua l'expérience, jufqu'à faire occuper à l'air renfermé un efpace de trente-deux *doigts ; & fes dilatations fuivirent toujours fenfiblement la raifon inverfe des poids qui le comprimoient*, c'eft-à-dire, des portions du poids de l'atmofphère qui n'étoient pas contrebalancées par la colonne de mercure qui s'élevoit dans le tube étroit, au-deffous de l'air renfermé.

245. C'eft donc à *Boyle* & à fon difciple que nous devons la découverte de cette première loi (1), qu'on a cherché dans la fuite à appliquer aux dilatations de l'air dans l'atmof-phère. Occupé du nombre prodigieux de phénomènes que fa machine pneumatique lui offroit fans ceffe, *Boyle* né tourna pas fes vues de ce côté-là ; ce fut *Mariotte*, qui, peu de temps après, entreprit d'appliquer cette loi à la mefure des hauteurs par le Baromètre : c'eft cette première tentative que je vais maintenant expofer.

Boyle ne fit pas des expériences fur l'air libre.

---

(1) Voici comment s'exprime *Boyle* en parlant de cette Expérience..... « Sed cum accuratum hujufce » modi experimentum magni futurum effet ad Doctrinam » elaterii aëris momentum, *necdùm ab ullo (quod fciam)* » *fuerit factum*, &c. » *Boyli defenfio contra Francifcum Linum*, pag. 43.

Expériences & Règles de M. MARIOTTE.

M. *Mariotte*
decouvrit aussi
la loi des dila-
tations de l'air.

246. M. *Mariotte* publia en 1676 un ouvrage sur la nature de l'air, qui, pour le temps
où il fut composé, peut être regardé comme
excellent. En rapportant ses expériences sur la
condensation de l'air, *Mariotte* ne fait point
mention de celles de *Boyle* ; sans doute qu'il
les ignoroit : du moins ce qu'on découvre de
son génie à d'autres égards, conduit à croire
qu'il ne les fit pas par imitation. La méthode
qu'il employa pour mesurer les dilatations de
l'air, est d'une exécution plus aisée que celle de
Boyle ; &, quoique le résultat soit le même,
je ne laisserai pas d'indiquer la méthode de
M. *Mariotte*, parce qu'elle a été généralement
adoptée.

Moyen dont
il se servit pour
la démontrer.

247. M. *Mariotte* prit un tube de verre de
40 pouces, scellé par un bout, dans lequel il
mit 27 ½ pouces de mercure ; il y resta par
conséquent 12 ½ pouces d'air condensé au même
dégré que l'air extérieur : il prit un vâse plein
de mercure, dans lequel il plongea verticalement le tube par son bout ouvert, qu'il en-
fonça d'un pouce ; il n'en resta donc que 39
pouces hors du mercure. L'air monta d'abord
au sommet du tube, le mercure, qui lui cédoit
la place, descendit, & il n'en resta que 14
pouces suspendus au-dessus de la surface de celui
qui étoit contenu dans le vâse. Pendant l'expérience, le poids de l'atmosphère soutenoit 28
pouces de mercure dans le Baromètre. La moi-

tié de ce poids étoit contrebalancée par les 14 pouces de mercure qui étoient reftés fupendus dans le tube de 39 pouces. Ainfi l'air renfermé au haut de ce tube n'étoit plus comprimé que par la moitié du poids de l'atmofphère ; mais cet air occupoit alors 25 pouces, c'eft-à-dire un efpace double de celui qu'il occupoit lorfqu'il étoit chargé de tout le poids de l'atmofphère : *fa dilatation étoit donc proportionnelle à la diminution du poids dont il étoit chargé auparavant.*

M. *Mariotte* répéta plufieurs fois cette expérience, avec diverfes combinaifons de mercure & d'air dans le même tube, & il trouva toujours, *que l'efpace occupé par l'air dilaté au haut du tube, étoit à l'efpace qu'il occupoit auparavant, comme 28 pouces, qui repréfentoient le poids total de l'Atmofphère, étoient à 28 pouces moins la hauteur du mercure qui reftoit fufpendu dans le tube.*

248. Cette loi a eté généralement admife par les Phyficiens, parce que l'expérience l'a toujours confirmée, non - feulement dans nos climats & dans les plaines, mais encore dans toutes les parties du monde & à toute hauteur. Voici ce que dit M. *Bouguer* à ce fujet (1) : « Nous avons fait cette expérience un très-grand » nombre de fois, foit en commun, foit en » particulier, dans le voyage du Pérou ; nous » étions tous enfemble lorfque nous la fîmes » à la Martinique. Nous la répétâmes, M. *de la*

Cette loi s'exerce dans tous les climats & à toute hauteur.

____

(1) Mém. de l'Ac. Roy. des Sc. année 1753.

Exp. de MM.
de la Conda-
mine & Bou-
guer, en Amé-
rique.

» *Condamine* & moi, fur le Morne de S. Louis,
» dans l'Ifle de Saint-Domingue ; nous l'avons
» faite au bord de la mer du Sud , & en divers
» endroits au haut de la Cordilière du Pérou ,
» nommément fur le fommet pierreux de
» *Pitchincha* , montagne adjacente à Quito ,
» dont la hauteur verticale eft 2434 toifes ,
» & où le mercure dans le Baromètre ne fe
» foutenoit qu'à 15 pouces 11 lignes. J'ai
» toujours trouvé , fans aucune exception ,
» que les élafticités de la même maffe d'air
» fuivoient exactement le rapport de fes den-
» fités ».

Ces expériences lèvent les doutes qu'avoient jetté fur cette matière celles que le Père *de Bèfe* avoit faites à *Malaque* , rapportées par M. *Maraldi* , dans les *Mém.* de 1709. Il fembloit réfulter de ces expériences, que, près de l'équateur, les dilatations de l'air étoient beaucoup moindres qu'elles ne devoient être pour fuivre la raifon réciproque des poids dont il étoit chargé.

Cette loi ne peut être rigoureufement exacte dans les extrèmes.

249. La loi découverte par *Boyle* & *Mariotte* ne peut cependant être rigoureufement exacte : on conçoit bien que, fi l'air étoit comprimé au point que fes parties repofaffent les unes fur les autres, on augmenteroit en vain le poids dont on l'auroit chargé ; la condenfation n'augmenteroit plus. On commence même à découvrir quelque altération à la règle générale, quand l'air n'occupe plus que la quatrième partie de

Mais elle l'eft fenfiblement dans les degrés moyens.

fon volume primitif ; mais comme on n'a jamais découvert d'exception fenfible dans tous les

dégrés de dilatation & de condenſation correſ-
pondans à ceux que l'air libre éprouve dans l'atmoſphère, on peut, ſans aucune conſéquence,
négliger l'effet que produiſent les bornes de la
compreſſibilité & de la dilatabilité de ce fluide,
relativement aux obſervations du Baromètre.

250. D'après cette loi générale, M. *Mariotte*
chercha d'abord quelle devoit être la hauteur
totale de l'atmoſphère : pour cet effet, il raſ-
ſembla pluſieurs obſervations du Baromètre,
faites à de petites hauteurs, par leſquelles il
trouva qu'il falloit s'élever de 60 pieds au bord
de la mer, pour que le mercure baiſſât d'une
ligne dans le Baromètre. Il raiſonna enſuite de
cette manière : Une colonne de 28 pouces de
mercure eſt en équilibre avec une colonne de
l'atmoſphère de même bâſe; on peut concevoir
cette dernière diviſée en 4032 parties, chacune
de poids égal à celui d'un douzième de ligne de
mercure, & la première de ces parties de l'atmoſphère, en montant, aura 5 pieds de hauteur.
La 2016ᵉ de ces parties n'étant plus chargée
que de la moitié du poids de l'atmoſphère, oc-
cupera un eſpace double, c'eſt-à-dire, de 10
pieds; & toutes les diviſions intermédiaires croîtront proportionnellement depuis 5 pieds juſqu'à 10. *On peut donc ſavoir*, dit M. Mariotte,
l'augmentation de chacune de ces diviſions, &
leurs ſommes, par les mêmes règles dont on ſe
ſert pour trouver les logarithmes. Je ne ſuivrai
pas ſon calcul dans toute ſon étendue; on voit
aſſez la manière d'y procéder. En partageant
ſucceſſivement, par la moitié, les nombres de

M. *Mariotte* chercha par cette loi quelle devoit être la hauteur de l'at- moſphère.

Il penſa le pre- mier à l'uſage des logarithmes pour calculer les abbaiſſ. du mercure.

tranches reſtantes de l'atmoſphère, on trouvera que la 3024ᵉ tranche, c'eſt-à-dire la 1008ᵉ de la moitié ſupérieure, doit occuper un eſpace de 20 pieds; la 3528ᵉ, ſoit la 504ᵉ du quart reſtant, 40 pieds; la 3780ᵉ, 80 pieds, & ainſi de ſuite; d'où M. *Mariotte* conclut, en ſubſtituant, pour la commodité, des moyens proportionnels arithmétiques aux moyens proportionnels harmoniques, que, ſi l'air eſt ſuſceptible de ſe raréfier 4032 fois plus qu'il ne l'eſt à la ſurface de la terre, l'atmoſphère aura 15 lieues de hauteur; que, s'il ſe raréfie 32256 fois plus qu'ici-bas, toute ſon étendue ſera d'environ 20 lieues; enfin, qu'elle n'auroit que 30 lieues, lors même que l'air ſe raréfieroit 3 millions de fois plus qu'il ne l'eſt dans la partie inférieure de l'atmoſphère.

251. Pour confirmer la ſolidité de ce calcul ſur la hauteur totale de l'air, M. *Mariotte* en fit l'application à deux expériences célèbres; ſavoir, aux premières obſervations du Baromètre faites ſur le *Puy-de-Dome*, par M. *Perrier*, ſur l'invitation de M. *Paſcal*, & à celle que fit M. *Dominique Caſſini* ſur une montagne de Provence, haute de 1070 pieds. Mais peu certain encore du ſuccès de ſa règle, & ne penſant pas que les logarithmes vulgaires étoient proportionnels à ceux dont il avoit beſoin, il préféra des approximations faciles, à l'application exacte de ſa règle, qui l'auroit entraîné dans de longs calculs : c'eſt ce qui lui fit changer la progreſſion harmonique en arithmétique; changement qui, peu conſidérable pour les pe-

tites hauteurs, caufe des différences fenfibles dans les grandes, comme on le verra dans la fuite, (334). Pour le préfent, je me bornerai à indiquer les deux formules qui réfultent des principes que M. *Mariotte* regarde comme à-peu-près femblables.

252. Par des obfervations faites avec foin à l'Obfervatoire de Paris, le Baromètre étant à 28 pouces, ou 336 lignes, M. *Mariotte* eftima, conjointement avec MM. *Picard* & *Caffini*, qu'il falloit monter de 63 pieds pour faire baiffer le mercure d'une ligne. *Les dilatations de l'air étant proportionnelles au poids dont il eft chargé,* fi le Baromètre étoit porté dans un lieu où la hauteur de fa colonne fût réduite à la moitié, c'eft-à-dire à 14 pouces, ou 168 lignes, la couche d'air qui tiendroit en équilibre une ligne de mercure à cette hauteur, auroit une épaiffeur double de celle qu'avoit la couche d'air qui produifoit le même effet dans le bas de l'atmofphère : cette couche, qui feroit la 169e, en comptant depuis le bas de l'atmofphère, auroit donc 126 pieds d'épaiffeur.

En confidérant les augmentations d'épaiffeur des couches d'air comme étant des termes d'une progreffion arithmétique, on aura la différence de ces termes, en divifant la différence du 169e, comparé au premier, par le nombre des termes moins un ; cette augmentation étant de 63 pieds, & le nombre des termes 169, leur différence eft $\frac{63}{168} = \frac{3}{8}$ de pieds. Ainfi, par la propriété des progreffions arithmétiques, l'abbaiffement du Baromètre au-deffous de 28 pouces, exprimé en ligne étant supposé $=a$, on aura la hauteur du lieu au-dessus du niveau de la mer, en pieds de France, par cette formule $63\ a + \frac{3a}{8} \times \frac{a-1}{2}$; elle résulte du changement de la progression harmonique en arithmétique, & c'est de cette dernière progression que M. *Mariotte* se servit pour calculer les observations dont j'ai parlé ci-dessus.

253. Quoique cette formule découle immédiatement de la manière dont M. *Mariotte* a lui-même énoncé sa règle, je crois qu'on doit plutôt considérer cette règle dans les principes de l'Auteur, que dans le changement qu'il y fit par commodité, & peut-être pour la faire mieux cadrer avec les observations : ces principes sont exprimés dans l'analogie suivante.

Comme la hauteur observée du mercure est à 28 pouces;

Ainsi, *63* pieds, hauteur de la colonne d'air qui correspond à une ligne de mercure, quand le Baromètre est à 20 pouces,

font à la hauteur de l'air qui correspond à une ligne de mercure, au lieu de l'observation.

On pourra déterminer, par la même analogie, la hauteur des colonnes d'air intermédiaires, correspondantes à toutes les lignes dont le mercure s'est abbaissé dans le Baromètre, en montant depuis le niveau de la mer; & la somme de toutes ces hauteurs donnera la hauteur totale du lieu de l'observation au-dessus de ce niveau (544). Ces hauteurs intermédiaires pourront être encore déterminées *par la règle dont on se*

sert

ſert pour trouver les logarithmes, comme M. *Mariotte* le dit lui-même.

254. Ce célèbre Phyſicien n'indiquoit pas ſa méthode d'une manière bien affirmative ; il n'oſoit même l'appliquer, à la rigueur, aux obſervations qu'il prenoit pour exemple. Cependant, malgré le grand nombre d'expériences qu'on a faites dès-lors, & toutes les hypothèſes qu'on a imaginées pour rendre raiſon des phénomènes, on n'a pas porté cette matière à un beaucoup plus haut dégré de perfection. Je ferai voir, dans la ſuite, que pluſieurs des méthodes qu'on a employées ne diffèrent entr'elles, & de celle de M. *Mariotte,* que par leur coëficient; que chacun des inventeurs de ces méthodes avoit raiſon pour le cas dont il parloit; mais qu'aucun d'eux ne pouvoit donner une méthode générale.

Cette règle eſt auſſi juſte qu'aucune de celles qu'on a faites depuis.

255. M. *Mariotte* n'ayant pu faire cadrer exactement ſa règle avec les obſervations auxquelles il entreprit de l'appliquer (251), chercha les cauſes de ces différences : voici ce qu'il dit à ce ſujet : « Ces différences peuvent pro-
» venir de pluſieurs cauſes; ſavoir, qu'on ne
» prit pas exactement les hauteurs dans la mon-
» tagne; qu'il y eut quelques différences de vents
» pendant les différentes obſervations; qu'on
» avoit laiſſé un peu d'air enfermé dans le Ba-
» romètre, qui augmentoit ou diminuoit la force
» de ſon reſſort, ſelon les différens dégrés de
» chaleur qu'il recevoit; ou que le mouvement
» qu'on donnoit au mercure en marchant, fai-
» ſoit quelque changement dans les hauteurs

M. Mariotte trouva quelque diff. entre les obſ. & ſon calcul.

Raiſons qu'il en donne.

Tome I. Q

» qu'il devoit prendre ; ou enfin, que la même
» quantité d'air pèse un peu davantage proche
» de la terre, qu'à 300 ou 400 toises plus haut ;
» de même que le fer, qui est éloigné de trois
» ou quatre pouces de l'aimant, ne fait pas un
» aussi grand effort pour se mouvoir vers lui,
» que lorsqu'il n'en est qu'à un pouce.

» Si on recommençoit un jour cette obser-
» vation, ajouta-t-il, il faudroit suspendre le
» Baromètre en montant, de telle sorte qu'on
» ne donnât que très-peu de mouvement au
» mercure. Il seroit aussi nécessaire de marquer
» dans la relation, les médiocres hauteurs où
» s'élève le mercure des Baromètres dans le
» plus bas lieu de *Clermont*, pendant toute
» l'année ; avec quelle exactitude on auroit ni-
» velé les hauteurs des montagnes, & quel vent
» auroit soufflé pendant les observations ».

Examen de ces raisons.

256. L'air resté dans le Baromètre, & l'inexactitude dans la mesure des hauteurs, peuvent
avoir contribué à ces différences ; mais il ne
me paroît pas aisé de concevoir comment l'agitation que reçoit le mercure en marchant,
peut avoir de l'influence sur la hauteur où il
s'arrête dans le tube, quand le Baromètre est
fixé ; car cette agitation cesse bientôt, & le
mercure doit toujours s'arrêter au point où sa
colonne est en équilibre avec le poids de l'atmosphère. Il ne me paroît pas non plus qu'on
doive compter ici pour quelque chose la différence de hauteur de l'air ; car outre que cette
différence ne peut affoiblir que très-peu sa tendance vers le centre, vu la petite élévation

des montagnes, comparativement au demi-dia-
mètre de la terre, cette diminution de pesanteur
étant commune à l'air & au mercure du Baromètre, leurs pesanteurs doivent rester proportionnelles entr'elles à toute élévation, & l'on
ne pourroit appercevoir de changement dans
la pesanteur de l'air, qu'en la comparant avec
un ressort. Les vents n'influent pas non plus
sensiblement dans ces expériences (196).

Règle de HALLEY.

257. On attribue assez généralement à *Halley*
la premiere idée d'employer les logarithmes
pour estimer la hauteur des lieux par l'abbaissement du mercure dans le Baromètre; cependant on a vu que M. *Mariotte* avoit eu cette
idée avant lui. Il est vrai que le Physicien françois se contenta d'indiquer cette méthode sans
l'employer; mais vraisemblablement il ne l'a-
bandonna que parce qu'une progression arithmétique cadroit mieux avec les expériences
auxquelles il entreprit d'appliquer ses principes
sur les dilatations de l'air.

258. *Halley* ne fut pas déterminé par le
même motif: ne présumant pas, sans doute,
que les expériences du Baromètre fussent encore assez exactes pour servir de règle, il s'occupa presque uniquement de la théorie; &
nous lui devons l'idée d'employer les tables des
logarithmes dans le calcul des hauteurs de l'air.
Comme j'aurai très-souvent occasion de parler
de cette méthode, je crois nécessaire d'en indi-

quer ici les principes, d'après un mémoire que *Halley* donna sur ce sujet à la Société Royale de Londres en 1685 (1).

Rapport des pef. fpec. de l'air & de l'eau, fuivant Halley.

259. « On a trouvé, dit *Halley*, par des » expériences bien faites, que la gravité spéci- » fique de l'air, auprès de la surface de la terre, » est à celle de l'eau, une fois comme 1 à » 840, une autre fois comme 1 à 820, & une » troisieme fois, dans un grand vâse tenant dix » *Galons*, comme 1 à 860. Ces différences » doivent être comptées pour rien, vu la diffi- » culté de l'expérience: Mais comme elles ont été » faites en été, dans un temps où l'air étoit » raréfié, & le Baromètre seulement à 29 pou- » ces $\frac{3}{4}$ (2), nous pouvons admettre sans erreur » sensible, & prenant un nombre rond, que » quand le Baromètre est à 30 pouces, & dans » un état moyen de chaleur, la pesanteur » spécifique de l'air est à celle de l'eau, comme » 1 à 800.

De l'eau & du mercure.

260. » On a trouvé par d'autres expériences, » que le poids du mercure est à celui de l'eau, à » très-peu près, comme 13 $\frac{1}{2}$ à 1: de sorte que le » poids du mercure, est à celui de l'air, comme » 10800 à 1; c'est-à-dire, qu'un cylindre d'air » de 10800 pouces, ou 900 pieds, est équipon- » dérant à un pouce de mercure. Il résulte de ce » rapport, que si l'air étoit par-tout d'une égale

Un pouce de mercure feroit par-tout équi- pond. avec 900 pieds d'air, fi celui-ci n'étoit pas dilatable.

------

(1) Transf. Phil. n°. 181.
(2) Du pied Anglois, qui est au pied de France comme 144 à 153. Voyez la note du §. 264.

» denfité, comme eft l'eau , toute l'atmofphère
» n'auroit que 5 $\frac{1}{8}$ milles de hauteur ; & que
» chaque fois qu'on monteroit de 900 pieds,
» le Baromètre baifferoit d'un pouce. Mais
» l'expanfion de l'air croiffant dans la même
» proportion que le poids fupérieur de l'atmof-
» phère décroît, c'eft-à-dire comme le mercure
» defcend dans le Baromètre, les parties fupé-
» rieures de l'air font plus raréfiées que les
» inférieures ; & chaque hauteur de l'air cor-
» refpondant à un pouce de mercure, devient
» grande de plus en plus : tellement que l'at-
» mofphère doit s'étendre à une hauteur beau-
» coup plus confidérable.

Mais il fe di-
late en raifon
inverfe des
poids.

261. » Ces expanfions de l'air étant récipro-
» quement comme les hauteurs du mercure ,
« il eft évident, qu'elles peuvent être déter-
» minées à toute hauteur donnée du mercure,
» par la courbe de l'hyperbole entre fes affymp-
» tôtes : car , par les propriétés de l'hyperbole,
» les rectangles ABCE, AKGE, ALDE, &c.
» (Pl. III, fig. Ire.) (1) font toujours égaux ; & par
» conféquent les côtés CB, KG, LD, &c. font
» réciproquement comme les côtés AB, AK, &c.
» & ceux-ci étant fuppofés égaux aux hauteurs
» du mercure, ou aux preffions de l'atmofphère,
» les lignes CB, KG, LD, qui leur correfpon-
» dent, doivent être comme les expanfions de
» l'air fous ces poids , ou comme l'étendue que

Ses expanfions
à toute hauteur
du Bar. déter-
minées par les
propriétés de
l'hyperbole.

____

(1) La Planche III fe trouvera dans la partie de cet
ouvrage où je donnerai la defcription des inftrumens que
j'ai employés dans mes expériences.

Q iij

» la même quantité d'air doit y occuper. Ces
» expansions étant prises en nombre infini &
» infiniment petites, suivant la méthode des
» indivisibles, leur somme doit donner l'espace
» d'air compris entre les diverses hauteurs du Ba-
» romètre; c'est-à-dire, que la somme de toutes
» les lignes entre BC & KG, ou l'aire CBKG
» sera proportionnelle à l'espace intercepté en-
» tre le niveau de deux places dans l'air, quand
» le mercure sera aux hauteurs représentées
» par les lignes AB, AK. Donc les espaces
» d'air répondans à des portions égales de hau-
» teur du mercure dans le Baromètre, seront
» comme les aires CBKG, GKLD, DLMF &c.
» Ces aires sont aussi, suivant la démonstration
» de Grégoire de Saint - Vincent, proportion-
» nelles aux logarithmes des nombres expri-
» mant les raisons de AK à AB, ou de AL
» à AK, ou encore de AM à AL, &c. Ainsi
» par la table des logarithmes, la hauteur
» de tout lieu pris dans l'atmosphère, à toute
» hauteur donnée du mercure, peut être trou-
» vée très-aisément ; car la ligne CB dans
» l'hyperbole, dont l'aire désigne la table des
» logarithmes, étant 0,0144765 (1), il faudra
» dire ;

---

(1) Le nombre 0, 0144765, ne se trouve pas dans
les tables ; mais il est moyen, entre 0, 0147232 différ.
des logarithmes de 30 & 29 ; & 0, 0142404 différence
des logarithmes entre 30 & 31. La première différence
représente la densité moyenne de l'air entre les hauteurs
30 & 29 pouces dans le Baromètre ; la seconde repré-

» Comme le nombre 0 , 0144765 ,

» eſt à la différence du logarithme de 30 à celui

    » d'une hauteur moindre du mercure;

» Ainſi 900 pieds , qui correſpondent à un

    » pouce de mercure, quand le Baromètre

    » eſt à 30 pouces

» ſont au nombre de pieds qu'il doit y avoir

    » depuis le bas de l'atmoſphère juſqu'à la

    » hauteur où l'on a obſervé le Baromètre.

» Et par l'inverſe de cette règle , la hauteur du

» lieu étant donnée , on peut trouver la hau-

» teur du mercure ».

Règle de Halley pour calculer les abbaiſſemens du mercure.

262. *Newton* a réſolu ce problême plus gé-néralement , en conſidérant la diminution de gravité dans les particules d'air ſuivant une puiſſance quelconque , à meſure qu'elles s'é-loignent de la Terre ; & il en a déduit comme un cas particulier , que la loi de M. *Halley* eſt exacte lorſqu'on ſuppoſe la gravité uniforme dans l'atmoſphère (1): c'eſt auſſi ce qu'on peut admettre ſans erreur ſenſible dans toute l'éten-due qui eſt ſoumiſe à nos obſervations.

Cette règle eſt la conſéquence d'une autre règle plus géné-rale , trouvée par Newton.

ſente la denſité moyenne entre 30 & 31 ; & la denſité de l'air à 30 pouces , eſt moyenne entre ces deux denſités.

(1) Newtoni Princ. Philoſ. Nat. Mathem. lib. II. ſect. V : *de Denſitate & Compreſſione fluidorum , &c.*

Voici la Table que HALLEY *dressa sur ce principe.*

Hauteurs du mercure, données.	Elévations.		Elévations données.	Hauteurs du mercure.	
Pouces.	Milles.	Pieds.	Pieds.	Milles.	Pouces.
30	. . . .	0	0	. . . 30,	00
29	. . . .	915	1000	. . . 28,	91
28	. . . .	1862	2000	. . . 27,	86
27	. . . .	2844	3000	. . . 26,	85
26	. . . .	3863	4000	. . . 25,	87
25	. . . .	4922	5000	. . . 24,	93
20	. . . .	10947	1	. 24,	67
15	. . . .	18715	2	. 20,	29
10	. . . .	29662	3	. 16,	68
5	. . . . . .	48378	4	. 13,	72
1	. . . . . .	91831	5	. 11,	28
0,5	. . . .	110547	10	. 4,	24
0,25	. . .	129262	15	. 1,	60
0,1 . . 29 ou		154000	20	. 0,	95
0,01 . 41 ou		216169	25	. 0,	23
0,001.53 ou		278338	30	. 0,	012
			40	. 0,	008

263.

263. « Dans cette supposition, continue » *Halley*, il paroît qu'à la hauteur de 41 milles, l'air occupe déjà trois-mille fois plus de place » qu'ici-bas; mais il est probable que ses ressorts » ne peuvent pas souffrir une beaucoup plus » grande extension, & que l'atmosphère ne » doit pas s'étendre au-delà de 45 milles. Cela » paroît confirmé par les observations du cré-

» puſcule, qui commence & finit ordinaire-
» ment quand le ſoleil eſt abbaiſſé de 18 dégrés
» au-deſſous de l'horiſon ».

264. Pour rapporter la règle de *Halley* au pied de France, adopté par tous les autres Phyſiciens qui ont travaillé ſur cette matière, il faut d'abord déterminer quel eſt le nombre de pouces de France qui correſpond à 30 pouces anglois : Ces derniers étant aux premiers comme 144 à 153 (1), la hauteur cherchée eſt $28\frac{4}{17}$ pouces ; c'eſt à cette hauteur du Baromètre que *Halley* ſuppoſe que la denſité de l'air eſt à celle du mercure, comme 1 à 10800. Pour réduire ce premier terme à celui que la plupart des autres Phyſiciens ont choiſi, ſavoir la hauteur de 28 pouces dans le Baromètre, il faut dire $28 : 28\frac{4}{17} :: 10800 : 10891$. Ainſi, ſuivant *Halley*, quand le Baromètre eſt à 28 pouces de France, la denſité de l'air eſt à celle du mercure, comme 1 à 10891 ; c'eſt-à-dire, qu'un pouce de mercure feroit équilibre à 10891 pouces ou 907 pieds 7 pouces d'air condenſé au même dégré qu'il l'eſt dans le lieu où le Baromètre eſt à 28 pouces. Maintenant le nombre qui, dans la table des logarithmes, doit correſpondre à 907 pieds 7 pouces, eſt ſen-

____

(1) C'eſt le rapport employé dans l'Encyclopédie à l'art. *Baromètre*, tome. II, pag. 80 : j'ajouterai que j'ai trouvé préciſément le même rapport entre un pied de France très-exact, dont je parlerai dans la ſuite (396), & un pied anglois qui par la perfection du travail portoit ſes preuves avec lui.

fiblement moyen proportionnel harmonique
entre la différence des logarithmes de 29 & 28,
& celle des logarithmes de 28 & 27 ; ce nombre
eft 0,0155510. La règle de *Halley* exprimée
en mefure de France, revient donc à l'analogie
fuivante :
Comme le nombre 155110,
eft à la différence du logarithme de 28 à celui
    d'une hauteur moindre du mercure ;
ainfi 907 pieds 7 pouces,
font au nombre de pieds interceptés verticalement entre le lieu le plus bas de l'atmofphère, & celui où l'on a obfervé la hauteur du mercure.

Halley croyoit que les viciffitudes de preffion fe compenfoient,

265. *Halley* remarque que le poids de l'atmofphère étant variable, fes parties inférieures
doivent être inégalement comprimées en divers
temps ; & que fi cela eft, on doit, en fuivant
la même règle, changer le coëfficient ou la
gravité fpécifique. Cependant il préfume qu'on
peut fe difpenfer de cette correction, parce
que, felon lui, il fe fait des compenfations
continuelles.

De même que les effets de la chaleur avec ceux des vapeurs.

Il croit auffi, que les effets de la chaleur fur
l'air doivent fe compenfer avec ceux des vapeurs ; « Car, dit-il, quand l'air eft raréfié par
» la chaleur, les vapeurs s'élèvent auffi avec
» plus d'abondance ; en forte que quoique l'air,
» proprement ainfi nommé, foit dilaté, &
» par cela même plus léger ; cependant fes
» interftices étant pleins de vapeurs & de ma-
» tières plus pefantes encore, le poids du com-
» pofé doit refter le même.

266. Quoique *Halley* n'eût point fondé fa règle fur les expériences du Baromètre, il entreprit cependant de l'appliquer à une obfervation faite par *Jean Cafwel*, d'Oxford, fur la montagne de *Snowdon*, en *Caernarvanshire*, dont la hauteur eft de 583 toifes (1): Le mercure fe tint fur cette montagne 4 pouces plus bas qu'au bord de la mer; ces 4 pouces correfpondent, dans la table ci-deffus, à 3863 pieds anglois, ou 606 toifes de France. *Halley* répéta lui-même cette obfervation, le 26 Mai 1697; il trouva le mercure à 26 pouces 1 ligne & $\frac{1}{5}$ fur la montagne; & ayant obfervé fa hauteur au bord de la mer le jour fuivant, il la trouva de 29 pouces 10 lignes & $\frac{4}{5}$: fuivant cette feconde obfervation, & par la même règle, la hauteur de *Snowdon* ne feroit que de 576 toifes.

267. Ce qu'il y a d'effentiel à obferver ici, & qui eft vraiment digne de remarque, c'eft que par la feule connoiffance des pefanteurs fpécifiques de l'air & du mercure, *Halley* eft parvenu à une règle très-approchante de celle qu'un grand nombre d'obfervations du Baromètre dans les *Cordilieres*, ont dictée depuis à M. *Bouguer* (334). Cependant malgré l'appui que ces expériences fe prêtent réciproquement, on verra qu'elles étoient encore bien éloignées de fournir une règle générale.

----

(1) 1240 verges: la verge fait 3 pieds anglois, & 12 pouces 9 lignes du pied anglois font 1 pied de France. Voyez la note du §. 264.

Règle de M. MARALDI.

Exp. du Bar.
en *Provence* &
en *Auvergne.*

268. M. *Maraldi* ayant fait diverses obfervations du Baromètre fur les montagnes d'Auvergne, avec MM. *Chazelles, Couplet & Dominique Caffini*, les compara avec deux autres obfervations, dont l'une avoit été faite en 1672, par M. *Caffini*, à *Notre - Dame de la Garde*, près de Marfeille, & l'autre en 1682, par M. *de la Hire*, fur le mont *Clairet*, près Règle qu'en tire M. *Maraldi.* de Toulon ; & prenant le milieu entre les réfultats de toutes ces obfervations, il trouva, que la hauteur de l'air correfpondante à la première ligne de mercure qui s'abbaiffoit dans le Baromètre en montant depuis le niveau de la mer, étoit 61 pieds, & qu'il falloit ajouter un pied à chaque hauteur de l'air correfpondante aux abbaiffemens du mercure de ligne en ligne ; en forte que ces hauteurs prifes fucceffivement devoient être 61, 62, 63, 64 pieds, &c. (1).

M. *Jacques Caffini* adopta cette règle,

269. Cette règle fut adoptée en 1705 par M. *Jacques Caffini* (2) dans un Mémoire fur les *dilatations de l'air* ; il rapporta toutes les expériences dont M. *Maraldi* l'avoit déduite, & regardant ces expériences comme fort exactes, Et rejetta celle de M. *Mariotte.* il en conclut que M. *Mariotte* s'étoit trompé lorfqu'il avoit appliqué à l'atmofphère les règles

---

(1) Mém. de l'Ac. Roy. des Sc. année 1703.
(2) Fils de *Dominique*, mort en 1756.

des condenfations de l'air renfermé. C'eft ainfi qu'on commença à s'écarter de la bonne théorie, au-lieu de chercher fi les expériences qui lui étoient contraires n'étoient point des exceptions.

Comparaifon des expériences faites à l'Obfervatoire de Paris par MM. MARIOTTE *& de la* HIRE.

270. Rien ne prouve mieux le peu d'exactitude qu'on pouvoit attendre dans la mefure des hauteurs par le Baromètre en fuivant les anciennes méthodes, que la comparaifon des expériences qui ont été faites par MM. *Mariotte & de la Hire*, dans le même lieu, & avec la plus grande apparence d'exactitude.

Doute occafionné par les exp. du Bar. faites à l'Obfervatoire de Paris.

271. M. *Mariotte*, dans fon *Difcours fur la nature de l'air* (1), rapporte des expériences qu'il avoit faites à l'Obfervatoire de Paris, avec MM. *Caffini & Picard*: « On prit, dit-il, » deux Baromètres, l'un étoit à 27 pouces 10 » lignes avant que de l'ôter du lieu où il étoit ; » on le defcendit dans la cave, qui eft 134 » pieds plus bas, & il monta à 28 pouces » moins ½ de ligne ; la différence eft de 2 » lignes moins ½, ce qui fait ⅓ de lignes pour » 84 pieds. On trouva dans l'autre Baromètre, » de même que dans ma première expérience, » que depuis le bas de la cave jufqu'à 84 pieds,

Exp. de M. Mariotte.

---

(1) Pag. 175. de fes *Œuvres*; Leyde, 1717.

» il étoit descendu de $\frac{4}{5}$ de ligne , & depuis ce
» lieu jusqu'à une pareille hauteur de 84 pieds ,
» il descendit encore de $\frac{4}{5}$ de ligne à-peu-près,
» ce qui fait 63 pieds pour une ligne ».

Exp. de M. de la Hire.

272. M. *de la Hire* fit aussi des expériences dans le même lieu , & les annonça avec d'autant plus de confiance , qu'elles se trouvèrent d'accord avec celles qu'il avoit faites précédemment au Château de *Meudon* , avec le Baromètre double ; voici ce qu'il dit à ce sujet (1). « J'ai
» observé plusieurs fois en différentes années &
» en différentes saisons , l'élévation du mercure
» dans le Baromètre simple , sur le haut de la
» terrasse de l'Observatoire & au fond des
» carrières ou caves ; & , en prenant un milieu
» entre toutes . . . . . j'ai trouvé pour 28 toises
» de hauteur ou 168 pieds , un changement
» d'élévation du mercure , de 2 lignes $\frac{1}{4}$. C'est-
» pourquoi , pour une ligne de mercure , on
» aura 74 $\frac{2}{3}$ pieds , ou 12 toises 2 pieds $\frac{2}{3}$:
» & par les observations faites à *Meudon* ,
» j'avois trouvé 12 toises 4 pieds à-peu-près ,
» dont la différence 1 pied $\frac{1}{3}$ n'est pas considé-
» rable dans ces sortes d'observations ».

Les résultats de ces expérien-ces sont très-différens.

273. Voilà des expériences faites dans le même lieu , dont l'une eut en sa faveur des témoins illustres , & les autres , par leur nombre , s'appuyèrent mutuellement ; les Auteurs qui les rapportent méritent de la confiance : cependant M. *de la Hire* trouva 74 pieds 8 pou-

---

(1) Mém. de l'Ac. Roy. des Sc. année 1709.

ces d'élévation pour une ligne d'abbaiſſement du mercure , tandis que M. *Mariotte* ne trouva que 63 pieds pour le même abbaiſſement. Faut-il s'étonner, ſi des expériences faites en des lieux fort diſtants les uns des autres , ont conduit à des règles très-différentes ?

Expériences & Règle de MM. Scheuchzer.

274. Meſſieurs *Scheuchzer* , de Zurich , à qui l'Hiſtoire naturelle doit beaucoup , s'occupèrent auſſi des obſervations du Baromètre. On trouve ſous le n°. 405 des *Tranſactions Philoſophiques* , un Mémoire que M. *J. G. Scheuchzer* donna ſur cette matière , en 1727 ; il rapporta des obſervations de M. *J. J. Scheuchzer* , ſon pere , & la règle que M. *J. Scheuchzer* , ſon oncle , en avoit tirée pour meſurer les hauteurs par le Baromètre.

MM. Scheuchzer ſe font occupés de cette matière.

275. Ce qu'il y a de plus eſſentiel à remarquer dans ce Mémoire , eſt une obſervation que fit M. *J. J. Scheuchzer* , en 1709 , *à Pfeffers* , dans le Comté de *Sargan* , lieu célèbre par ſes eaux minérales. Un rocher qui s'élève à pic au-deſſus d'un ruiſſeau nommé *Taminna* , ayant été meſuré au cordeau , ſa hauteur fut trouvée de 714 pieds de France. M. *Scheuchzer* obſerva la hauteur du mercure au pied de ce rocher , & il la trouva de 25 pouces 9 lignes $\frac{1}{3}$; il porta le Baromètre au haut du rocher , & le mercure baiſſa de 10 lignes.

Obſervations de M. J. J. Scheuchzer.

Six ans après , M. *Scheuchzer* fit auſſi l'expérience du Baromètre ſur le clocher de la cathédrale de Zurich, dont la hauteur est de 241 pieds 4 pouces; il y trouva le mercure à 26 pouces 6 lignes $\frac{1}{2}$; étant descendu au pied de la tour, le mercure monta à 26 pouces 10 lignes.

Règle de M.
J. *Scheuchze*,

276. La règle que M. *J. Scheuchzer* a établie d'après ces expériences, est fondée sur les mêmes principes que celle de M. *Halley*; c'est-à-dire, sur les propriétés de l'hyperbole placée entre ses assymptôtes; mais la formule qui exprime cette règle est un peu différente, de même que son coëfficient : Voici celle de M. *Scheuchzer*.

Comme 142717, différence des logarithmes des deux hauteurs du mercure observées à *Pfeffers* (25 pieds 9 lignes $\frac{1}{3}$, & 24 pieds 11 lignes $\frac{1}{3}$, ou $\frac{928}{3}$ & $\frac{898}{3}$ de ligne),

est à 714 pieds, hauteurs du rocher de *Pfeffers*;
ainsi la différence des logarithmes, de la hauteur du mercure au bord de la mer (28 pieds 1 ligne $= \frac{1011}{3}$ de ligne), & d'une hauteur moindre du mercure observée dans un lieu donné,

est à la hauteur de ce lieu au-dessus du niveau de la mer.

La Table de
M. J. G. *Scheu-
chzer* n'est pas
d'accord avec
cette règle.

277. M. *J. G. Scheuchzer* a dressé une table des hauteurs de l'atmosphère, correspondantes aux abbaissemens du mercure, qui devoit être fondée sur cette règle. Cependant, ayant eu occasion de la vérifier, je ne l'ai pas trouvé régulière. C'est-pourquoi, dans le recueil qu'on trouvera à la fin de ce chapitre, j'ai dressé la table qui porte le nom de M. *Scheuchzer*, non telle qu'il l'a donnée, mais suivant ce
qu'exigent

qu'exigent ſes principes , & en partant de 28 pouces pour la plus grande hauteur du Baromètre, comme il fait lui-même dans ſa table ; voici l'analogie dont je me ſuis ſervi :

Comme 142717, différence des logarithmes des deux hauteurs du mercure à *Pfeffers* , eſt à 714 pieds, hauteur du rocher de *Pfeffers* ; ainſi la différence des logarithmes de 28 pouces & d'une hauteur moindre du mercure , eſt à l'élévation du lieu au-deſſus du niveau de la mer.

278. Dans un ſecond Mémoire (1) , M. *J. G. Scheuchzer* appliqua la règle de M. *J. Scheuchzer* à quelques obſervations faites dans le *Rouſſillon* & en *Auvergne* , par MM. les Académiciens de Paris qui ont tracé la méridienne en France ; mais il s'en faut de beaucoup que les réſultats ſoient conformes aux meſures trigonométriques ; voici quelques exemples :

	Hauteurs du mercure	Par la meſure trigonométrique.	Par la règle de M. *Jean Scheuchzer.*
	Pouces. Lig.	Toiſes.	Toiſes.
La tour de *Maſſane*, dans le Rouſſillon.	25 , 5	397	350
La *Coſte*, mont. d'Auvergne	23 , 4	851	661

____

(1) Tranſ. Phil. n°. 406.

Tome I. R

Le Mont d'or
dans la même
Province . . 22 , 11 . 1040 727

279. M. *Scheuchzer*, en donnant ces exemples de la grande différence qui se trouve entre les résultats des deux opérations, ne pensa point à charger de l'erreur celle du Baromètre ; mais il prétendit que les hauteurs données par la mesure trigonométrique étoient trop grandes, à cause de l'effet des réfractions. La raison de la confiance qu'il accorde à sa régle, est que dans l'observation qui lui sert de bâse, l'élévation du lieu avoit été mesurée au cordeau. Mais on verra dans la suite, que cette manière de mesurer les hauteurs, est sujette elle-même à des erreurs sensibles (516) ; & que d'ailleurs les observations du Baromètre étoient alors trop peu sûres pour servir de terme de comparaison.

Règle de M. JASQUES CASSINI.

280. Par la manière dont on observoit le Baromètre, plus on multiplioit les expériences, plus on augmentoit la difficulté de les concilier. C'est ce qu'éprouva M. *Cassini*, lorsqu'il voulut appliquer aux observations qui lui furent communiquées par M. *de Plantade* la règle de M. *Maraldi*, qu'il avoit d'abord adoptée : ses réfléxions sur ce sujet font la matière d'un Mémoire qu'il donna à l'Académie en 1733. Il rapporta d'abord les observations faites par M. *de Plantade* sur trois sommités des *Pyrénées*,

dont la hauteur avoit été mesurée dans les opérations de la Méridienne ; & il y joignit une autre observation faite par le *Pere Feuillée* sur *le pic de Ténériffe* ; voici l'extrait de ses observations.

	Hauteur du mercure.	Différence de cette hauteur comparée avec celle du Bar. observé au bord de la mer.	Hauteur des lieux.
Par M. de Plantade.	Pouc. lig.	Pouc. lig.	Toises.
Le 4 Août 1731, sur le pic de *Canigou.*	20, $2\frac{1}{2}$	7, $11\frac{1}{2}$	1453
Le 18 Août 1732, sur la montag. du *Moufflet.*	20, $10\frac{1}{2}$	7, $1\frac{1}{2}$	1289
Le 25 ——— sur la pointe occ. de la montagne de S. *Barthelemy.*	21, — $\frac{1}{2}$	6, $11\frac{2}{3}$	1190
Par le *P. Feuillée*, en 1704, sur le *Pic de Ténériffe.*	17, 5	10, 7	2213

281. M. *Cassini* évalua ces différences de hauteur du Baromètre, suivant les deux tables qu'il avoit données lui-même dans les Mémoires de 1705, & dont j'ai fait mention ci-devant ;

l'une de ces tables étoit dreſſée ſuivant les principes de M. *Mariotte* ; l'autre avoit été indiquée par M. *Maraldi*, d'après un grand nombre d'obſervations faites par divers Académiciens. M. *Caſſini* trouva que les obſervations de M. *de Plantade* & du *Pere Feuillée* n'étoient pas d'accord avec ces tables ; voici le réſultat de cette comparaiſon.

	Hauteurs trouvées par la meſure trigonométrique.	Suivant la règle de M. *Mariotte*.	Suivant la règle de M. *Maraldi*.
	Toiſes.	Toiſes.	Toiſes.
Sur la montag. de *S. Barthelemy*. .	1190	1012	1427
Sur celle du *Moufflet*. .	1289	1035	1467
Sur le *Canigou*. . . .	1453	1183	1728
Sur le *Pic de Ténériffe* (1).	2213	1686	2624

---

(1) M. *de la Condamine*, ayant examiné les détails de la meſure géométrique du *P. Feuillée* ſur ſon propre manuſcrit, a trouvé cette meſure très-défectueuſe, à cauſe de la bâſe qui étoit inclinée, trop courte & mal dirigée. M. *de la Condamine* indique ces défauts dans l'extrait du Journal de ſon voyage en Italie (Mém. de l'Ac. 1757 *in-4°*. pag. 408). M. *Bouguer* les avoit auſſi remarqués, & il corrigea la hauteur du *Pic de Ténériffe* dans ſon livre de la *Figure de la Terre* (Paris 1749,

282. M. *Caſſini* ayant remarqué que les hau-teurs trouvées par la meſure trigonométrique, étoient en quelque ſorte moyennes entre les hauteurs qui réſultoient de l'application des deux règles aux obſervations du Baromètre, en eſſaya une troiſième, à laquelle il donna une forme géométrique. Il ſuppoſa que la dilatation de l'air libre pouvoit ſe faire, non *en raiſon réci-proque des poids*, comme M. *Mariotte* l'avoit conclu de ſes expériences ſur l'air renfermé, mais *en raiſon réciproque des quarrés des poids ;* & comme les premiers termes de la ſuite de nombres qui réſultoit de cette hypothèſe, ne croiſſoient pas aſſez pour ſatifaire aux obſerva-tions, M. *Caſſini* y ſuppléa, en augmentant de 3 pieds ſon premier terme, qui fut ainſi égal à celui de M. *Mariotte*, c'eſt-à-dire, de 63 pieds.

La meſure tri-gonométrique eſt a-peu-prés moyenne entre ces deux règles.

Nouvelle rè-gle qu'en tire M. Caſſini.

283. Il dreſſa une table fondée ſur cette nouvelle hypothèſe, dont il ſe ſervit pour cal-culer les obſervations faites dans le voyage de la Méridienne, & celles de M. *de Plantade* & du *Pere Feuillée ;* après quoi il compara de nou-veau les réſultats de ſes calculs avec les hauteurs trouvées par la meſure trigonométrique : voici l'extrait de ſon travail à ce ſujet.

Calcul de plu-ſieurs obſerv. par cette nou-velle règle.

---

in-4°. pag. xlviij.) D'après l'inclinaiſon de la bâſe du *P. Feuillée*, ſuppoſée de 3 toiſes ſur 210 qui étoient toute ſa longueur, M. Bouguer trouve que le *Pic de Ténériffe* ne doit avoir qu'environ 2070 toiſes de hauteur.

	Hauteurs trouvées par la mesure trigonométrique.	Suivant la règle de M. *Caſſini*.
	Toiſes.	*Toiſes.*
La Tour de *Maſſane*...	397 . .	. 354
La montagne de *Buguarach*	648 . .	. 564
Celle de la *Coſte* . .	851 . .	. 759
de la *Courlande*.	838 . .	. 759
de S. *Barthelemy*.	1190 . .	. 1168
du *Moufflet* . .	1289 . .	. 1200
du *Canigou* . .	1453 . .	. 1394
de *Ténériffe* . .	2213 . .	. 2120

284. M. *Caſſini* crut voir dans cette comparaiſon que l'air libre ſe dilatoit dans une proportion plus grande encore que la raiſon réciproque des quarrés des poids dont il eſt chargé ; & il auroit ſans doute cherché une plus grande approximation , ſi les différences des réſultats de cette troiſième formule, comparés avec les hauteurs réelles , avoient paru ſuivre quelque règle fixe : mais l'irrégularité de ces différences , indiquant l'impoſſibilité de concilier les obſervations par une loi générale & ſimple , il ſe borna à cette tentative.

Hypothèſe & règle de M. BERNOULLI.

285. M. *Daniel Bernoulli* , ayant remarqué le peu d'accord de l'expérience avec les règles qu'on avoit données juſqu'à lui , même avec celles qui étoient appuyées ſur la loi des conden-

sations de l'air, chercha dans l'état de ce fluide,
en tant qu'atmosphère, les causes des modifications que cette loi générale lui paroissoit
éprouver. On voit toujours avec plaisir les spéculations de ce grand Mathématicien : c'est-
pourquoi je vais donner un extrait du système
qu'il a embrassé dans son *Hydrodynamique*, sur
les modifications de l'air dans l'atmosphère, &
sur la loi de ses condensations.

286. La section X^e de cet ouvrage, publié
en 1738, a pour titre : *de affectionibus atque
motibus fluidorum elasticorum, præcipuè autem
aëris.* M. *Bernoulli* la commence par une hypothèse sur la nature des fluides élastiques. Il conçoit, avec *Descartes* & plusieurs autres Philosophes, que l'élasticité des fluides peut être
un mouvement rapide de leurs particules dans
toutes sortes de directions.

Idée générale des fluides élastiques.

Il pense que ce sont des fluides discrets *dont les particules ont un grand mouvement.*

287. Pour démontrer que cette espèce de
mouvement suffit seule à l'explication des phénomènes, il suppose une certaine quantité de
ces particules renfermées dans un cylindre creux,
sous un diaphragme mobile & chargé d'un
certain poids ; ce diaphragme est soutenu à une
certaine hauteur dans le cylindre, par les coups
continuellement répétés des particules. On voit
dans cet état des choses que, si le poids est diminué, les particules du fluide soulèveront le
diaphragme ; que, si le poids est augmenté, le
diaphragme s'abbaissera & réduira les particules
dans un espace moindre ; & que les particules,
considérées en elles-mêmes, graviteront sur le

Développement de cette hypothèse.

fond du cylindre , comme fi elles n'étoient douées d'aucune vertu élaſtique. On doit obſerver encore que dans l'abbaiſſement du diaphragme par l'augmentation de ſon poids , la force élaſtique augmentera par deux cauſes ; ſavoir , 1°. parce que le nombre des particules devient plus grand relativement à l'eſpace , qui eſt diminué ; & 2°. parce que chaque particule frappe plus ſouvent le diaphragme.

Ces principes étant poſés , M. *Bernoulli* prouve par un calcul , que *ſi la compreſſibilité d'un fluide élaſtique eſt infinie , les eſpaces qu'il occupe doivent être en raiſon inverſe des poids dont il eſt chargé ;* c'eſt la loi indiquée par l'expérience.

288. Telle eſt l'idée que M. *Bernoulli* ſe forme des fluides élaſtiques , & d'après laquelle il les conſidère dans leurs effets : idée bien plus ſatisfaiſante que celle des ſpirales ou des floccons, qui ne préſentent point à l'eſprit une dilatabilité ſuffiſante, & qui , devant être eux-mêmes élaſtiques , ne peuvent donner aucune notion de l'élaſticité en général. Je ſens qu'on peut demander auſſi quelle eſt la cauſe du mouvement des particules , & par quel moyen ce mouvement peut être reproduit quand il a ceſſé par l'empriſonnement des particules dans certains corps , dans la poudre à canon, par exemple ; ou par leur choc entr'elles & contre les parois des vâſes. M. *Bernoulli* n'examine point cette queſtion : mais je crois pouvoir annoncer aux Phyſiciens qu'elle ſera réſolue d'une manière très-ſatisfaiſante , par un de mes compatriotes , que ſa

fagacité dans la recherche des caufes phyfiques a déjà illuftré (1).

289. (2) La force élaftique de l'air n'eft pas augmentée feulement par l'augmentation du poids qui le comprime, elle reçoit encore des accroiffemens fenfibles par l'augmentation de la chaleur. M. *Bernoulli* examine quelle doit être l'effet de cette dernière caufe ; & partant de l'augmentation qu'elle doit produire dans la viteffe des particules, il trouve que *la force expanfive de l'air doit être en raifon doublée de l'augmentation de viteffe.* En effet, le nombre des coups que les particules d'air frappent contre les obftacles qu'elles rencontrent, & leur intenfité, doivent augmenter également. Plus il y a de particules dans un efpace donné, plus la fomme des augmentations de viteffe doit être grande ; *ainfi les accroiffemens que reçoit l'élaf-ticité de l'air par des augmentations égales de chaleur, doivent être proportionnels aux denfités ;* c'eft ce que l'expérience confirme. M. *Amontons* l'avoit déjà prouvé (Mém. de l'Acad. Roy. des Sc. de Paris, année 1702) ; mais comme les machines qu'il avoit employées pour fes expériences étoient fujettes à quelques erreurs, M. *Bernoulli* en propofe une très-ingénieufe, & très-propre à cette démonftration (3).

La viteffe des particules augmentée par la chaleur, produit une augmentation de force élaftique.

Cette augmentation eft en raifon doublée de celle de la viteffe ;

Et fimple de la denfité.

---

(1) M. *Le Sage*, Auteur d'un *Effai de Chymie méchanique*, qui a remporté le prix à l'Académie de Rouen.
(2) Hydrodynamique, Section X. §. 6.
(3) Ibid. §. 7, 8, 9, 10.

Les colonnes de l'atm. représentées par deux tubes pleins d'air qui se communiquent latéralement.

290. (1) De ces considérations générales sur l'élasticité de l'air, notre Auteur passe aux modifications qu'éprouve l'atmosphère; & d'abord il examine la pression verticale des colonnes d'air & l'équilibre de ces colonnes, tant entr'elles qu'avec la colonne de mercure du Baromètre. Il représente toutes les colonnes de l'atmosphère par deux tubes de même diamètre, posés dans une situation verticale, ouverts par le haut, & communiquant l'un à l'autre par de petits tubes placés horisontalement. Si les particules renfermées dans ces tubes sont douées de la même vitesse & affectées du même dégré de chaleur, il est certain que les fonds de ces tubes seront pressés également, & chargés de poids égaux. Qu'on suppose des diaphragmes placés à hauteur égale dans ces tubes, ces diaphragmes seront aussi pressés également & chargés du même poids. L'intervalle compris entre les diaphragmes & les fonds de ces tubes accouplés, représente toujours, dans les raisonnemens de M. *Bernoulli*, une couche sphérique de l'atmosphère par-tout également distante de la surface de la mer.

Si la vitesse des particules est égale dans les deux tubes, leur pression sera égale sur la base.

Et contre des diaphragmes placés à la même hauteur.

Si la chaleur augmente dans l'un des tubes, l'expansion de l'air se communiquera dans l'autre

291. (2) Si la chaleur augmente dans l'un des tubes, sous son diaphragme, l'expansion de l'air se communiquera à l'autre par les petits tubes horisontaux; & comme le poids supérieur ou la résistance des diaphragmes est la même dans les deux tubes, la pression sera toujours égale

---

(1) §. 12. (2) §. 13.

tant ſur les deux fonds, qu'à même hauteur au‑deſſus d'eux de part & d'autre, quoique la denſité reſpective ait changé : en ſorte que, *dans les lieux également diſtans du fond, les denſités ſeront ſenſiblement en raiſon réciproque des quarrés des viteſſes* (289).

Les denſités à même hauteur dans les deux tubes ſeront en raiſon inverſe des quarrés des viteſſes.

292. (1) L'égalité de preſſion des colonnes ſur le fond des tubes, n'eſt altérée que par l'inertie de l'air, qui occaſionne par‑tout une augmentation momentanée de preſſion quand la chaleur augmente, mais plus forte dans le tube dont l'air eſt le plus échauffé.

Exception momentanée cauſée par l'inertie de l'air.

293. (2) Il paroît que cette cauſe eſt la ſeule qui puiſſe occaſionner quelque changement dans les Baromètres placés ſur le fond des tubes, qui d'ailleurs ſont toujours preſſés également ; c'eſt‑à‑dire, chacun par un poids qui eſt la moi‑ tié de celui des deux colonnes d'air priſes en‑ ſemble : or, la ſomme de ces poids eſt conſ‑ tante.

Sans cela les deux colonnes preſſeroient toujours également ſur leur bâſe.

294. (3) Si nous élevons les deux Baromètres à hauteur égale dans les deux tubes, le mer‑ cure baiſſera également dans l'un & dans l'autre (290), parce que l'air inférieur ne pèſera plus ſur eux. Quand la chaleur moyenne augmen‑ tera dans cet air inférieur, il éprouvera une augmentation de volume ; & ſon expanſion ne pouvant ſe faire qu'en hauteur, une partie de cet air ſera ſoulevée au‑deſſus des Baromètres ; & la hauteur du mercure augmentera propor‑

La hauteur du mercure ſera égale à même hauteur dans les deux tubes.

Quand même la chaleur ſeroit inégale.

---

(1) §. 17.   (2) §. 18.   (3) §. 19.

tionnellement & également dans l'un & l'autre, quoique la diſtribution de la chaleur ſoit inégale (291).

M *Bernoulli*
applique à l'atmoſph. ce qu'il a dit de l'air renfermé.

295. J'ai dit ci-devant que dans l'hypothèſe de M. *Bernoulli*, les deux tubes où nous venons de conſidérer les effets de l'élaſticité de l'air, doivent repréſenter toute l'atmoſphère : voici comment il fait cette application.

Prem. conſéquence : la ſurface de la terre n'eſt pas la baſe de l'atmoſph.

296. (1) Le fond des tubes repréſente la bâſe de l'atmoſphère ; & ſuivant les principes poſés, la hauteur du mercure dans ces lieux analogues doit être toujours la même. Mais la hauteur du mercure eſt variable à la ſurface de la tetre ; donc cette ſurface n'eſt pas la bâſe de l'atmoſphère. Telle eſt la première conſéquence que tire notre Auteur , & voici ſes preuves directes.

L'action de l'air ſouterrain doit produire les variations du Baromètre.

297. (2) Il eſt connu , dit-il, que la terre renferme de très-grandes cavités ; & dans les maſſes mêmes qui n'ont point de cavités ſenſibles , les pores peuvent produire le même effet. Si donc on raſſemble tous ces eſpaces remplis d'air dans une profondeur de vingt à trente-mille pieds au-deſſous de la ſurface de la terre , & qu'en les comparant à la partie ſolide , on ſuppoſe celle-ci mille fois & même cent-mille fois plus grande que les premieres, l'action de la chaleur , dans cet air renfermé, ſera ſuffiſante pour produire toutes les variations du Baromètre.

---

(1) §. 18. (2) §. 20.

298. Les plus grands changemens qui arrivent dans la densité de l'atmosphère sont, suivant M. *Bernoulli*, produits par la chaleur. Il pense aussi que ces changemens se compensent presque toujours dans la même couche sphérique, en sorte que chaque couche a une chaleur moyenne constante (1); c'est sans doute ce qui lui fait croire que la différence entre la hauteur du mercure dans des Baromètres placés à différentes élévations doit être la même en tout temps. Je crois devoir rapporter ici ses expressions, parce qu'elles renferment la conséquence générale qu'il tire de ses principes.

« (2) Igitur quùm in Barometro ex loco
» humiliori in altiorem transportato mercu-
» rius descendit, non sequitur pondus colum-
» næ mercurialis quæ in Barometro descendit,
» æquale esse ponderi columnæ aëreæ ejus-
» dem diametri, & altitudinis ad quam Ba-
» rometrum fuit elevatum quod ab aliqui-
» bus ità asseritur : *Et profectò, cæteris pa-*
» *ribus, columna mercurii descendens eadem erit*
» *tam tempore hyemali quàm æstivo*, cùm ex
» sententiâ illâ deberet tempore calido esse
» minor, quàm tempore frigido : *eadem quoque*
» *erit in locis meridionalibus & septentrionali-*
» *bus*. . . . . Igitur experimentum non tam gra-
» vitatem specificam aëris, in quo factum est,
» indicat, quam omnis aëris terræ proximi gra-
» vitatem specificam mediam determinat; *prior*
» *admodùm variabilis est, altera procul dubio*
» *constanter eadem ferè permanet.*

<hr>

(1) §. 29.   (2) §. 16.

Conféquence
de M. *Bern.* Le
Bar. indique la
grav. fpécifiq.
moy. de l'atm.

299. La conféquence générale de M. *Bernoulli* eſt donc, que l'expérience du Baromètre indique moins la gravité fpécifique de l'air dans lequel on l'a faite, que la gravité fpécifique moyenne de l'atmoſphère autour de la terre; & que la première eſt variable, tandis que la feconde reſte ſans doute preſque toujours la même.

Elle feroit juſte
s'il y avoit dans
l'atm. quelque
choſe qui tînt
lieu de *dia-
phragme.*

300. Il paroît que cette conféquence devroit être admiſe, ſi l'on ſuppoſoit que l'air eſt contenu dans l'atmoſphère par quelque cauſe analogue aux tubes & aux diaphragmes dont je viens de parler; c'eſt-à-dire, ſi chaque couche réſiſtoit également par-tout à la dilatation de ſon inférieure, comme les diaphragmes placés à la même hauteur dans les tubes, & chargés du même poids, réſiſtent également par-tout à l'expanſion de l'air renfermé au-deſſus d'eux.

M. *Bernoulli*
le ſuppoſe.

C'eſt ce que M. *Bernoulli* ſuppoſe, puiſqu'il penſe que la hauteur du Baromètre doit être égale à même élévation ſur le niveau de la mer, vers l'équateur & ſous les poles (1), & voici comment il le conçoit.

C'eſt, ſuivant
lui, l'égalité de
réſiſtance des
couches ſupé-
rieures.

301. (2) Si la hauteur de l'atmoſphère eſt finie, dit-il, c'eſt parce que les particules perdent leur mouvement lorſqu'elles arrivent dans le haut des colonnes, où elles forment alors un fluide ſimplement grave, privé de toute élaſticité. Dans ce cas, il paroît, 1°. que les colonnes s'élèveront également, à cauſe des communi-

---

(1) §. 14.   (2) §. 15.

cations latérales dans toute leur hauteur. 2°. Que la densité des couches supérieures sera par-tout la même, parce qu'elles ont la même hauteur & qu'elles sont en équilibre ; en sorte que les pressions seront à toutes les hauteurs, proportionnelles au poids de la couche supérieure qui sera le même par-tout. Et si l'élasticité ou le mouvement des parties n'a point de bornes, & que par conséquent la hauteur des colonnes soit indéfinie, il suffira, pour produire le même effet, de supposer que les dernières couches sensibles de l'atmosphère sont par-tout chargées d'un poids égal.

302. Tels sont les principes de M. *Bernoulli*, qu'on peut diviser naturellement en deux classes ; l'une renferme les affections & les mouvemens des fluides élastiques en général ; l'autre regarde l'atmosphère. Je vais rassembler ces principes en peu de mots, pour qu'il soit plus aisé de suivre l'application qu'il en fait à quelques phénomènes.

Distribution des principes de M. *Bernoulli* en deux classes.

303. Les propositions renfermées dans la première classe, sont celles-ci. 1°. Les fluides sont élastiques, quand leurs particules se meuvent rapidement en tout sens (286). 2°. La force expansive de ces fluides peut être augmentée par deux causes ; savoir, par le plus grand nombre de particules renfermées dans le même espace, & par leur plus grande vitesse (287 & 289). 3°. La première de ces causes produit la condensation ; si la compressibilité est regardée comme infinie, la force de ressort qui en résulte doit être en raison inverse des espaces

Prem. classe. Principes concernans les *fluides élastiques.*

occupés par le même nombre de particules : l'expérience permet de l'admettre ainsi (287). 4°. La densité d'un fluide élastique augmente donc proportionnellement au poids dont il est chargé (*ibid.*) 5°. Les parties du fluide agissent les unes sur les autres dans le même rapport, parce que les couches supérieures sont des poids qui chargent les inférieures (*ibid.*) 6°. C'est par sa densité seule, ou par sa gravité, qu'un fluide élastique presse verticalement sur le fond qui le soutient (*ibid.*) 7°. La chaleur donne une plus grande vitesse aux particules, & leur force impulsive augmente en raison doublée de cette augmentation de vitesse (289). 8°. Les effets de cette seconde cause sont proportionnels au nombre des particules, ou, ce qui revient au même, à la densité (*ibid.*). 9°. Ainsi la force élastique des fluides est en raison composée simple de leur densité, & doublée de la vitesse de leurs particules. 10°. Si nous considérons un fluide élastique renfermé dans deux tubes de même longueur, posés dans une situation verticale, & communiquant l'un à l'autre par de petits tubes placés horisontalement, la vitesse des particules pourra augmenter par la chaleur dans un seul de ces tubes, sans que par cette raison la force élastique devienne inégale, parce que la densité augmentera proportionnellement dans le tube voisin (291). 11°. Enfin si nous supposons dans ces tubes des diaphragmes mobiles, chargés d'un poids égal, & placés à la même hauteur; la pression du fluide sur le fond des tubes restera toûjours la même, quelle que

soit

soit l'augmentation de vitesse partielle ou générale des particules qu'ils contiennent (293). Telles sont les propositions que j'ai renfermées dans la première classe ; elles n'ont rien, ce me semble, qu'on puisse contester aisément.

304. Je range dans une autre classe les propositions qui regardent l'atmosphère, parce qu'il ne me paroît pas que l'expérience soit d'accord avec les principes de M. *Bernoulli.* Selon lui, 1°. la pression de l'atmosphère doit être toujours & par-tout sensiblement égale sur sa bâse ; &, puisque le Baromètre indique des changemens de pression à la surface de la terre, il faut que cette bâse soit à une certaine profondeur, même au-dessous du niveau de la mer (296). 2°. Les dilatations & condensations de cette partie de l'atmosphère renfermée dans une croûte plus ou moins épaisse de notre globe, produisent les variations du Baromètre observé à sa surface (197). 3°. Chaque couche sphérique d'air également distante de la terre, presse son inférieure par-tout également (201). 4°. Les changemens de vitesse des particules d'air dans une portion des couches, produisent bientôt un changement proportionnel de densité dans toutes les autres parties de la même couche ; en sorte que l'*élasticité* (1) qui est en raison composée de la densité & du quarré de la vitesse, est toujours égale à même hauteur (300, 301). 5°. Il se fait des compensations assez exactes entre les augmen-

---

(1) J'entends ici par *élasticité*, avec M. *Bernoulli,* la force & non *la vertu* élastique.

tations & les diminutions de chaleur dans chaque couche ; & , de ces compensations , il résulte , que les vitesses moyennes , les densités moyennes & l'élasticité restent sensiblement les mêmes dans chacune des couches de l'atmosphère (297 , 298 , &c.). 6°. Enfin la différence de hauteur du mercure dans le Baromètre , placé à differentes élévations , doit indiquer la différence qu'il y a entre les vitesses & les densités moyennes des deux couches , c'est-à-dire , la différence d'*élasticité* , & cette différence doit être en tout temps la même (298 , 307 , &c.).

M. Bernoulli rejette l'usage des logarithm. pour calculer l'esabbaissemens du mercure.

305. (1) D'après ces principes , M. *Bernoulli* examine l'opinion des Physiciens qui ont pensé , que les hauteurs des lieux suivoient la proportion des logarithmes des hauteurs du mercure dans le Baromètre ; il trouve que cette hypothèse , fondée sur ce que la densité de l'air est par-tout proportionnelle au poids dont il est chargé , ne sauroit quadrer avec l'expérience.

Observations citées par M. Bernoul i.

306. Pour le prouver , M. *Bernoulli* choisit quatre observations faites à des hauteurs connues ; savoir :

A la haut. de 1070 pieds(2) le Baromètre étoit 27 po. l. $\frac{1}{3}$ tandis qu'il étoit en bas 28 p. 4 l. $\frac{1}{3}$

1542   26. 4 $\frac{1}{3}$ 28. 2.

Sur le Pic de Ténériffe } 13158 (3) 17. 5 . . . . . 27. 10.

---

(1) §. 23.

(2) C'est la premiere observation faite par M. *Cassini* sur une montagne de Provence.

(3) Cette hauteur du Pic de *Ténériffe* , conforme à la

au-dessus de la mer $\}$ 65 28 . 1   au niveau de la mer. $\}$ 28 2

307. Les hauteurs du mercure dans le Baromètre étant, suivant M. *Bernoulli*, proportionnelles aux élasticités, c'est-à-dire, au produit de la densité par le quarré de la vitesse, il trouve, qu'en faisant l'*élasticité* au niveau de la mer $=$ 1, les *élasticités* ont été dans les expériences susdites à 65 pieds d'élévation 0, 9970

$$1070 \quad . \quad . \quad . \quad . \quad 0, 9520$$
$$1542 \quad . \quad . \quad . \quad . \quad 0, 9364$$
$$13158 \quad . \quad . \quad . \quad . \quad 0, 6257$$

308. (1) Il fait alors le calcul par les logarithmes, & il trouve des différences si considérables qu'il rejette entièrement cette méthode. Il remarque en général qu'on peut difficilement espérer de trouver la vraie loi que suit la nature à cet égard. Cependant il cherche une formule qui puisse accorder les quatre expériences ci-dessus rapportées.

309. (2) Pour cet effet, il se propose de déterminer la nature de trois courbes placées autour d'un même axe, sur lequel sont indiquées les hauteurs. L'une de ces courbes doit représenter les *vitesses moyennes* ; la seconde,

---

correction de M. *Bouguer* (281, *note*), est moindre de 120 pieds que celle qui est indiquée par M. *Cassini*, & la différence des hauteurs du mercure est aussi moindre de 2 lignes.

(1) §. 24 & 25.   (2) §. 26.

les *denſités moyennes* ; & la troiſième, les *élaſticités abſolues*. Deux de ces courbes étant données, on peut trouver la troiſième en partant de ce principe, que les *élaſticités ſont en raiſon compoſées du quarré des viteſſes, & ſimple des denſités.*

310. (1) Après le calcul M. *Bernoulli* trouve que, pour ſatisfaire aux quatre expériences ſuſdites, il faut d'abord ſuppoſer que le ſommet de l'axe eſt à 22000 pieds au-deſſus de la ſurface de la terre ; & faiſant les hauteurs au-deſſus de cette ſurface $= x$, les élaſticités de l'air décroîtront en montant, dans la raiſon de $22000 \times x$ à 22000 ; tandis que les denſités moyennes décroîtront dans la raiſon de $(22000 \times x)^2$ à 22000^2 : ce qui indique que les viteſſes des particules croîtront en montant dans la raiſon de $\sqrt{22000}$ à $\sqrt{(22000 \times x)}$ c'eſt-à-dire en raiſon inverſe des racines quarrées des élaſticités, & en raiſon directe des racines quarrées des hauteurs depuis la bâſe de l'atmoſphère. La courbe qui exprime cette dernière raiſon étant une *parabole*, celle qui repréſente la raiſon des élaſticités ſera une *hyperbole.*

311. Les quatre expériences rapportées par M. *Bernoulli* étant conciliées par ſon hypothèſe, il cherche à la généraliſer : pour cet effet, il entreprend d'expliquer comment il eſt poſſible que la viteſſe moyenne des particules d'air, ou,

---

(1) §. 27.

ce qui revient au même, que la chaleur moyenne, foit plus grande dans les couches de l'atmofphère à mefure qu'elles s'élèvent au-deffus du niveau de la mer.

312. (1) Il prétend qu'on ne doit pas juger de l'état de l'atmofphère libre, relativement à la chaleur, par ce qui fe paffe fur les montagnes, où des caufes particulières peuvent influer ; & que, malgré la diminution de chaleur de bas en-haut, qu'on obferve fur les montagnes, il n'eft pas abfurde de fuppofer, que *dans l'atmofphère libre, la chaleur moyenne de l'air eft plus grande à mefure qu'on s'éloigne de la furface de la mer.*

Il faut fuivant lui, que la chaleur croiffe en montant dans l'atmofphère.

(2) Il croit auffi qu'on peut admettre que l'air fous les poles eft dix fois plus denfe que fous l'équateur au voifinage de la terre ; mais que, toutes chofes égales, la différence eft moins grande à de plus grandes hauteurs ; que par conféquent les denfités décroiffent moins rapidement de bas en-haut fous l'équateur que fous les poles ; que, par exemple, elles peuvent décroître fous les poles à de petites hauteurs dans la raifon de $(22000 \times x)^4$ à 22000^4, à caufe de l'augmentation de la chaleur ; tandis que fous l'équateur elles décroîffent à peine fenfiblement par la raifon contraire. Enfin, dit-il, on ne doit point regarder comme abfurde de fuppofer, *que les denfités moyennes diminuent dans la raifon de* $(22000 \times x)^2$ *à* 22000^2,

Et que les denfités décroiffent moins de bas en-haut fous l'équateur qu'aux poles.

---

(1) §. 28.　(2) §. 29.

comme il eſt admis dans le §. 27 ; tandis que les élaſticités décroîſſent par-tout dans la raiſon de 22000 × *x* à 22000 *, & il ajoûte , que ces proportions ne peuvent être troublées dans les mêmes hauteurs au-deſſus de la mer que par des cauſes accidentelles & peu durables.*

M. *Bernoulli* ſe borne à cette formule générale qu'il a fait quadrer avec les nombres par leſquels il a cru pouvoir exprimer l'élaſticité de l'air , aux lieux où ont été faites les quatre obſervations qu'il a choiſies pour guides ; & il n'indique pas l'application qu'on peut faire de cette formule à la meſure des hauteurs par le Baromètre ; mais il eſt aiſé de la trouver en ſuivant ſes principes.

313. Selon M. *Bernoulli* , les élaſticités de l'air en divers lieux , ſont entr'elles comme les hauteurs du mercure dans ces lieux-là. Et puiſqu'en faiſant les hauteurs au-deſſus du niveau de la mer $= x$, il ſuppoſe que les élaſticités de l'air à ces hauteurs ſont à ſon élaſticité au niveau de la mer , comme 22000 à 22000 $+ x$; il en réſulte que la hauteur du mercure dans un lieu donné eſt auſſi à ſa hauteur au niveau de la mer , comme 22000 à 22000 $+ x$. On aura donc la hauteur des lieux au-deſſus du niveau de la mer , en employant cette analogie :

Comme la hauteur obſervée du mercure ,
eſt à ſa hauteur au-deſſus du niveau de la mer ,
que je ſuppoſe être 28 pouces;
Ainſi 22000 ,

eſt au nombre de pieds qui exprime la hauteur du lieu où l'obſervation a été faite, au-deſſus d'un point conſtant qui eſt de 22000 pieds plus bas que le niveau de la mer.

Il ſuffira donc de retrancher 22000 du quotient de la diviſion, pour avoir la hauteur du lieu au-deſſus du niveau de la mer.

314. Telle eſt la méthode qui réſulte des hypothèſes de M. *Bernoulli* : il n'y en a point certainement qui concilie avec autant de ſuccès les expériences qu'il a priſes pour guides. Mais ſi, au lieu de ces expériences, il en eût choiſi d'autres parmi celles qui ſe trouvent çà & là dans les ouvrages des Phyſiciens, il auroit fallu recourir à de nouvelles hypothèſes à chaque nouveau choix. Pour ſe convaincre de cette variété de rapport des expériences entr'elles, il ſuffit de conſidérer, que tous les Phyſiciens qui ont donné des méthodes pour meſurer les hauteurs par l'abbaiſſement du mercure, les ont fondées ſur des expériences. Il eſt certain qu'on ne ſeroit jamais parvenu à découvrir la loi des condenſations de l'air dans l'atmoſphère, ni les modifications qu'éprouve cette loi ; tant qu'on ſe ſeroit contenté de raſſembler des obſervations priſes au haſard ; c'eſt ce que la ſuite de cet ouvrage prouvera d'une manière ſenſible. Pour le préſent je me bornerai à quelques réflexions particulières ſur l'hypothèſe de M. *Bernoulli*.

Cette formule n'eſt applicable qu'aux obſerv. qui l'ont produite.

315. Dans l'examen que j'ai fait ci-devant de ſon ſyſtême, relativement aux variations du Baromètre, j'ai fait obſerver. 1°. Que la tem-

Les principes qui lui ſervent de fondement ſont contraires à l'expérience.

pérature de notre globe étant presque invariable, il ne peut se faire dans les cavités souterraines des dilatations & condensations de l'air, suffisantes pour produire ces variations (219). 2°. Que, toutes choses d'ailleurs égales, la hauteur du mercure diminue dans les Baromètres de la plaine, quand la chaleur de l'air augmente : tandis qu'il devroit arriver le contraire suivant l'hypothèse de M. *Bernoulli* (*ibid.*) 3°. Que les variations du Baromètre ne sont pas toujours égales, ni semblables dans des lieux même peu distans les uns des autres (220).

En appliquant ces remarques aux principes opposés de M. *Bernoulli*, il me paroît naturel d'en conclurre 1°. Que, l'air renfermé dans les entrailles de la terre, ne peut être considéré comme faisant portion de l'atmosphère libre, & que par conséquent si l'on veut avoir égard à sa bâse, c'est à la surface de la terre qu'on doit la fixer. 2°. Que les variations du Baromètre à cette bâse indiquent les différences considérables dans la pression que l'atmosphère y exerce en divers temps. 3°. Que la différence des variations simultanées en des lieux peu distans les uns des autres, ne permet pas d'admettre les compensations supposées par M. *Bernoulli*.

316. J'ajouterai deux remarques qui concourent avec les précédentes, à démontrer que la formule de M. *Bernoulli* ne peut être générale : & d'abord, pour qu'elle le fût, il faudroit que la différence de hauteur du mercure dans des Baromètres différemment élevés fût toujours

la même entre les mêmes lieux; c'eft ce qu'il fuppofe (298) : mais je puis affurer, d'après un très-grand nombre d'expériences, que cette différence varie confidérablement.

317. M. *Bernoulli* pofe encore comme un principe fondamental, que la hauteur du mercure dans le Baromètre eft proportionnelle à *l'élafticité* de la colonne d'air qui le foutient (307). Mais on verra par toutes mes expériences, que la denfité feule de l'air foutient le mercure dans le Baromètre, comme caufe immédiate; & que par-tout où elle diminue, quelle qu'en foit la caufe, le mercure baiffe proportionnellement.

La haut. du merc. n'eft pas proport. à l'élafticité, mais à la denfité de l'air.

Je conviens que les variations d'un Baromètre placé dans un récipient bien clos, font proportionnelles à l'élafticité de l'air que ce récipient renferme; mais c'eft parce que les parois du récipient ne cèdent point. Au-lieu que dans l'atmofphère, quand une maffe d'air vient à fe dilater, elle foulève l'air fupérieur; la colonne dont elle eft une portion fe verfe fur les voifines, elle les écarte, & fon action fur la bâfe diminue proportionnellement à la diminution de fa denfité.

Elle feroit proport. à l'élafticité dans un lieu clos & fans communicat. avec l'air libre.

Expériences de MM. Cassini de Thuri *&* le Monnier *le cadet.*

318. M. *Caffini de Thury* entreprit, en 1740, des obfervations qui fembloient devoir lui promettre quelque fuccès, par les précau-

MM. Caffini & le Monnier font l'expérience du Bar. au Puy-de-Dome.

tions qu'il y apporta, de même que M. *le Monnier* le Médecin & M. l'Abbé *de la Caille* qui opérèrent avec lui. Nous avons le détail de ces obſervations dans un Mémoire de M. *Caſſini*, qui a pour titre : *Réflexions ſur les Obſervations du Baromètre faites ſur les montagnes du Puy-de-Dome, du Mont-d'Or & du Canigou* (1).

MM. *Caſſini* & *le Monnier* meſurèrent la hauteur du *Puy-de-Dome*, au-deſſus des *Minímes*, que M. *Perrier* avoit eſtimée 500 toiſes (227), & ils la trouvèrent de 557 toiſes. Ils obſervèrent enſuite le Baromètre au ſommet de la montagne & aux *Minímes*, & la différence de hauteur du mercure dans ces deux ſtations fut de 3 pouces 3 lignes $\frac{2}{3}$; c'eſt-à-dire, plus grande de 2 lignes que la différence trouvée par M. *Perrier*. Mais la hauteur abſolue du Baromètre étoit plus grande de 9 lignes, d'où M. *Caſſini* conclut avec raiſon, que la différence entre les hauteurs du Baromètre à la montagne & aux *Minímes*, devoit être plus grande. Il ne paroît pas qu'on ait fait beaucoup d'attention à cette remarque, qui eſt cependant très-importante; on verra dans la ſuite par quelle route je ſuis parvenu à la faire moi-même, dans le cours de mes obſervations (546 à 548).

319. La hauteur du *Mont-d'Or* ſur le niveau de la mer avoit été trouvée précédemment de

Le réſultat diffère un peu de celui de M. Perrier. Remarque de M. Caſſini à ce ſujet.

Obſervations au Mont-d'Or.

----

(1) Mém. de l'Ac. Roy. des Sc. année 1740.

1048 toises; ce que M. *Cassini* rapporte pour indiquer la hauteur absolue de cette montagne: mais voulant connoître celle du lieu le plus bas où il se proposoit d'observer le Baromètre, il mesura la hauteur du sommet du *Mont-d'Or*, au-dessus du *village des Bains*, il la trouva de 512 toises; il mesura aussi celle d'une autre sommité de la même montagne, nommée le *Capucin*, qu'il trouva de 224 toises. Il fit ensuite l'observation du Baromètre à ces deux élévations; le mercure descendit, au sommet du *Mont-d'Or*, à 22 pouces 5 lignes, & la différence de sa hauteur, relativement au *village des Bains*, fut de 2 pouces 5 lignes $\frac{7}{12}$; celle de l'observation au *Capucin*, fut de 1 pouce 3 lignes $\frac{1}{2}$.

320. Ces Messieurs donnèrent encore plus de soin aux observations qu'ils firent sur le *Canigou*. MM. *Cassini* & *le Monnier* y montèrent le 28 Septembre, & M. l'Abbé *de la Caille* observa à *Perpignan*. Ils avoient à chaque station un Baromètre chargé au feu, & un autre chargé à la manière ordinaire (99). La hauteur du mercure au *Canigou* fut, à 9 heures du matin, dans le premier Baromètre 20 pou. 2 lig. $\frac{1}{4}$ dans le dernier . . . . . . 20———$\frac{1}{2}$

Au *Canigou* avec des Bar. chargés au feu & à la manière ordinaire.

Ils répétèrent l'observation d'heure en heure, jusqu'à midi, & ils n'y remarquèrent aucune variation sensible.

La différence de hauteur du mercure entre le *Canigou* & *Perpignan*, fut:

dans les Baromètres chargés au feu 7 pouc. 11 l. $\frac{1}{4}$

  chargés à l'ordinaire . . 7———11———

Cette différence de hauteur du mercure correspond à 1453 toises, hauteur du *Canigou*, sur le niveau de la mer.

La même obf. épétée dix tours après.

Dix jours après cette premiere obfervation, M. *le Monnier* retourna feul au *Canigou*; le Baromètre chargé au feu s'y tint plus bas d'$\frac{1}{13}$ de ligne que la premiere fois, quoique le Baromètre fût plus haut à *Perpignan* de 1 ligne $\frac{7}{13}$; en forte que la différence des hauteurs du mercure fut de 8 pouces 1 ligne.

M. *Caffini* tire de ces obf. une conféquence peu capable de porter à de nouvelles expér.

321. M. *Caffini* tire de fes obfervations & de celles qui avoient été faites avant lui, une conféquence qui, quoique mal fondée en elle-même, devient très-vraie en l'appliquant à tout ce qu'on avoit fait jufqu'alors.

« La variation de hauteur du mercure dans
» le Baromètre, correfpondante à la différente
» élévation des lieux, ne fuit, dit-il, aucune
» progreffion uniforme, y ayant près d'un pouce
» de différence dans l'obfervation faite au *Ca-*
» *nigou*, de celle qui réfultoit de la progreffion
» établie en 1703, & fondée fur des obferva-
» tions faites fur des montagnes peu élevées;
» & aucune des autres hypothèfes que l'on a
» faites depuis pour pouvoir concilier les ob-
» fervations, n'a pu fatisfaire aux différences
» qui fe rencontroient dans plufieurs obferva-
» tions *dont on ne pouvoit foupçonner l'exacti-*
» *tude* (1) ».

---

(1) Mém. de l'Ac. 1740, *in-12.* pag. 133.

Expériences & règles de M. HORREBOW.

322. M. P. *Horrebow*, Profeſſeur en Aſtronomie à Copenhague, publia, en 1748, des élémens de Phyſique tirés principalement d'un ouvrage de M. *Gaſpard Bartholin :* on trouve, dans la *Nouvelle Bibliothèque Germanique* d'Octobre, Novembre & Décembre 1750, un extrait de celui de M. *Horrebow*, & principalement du chap. VIII, *de denſitate ſtratorum relativâ, & altitudine atmoſphæræ.* Voici ce que ce chapitre renferme de plus eſſentiel.

Au mois d'Août 1737, M. *Horrebow* fit des expériences pour trouver de combien il falloit s'élever au-deſſus du niveau de la mer, pour que le mercure deſcendît d'une ligne dans le Baromètre, & trouva 75 pieds.

323. Ces expériences ſervent de fondement à une table dont il fait croître les termes en progreſſion harmonique, en ſuivant cette analogie. *Comme la hauteur obſervée du mercure eſt à 336 lignes, hauteur du mercure dans le Baromètre au bord de la mer; ainſi, 75 pieds, hauteur de la colonne d'air qui ſoutient une ligne de mercure au bord de la mer, ſont à la hauteur qui produit un effet égal au lieu de l'obſervation.*

M. *Horrebow* n'a pas trouvé cette formule par des expériences immédiates ſur les *denſités relatives* de l'air dans l'atmoſphère; mais il ſuppoſe que les denſités ſont proportionnelles aux poids dans l'air libre, comme dans l'air renfermé. Partant de cette ſuppoſition & des expériences ci-deſſus indiquées, il porte la table des hauteurs de l'air correſpondantes à celles du mercure, de ligne en ligne, juſqu'au point où ne ſe trouvant plus d'air qui pèſe ſur le mercure, ſa hauteur doit être réduite à zéro dans le Baromètre; & il trouve que ce point doit être élevé de 26862 toiſes au-deſſus du niveau de la mer : c'eſt la hauteur qu'il donne à l'atmoſphère.

Je remarquerai à cet égard, que M. *Horrebow,* poſant pour principe de ſa règle que la denſité de l'air eſt proportionnelle au poids qui le comprime, il ne devoit point aſſigner à l'atmoſphère de hauteur déterminée, comme j'aurai occaſion de le prouver (793). Ce qui l'a conduit à fixer cette hauteur, c'eſt l'uſage qu'il fait d'une progreſſion harmonique pour exprimer l'épaiſſeur des couches ſucceſſives d'air, correſpondantes aux abbaiſſemens du mercure de ligne en ligne. Je ferai voir, dans la ſuite, que cette méthode eſt bonne pour eſtimer les hauteurs à la ſurface de la terre; mais qu'elle devient très-irrégulière quand on l'applique aux décroîſſemens de denſité de l'air à de plus grandes élévations (577).

324. Je ne m'étendrai pas ſur la règle de M. *Horrebow,* parce qu'elle eſt preſque entiérement ſemblable, tant par ſon coëfficient que par ſon principe, à celle de M. *Bouguer,* dont je vais parler : la ſeule différence qui s'y trouve, c'eſt que M. *Bouguer* a fait uſage des logarithmes, ce qui eſt plus exact, & en même temps plus commode. J'ai déjà remarqué que

la règle de M. *Halley* eſt très-approchante de celle de M. *Bouguer.* Voici une troiſième règle qui ſemble devoir ſervir de preuve aux deux autres : cependant on verra, dans la ſuite, que cet accord n'eſt dû qu'à l'uniformité accidentelle des circonſtances.

Expériences, règle & hypothèſe de M. Bouguer.

325. La plus conſidérable des tentatives qu'on ait faites avant moi, pour eſtimer les hauteurs par le moyen du Baromètre, eſt celle de MM. les Académiciens François qui ont meſuré un arc du Méridien ſous l'équateur : on en trouve le réſultat dans un mémoire de M. *Bouguer* pour l'année 1753. La règle qu'il donne d'après ces expériences, n'eſt pas abſolument nouvelle : on verra bientôt qu'elle diffère très-peu de celle que *Halley* avoit établie long-temps auparavant; mais elle a l'avantage d'être fondée ſur un grand nombre d'obſervations ; ce qui lui mérite plus de confiance. Comme je me propoſe de comparer avec cette règle, celle que j'ai trouvée par mes propres recherches, je renvoie juſqu'alors les détails qui la concernent, & je me borne à l'énoncé de ſa formule. « Si l'on prend, dit M. *Bouguer,* la » différence des logarithmes des deux hauteurs » du mercure exprimées en lignes, & qu'on ne » ſe ſerve que des quatre premières figures après » la caractériſtique, il ſuffira d'en retrancher » une trentième partie, pour avoir la hauteur » de la montagne exprimée en toiſes ».

* Elle fut exac-
te dans le haut
de la Cordiliè-
re.

326. L'application de cette règle aux obſervations faites ſur *Pitchincha & Chouſſaï*, qui
ſont deux ſommités de la *Cordilière*, s'accorde
à une toiſe près avec la meſure géométrique ;
& M. *Bouguer* aſſure qu'il pourroit *la juſtifier
par plus de trente autres exemples.*

Mais il n'en eſt
eſt pas de même
ailleurs.

« Mais, ajoûte cet illuſtre Académicien,
» ce qui eſt très-digne de remarque, & ce
» qui forme le ſujet d'une queſtion que nous
» nous propoſons principalement d'éclaircir,
» c'eſt que la méthode, dans le temps même
» qu'on lui conſerve toute ſa généralité, ne
» réuſſit point dans la partie inférieure de la
» *Cordilière* ; elle ne réuſſit point ſur toutes
» les montagnes de la Zone Torride ; & nous
» devons ajouter qu'elle a moins de ſuccès en
» Europe, comme l'ont reconnu tous les Phy-
» ſiciens qui ont examiné cette matière avec
» ſoin ».

Examen de
l'hypothèſe de
M. *Bouguer* ſur
ces variétés.

327. Cet embarras où s'eſt trouvé M. *Bouguer*, en cherchant à concilier ſes expériences
faites à diverſes hauteurs, lui a fait adopter
le ſyſtême de l'inégale intenſité de reſſort dans
les particules d'air : mais il me paroît qu'il en
conclut trop, en ſuppoſant que cette inégalité
de vertu élaſtique doit entraîner néceſſairement, dans le bas de l'atmoſphère, les particules qui en ont le moins, & qu'au contraire
celles qui ſont douées d'une plus grande vertu
élaſtique, doivent s'élever au-deſſus des autres.

Les vertus
élaſtiques des
maſſes égales
d'air doivent
être ſenſible-
ment égales.

328. On doit accorder, je l'avoue, que,
s'il y a de la différence entre les vertus élaſtiques des particules d'air, il y a néceſſairement

ment une tendance à l'arrangement que M. *Bouguer* fuppofe : mais pour que cette tendance puiffe avoir un effet fenfible, il faut encore admettre que la différence entre les vertus élaftiques des particules d'air eft confidérable, & qu'un très-grand nombre de celles qui font douées d'une égale vertu élaftique, fe font trouvées réunies pour agir de concert; car, fans cela, la réfiftance qu'oppofe l'air à la défunion de fes parties, fuffit pour contenir celles qui tendent à defcendre ou à monter. Or, cette grande différence ne découle point néceffairement du principe de M. *Bouguer.* On peut admettre que *l'égalité parfaite entre deux corps eft abfolument impoffible,* fans en conclurre que la difparité eft fort grande : il eft probable, au contraire, que les nuances font imperceptibles, que les extrêmes font rarement voifins, & que par conféquent la différence de vertu élaftique des particules d'air n'eft point affez grande, ni leur affemblage affez régulier pour produire les précipitations que M. *Bouguer* fuppofe. Enfin, l'action des vents me paroît fuffifante, pour que, s'il y a de la différence entre les particules à cet égard, il n'y en ait point de bien fenfible entre les affemblages; c'eft-à-dire, que la fomme des vertus élaftiques d'un grand nombre de particules, doit être infenfiblement égale à celle des vertus élaftiques d'un nombre égal de particules, pris au hafard dans toute autre portion de l'atmofphère, ou du moins dans toute l'étendue agitée par les vents.

329. M. *Bouguer* allègue pour preuve de fon hypothèfe, des expériences qu'il a faites avec

Ex. faites par M. *Bouguer* avec un pend.

pour connoî-
tre la denſité
actuelle de l'air.

un pendule, au moyen duquel il a reconnu que les denſités de l'air, dans l'atmoſphère, ne ſont pas toujours proportionnelles aux poids dont il eſt chargé. Les pertes de mouvement, ou les diminutions qu'éprouvoient les excurſions d'un même pendule dans un temps donné, indiquoient le dégré de denſité de l'air. Dans le haut de la Cordilière, les pertes de mouvement, dans le même temps, étoient proportionnelles aux hauteurs du mercure; mais elles ceſſoient de l'être dans les lieux plus bas. Cette obſervation fit penſer à M. *Bouguer* qu'on pouvoit utilement employer le pendule de cette manière, pour corriger l'influence des différens dégrés de vertu élaſtique de l'air dans la meſure des hauteurs par le moyen du Baromètre.

On peut con-
noître avec un
pendule la den-
ſité actuelle de
l'air ; mais il
n'en indique
pas la cauſe.

L'exp. ne pou-
vant être faite
que dans un lieu
clos, n'eſt pas
applicable aux
obſerv. du Bar.

330. Je conçois qu'un pendule peut être fort utile dans certains cas, pour connoître la denſité locale de l'air, mais il n'en indique pas la cauſe, & par conſéquent il ne démontre point la différence d'élaſticité ſpécifique des particules de ce fluide. D'ailleurs, la moindre agitation de l'air occaſionne de l'irrégularité dans le mouvement d'un pendule; & ſi, pour l'éviter, on veut faire l'expérience dans un lieu clos, outre qu'on n'en trouve pas par-tout où l'on obſerve, on n'eſt pas ſûr qu'un air renfermé, ſur lequel des cauſes particulières peuvent agir, ait preciſément le même dégré de denſité que l'air extérieur (*a*).

(*a*) J'ai appris de M. *de la Condamine*, que toutes les obſervations du pendule dont parle M. *Bouguer*, ont été faites dans des lieux clos.

TABLE

Des Hauteurs de l'Atmosphère correspondantes à celles du Mercure dans le Baromètre.

Hauteurs du Mercure dans le Baromètre.		Abbaissemens du Mercure dans le Baromètre.		Suivant les principes de M. Mariotte (253).		Suivant la Règle de M. Mariotte, par le changement de la progression harmonique en Arithmétique, &c. (252).		Suivant les principes de M. Halley (261).		Suivant la Règle de M. Maraldi (268).	
Pouces.	Lignes.	Pouces.	Lignes.	Pieds.	Pouces.	Pieds.	Pouces.	Pieds.	Pouces.	Pieds.	Pouces.
28.		0.	0.	0,	0	0,	0	0,	0	0,	0
27.	11.	0.	1.	63,		63,		75,	9	60,	
27.			1.	771,		780,	9	924,	1	908,	
26.			2.	1571,	1	1615,	6	1881,	2	1740,	
25.			3.	2402,	8	2504,	3	2879,	10	2826,	
24.			4.	3266,	4	3447,		3917,	2	4056,	
23.			5.	4170,	9	4443,	9	4998,	8	5430,	
22.			6.	5113,	5	4494,	6	6128,	3	6948,	
21.			7.	6100,		6599,	3	7309,	9	8610,	
20.			8.	7134,	6	7758,		8550,	3	10496,	
19.			9.	8222,	2	8970,	9	9853,	8	12366,	
18.			10.	9367,	10	10237,	6	11217,	7	14460,	
17.			11.	10580,	7	11564,	3	12680,		16698,	
16.			12.	11866,	1	12933,		14220,		19080,	
Abbaissement de la première ligne à cette hauteur }				110,	3	117,		132,	8	205,	
De la seconde				110,	10	117,	4	133,	5	206,	
sur le Corneou }	15. 10.	12.	2.								
Hauteur du Corneou sur le Niveau de la mer suivant ces diverses règles : sa hauteur par la mesure Géométrique est 14500 pieds. }				12287,	2	13167,	4	14485,	1	19491,	

Hauteurs du Mercure.		Suivant les principes de M. Jn. Scheuchzer, publiés par M. Jn. Gd. Scheuchzer (273).		Suivant la Règle de M. Jaques Cassini (282).		Suivant l'Hypothèse de M. Daniel Bernoulli (313).		Suivant la Règle de M. Morrebow (323).		Suivant la Règle de M. Bouguer (325).	
Pouces.	Lignes.	Pieds.	Pouces.	Pieds.	Pouces.	Pieds.	Pouces.	Pieds.	Pouces.	Pieds.	Pouces.
28.		0,	0	0,	0	0,	0	0,	0	0,	0
27.	11.	64,	9	63,		65,	8	75,		75,	1
27.		790,	2	780,		814,	9	914,	6	916,	
26.		1610,	2	1614,		1692,	4	1863,	7	1866,	9
25.		2462,	4	2514,		2640,		2850,	7	2854,	7
24.		3349,	4	3492,		3665,	8	3875,	7	3882,	11
23.		4274,		4554,		4782,	7	4944,	3	4954,	11
22.		5239,	10	5772,		6000,		6064,	10	6074,	7
21.		6250,	7	7038,		7333,	4	7234,	10	7446,	5
20.		7310,	8	8430,		8800,		8462,	5	8975,	5
19.		8425,	2	9972,		10421,		9751,	9	9767,	5
18.		9599,	11	11682,		12222,	3	11111,	5	11129,	4
17.		10841,	9	13590,		14235,	3	12547,	9	12569,	1
16.		12159,		15702,		16600,		14071,	2	14096,	2
Abbaissement de la première ligne à cette hauteur }		113,	5	192,	11	201,	7	131,	3	131,	6
De la seconde		114,		195,	1	205,	8	131,	11	132,	5
Hauteur du Corneou sur le Niveau de la mer suivant ces diverses règles : sa hauteur par la mesure Géométrique est 14500 pieds. }		12286,	5	16090,		16905,	2	14334,	4	14559,	11

331. M. *Bouguer* s'eſt trouvé dans des circonſtances qui paroiſſent ſi favorables pour chercher le rapport des hauteurs de l'air avec celles du mercure, que perſonne n'a eſpéré depuis de découvrir ce que ſes expériences n'avoient pu lui apprendre ; & ſi j'avois eu connoiſſance de ſes recherches avant de commencer mon travail, il eſt probable que je ne l'aurois pas entrepris.

332. Cependant on n'avoit point encore de règle fixe ; car les expériences ſur leſquelles s'étoient fondés les Phyſiciens qui avoient précédé M. *Bouguer* dans la même carrière, n'étant point d'accord avec ſa règle, formoient un préjugé contr'elle, & ce préjugé ſe feroit conſervé, tant qu'on n'auroit pas démontré d'une manière certaine que ces expériences n'étoient pas auſſi exactes que celles de M. *Bouguer.* Or, non-ſeulement cette preuve étoit impoſſible, mais il eſt certain encore que plus on auroit multiplié les expériences ſans en changer la forme, plus l'incertitude auroit augmenté.

Rien ne favoriſe plus le pyrrhoniſme que la multitude des ſyſtèmes également probables ; & certainement toutes les règles que j'ai rapportées juſqu'ici, déjà prouvées & combattues tour-à-tour par l'expérience, auroient été confirmées quelquefois, mais ſouvent attaquées par de nouvelles obſervations, tant qu'on n'auroit pas changé de route.

333. Dans cet état des choſes, il ne reſtoit d'autre moyen à employer, par ceux qui n'étoient pas à portée de répéter eux-mêmes les expé-

Les circonſtances dans leſquelles M. *Bouguer* a obſervé étoient favorab. en apparence.

Sa règle n'eſt pas ſûre.

Toutes les règles données ont des expér. en leur faveur & contr'elles.

Méthode de M. *Lambert* pour prendre le milieu entre les obſervations.

T ij

riences, que celui dont M. *Lambert*, Membre de l'Académie de Berlin, nous a donné un modèle dans ſes *Mémoires ſervant à l'uſage des Mathématiques, & de leur application* (a). Le but général de M. *Lambert*, dans la partie de cet ouvrage que j'ai en vue, eſt de donner une théorie de la manière de prendre le milieu entre les obſervations qui méritent une égale confiance, quoique leurs réſultats ſoient différens, & de connoître en même temps le dégré de confiance qu'on peut accorder à la détermination ou à la règle qui réſulte de ce milieu. Après avoir expoſé ſa méthode d'une manière générale, il l'applique fort utilement à diverſes obſervations aſtronomiques & phyſiques. Celles qui concernent la meſure des hauteurs par le Baromètre ſont du nombre : M. *Lambert* prend pour exemple quelques obſervations du Baromètre faites ſur des montagnes de *Provence*, d'*Auvergne* & du *Rouſſillon*, dont la hauteur a été meſurée géométriquement, & ſur leſquelles on a obſervé le Baromètre. Il fait voir comment on parvient à découvrir, par ſa méthode, la formule qui concilie le mieux ces obſervations : il indique en même temps le dégré de confiance qu'on peut avoir à cette formule, en montrant le plus grand écart du calcul comparé avec les meſures actuelles, & cet écart n'eſt pas

Il applique cette regle à la meſure des hauteurs par le Bar.

(a) *Beytràge zum gebrauche der Mathematik un deren anwendung ; durch* I. H. Lambert : *mit Kupfern*, 8°. *Berlin*, 1765. *Im verlage des Buchladens des Realſchule.*

confidérable. Mais fi M. *Lambert* eût raffemblé toutes les obfervations que j'ai rapportées ci-devant, au lieu du petit nombre de celles qu'il a employées, l'écart qui en feroit réfulté, quoiqu'également diftribué de part & d'autre, & réduit autant qu'il eft poffible par fa méthode, eût été fuffifant pour entretenir la défiance qu'on avoit prife avec quelque raifon pour la mefure des hauteurs par l'abbaiffement du mercure dans le Baromètre : on jugera de la diverfité qui règne dans les obfervations, par celle des règles qu'elles ont produites, dont je vais donner un tableau général.

334. J'ai raffemblé les réfultats de toutes ces règles pour les mêmes hauteurs du mercure, depuis celle de 28 pouces, qui eft le terme d'où la plupart des Phyficiens font partis, & que MM. *de la Condamine, Bouguer & Godin* ont affez conftamment obfervée au bord de la mer du *Pérou,* jufqu'à celle de 15 pouces 10 lignes, que j'ai choifie pour dernier terme, parce que c'eft le point le plus bas où l'on ait vu le Baromètre dans l'air libre ; c'eft celui auquel M. *de la Condamine* l'obferva fur le *Coraçon,* montagne de la *Cordilière* (*a*).

335. On voit, par le tableau que je viens de préfenter, combien on pouvoit s'écarter du vrai, en fe déterminant pour l'une des méthodes que j'ai raffemblées, fans connoître les autres,

Occafion de cet Ouvrage.

***

(*a*) *Journal du voyage fait à l'Equateur, &c.* par M. *de la Condamine,* pag. 58.

& dans quelle incertitude devoient être ceux qui, les connoissant, vouloient entreprendre de choisir : c'est ce que j'ai éprouvé moi-même. En l'année 1754, je fis, avec mon frère, un voyage à la partie des Alpes la plus voisine de Genève, pour examiner de près ces masses énormes qu'il est si important de bien connoître pour établir une bonne théorie de notre globe. C'étoit-là notre premier but, dont nous nous occupions depuis long-temps, & qui est si vaste, que, malgré une étude soutenue & des découvertes plus étendues que nous n'avions espéré d'abord, il ne nous a pas encore été possible de mettre la dernière main à cet ouvrage. La hauteur d'une partie des Alpes est telle, que les plus grandes ardeurs de l'été ne peuvent fondre qu'une petite partie des prodigieux amas de glace qu'elles renferment. Il étoit intéressant pour nous de connoître à quelle hauteur nous pourrions parvenir ; & le seul moyen que nous eussions pour cela, étoit le Baromètre. Nous savions, en général, que plusieurs Physiciens l'avoient employé ; mais n'ayant pas examiné de bien près cette matière, nous pensions qu'il suffisoit d'avoir un de ces instrumens pour juger, par son moyen, de l'élévation à laquelle nous serions montés.

Exp. du Bar.
sur les Alpes.

336. Nous portâmes donc un Baromètre ; nous fîmes des observations ; &, à notre retour, nous en cherchâmes les conséquences dans les Auteurs qui avoient travaillé sur cette matière : mais en les comparant, nous trouvâmes entr'eux tant de différence, que, ne

fachant à quelle méthode nous devions nous arrêter, nous ne pûmes tirer aucun ufage de nos expériences pour connoître la hauteur des lieux où nous les avions faites. Inutilité de ces exp. par le manque de règle sûre.

337. Cette incertitude piqua ma curiofité; & comme je m'occupois depuis long-temps des Baromètres, j'avois affez de lumières fur leur conftruction pour juger fi ces Phyficiens s'étoient fervis de bons inftrumens : je fuivis de près leurs ouvrages, & je trouvai foit dans leurs defcriptions, foit même dans leur filence, des preuves du contraire; car il eft tellement effentiel d'ufer de certaines précautions, que, s'ils l'avoient fait, ils auroient fenti la néceffité de l'indiquer pour prévenir les doutes. Je remarquai auffi que tous ceux qui avoient travaillé fur cette matière, s'étoient contentés d'un petit nombre d'obfervations dans des lieux différens, & que plufieurs d'entr'eux, entraînés par l'exemple ou par une théorie qu'ils croyoient folide, n'avoient fait que changer le coëfficient d'une même formule. Réflexions fur les caufes du peu d'accord des régles précédentes.

Je penfai donc que la diverfité des réfultats dans les expériences, venoit, en grande partie, de ce qu'on n'avoit pas employé des inftrumens convenables. Je vis auffi que la confiance de chaque Auteur dans fa méthode, provenoit en général de ce qu'il n'avoit pas beaucoup obfervé. Enfin, je crus reconnoître que le penchant naturel des hommes à l'imitation étoit caufe de ce que plufieurs des Auteurs dont j'ai parlé avoient fuivi la même route.

338. Je réfolus donc de fermer les livres, Plan d'obfervations.

& de consulter la nature seule, en la suivant pas à pas aussi loin qu'elle voudroit me conduire. Je me flattai, il est vrai, que, par les corrections que j'avois faites au Baromètre, je viendrois aisément à bout d'un ouvrage qui me paroissoit fort utile; c'est ce qui me fit entrer dans cette carrière avec confiance : mais au-lieu de trouver un chemin court & facile, je m'enfonçai dans un labyrinthe dont je ne suis sorti qu'avec beaucoup de travail.

Plan de la suite de cet ouvrage.

339. Il seroit trop long & trop fatiguant pour mes Lecteurs, de leur détailler toute l'histoire de mes découvertes. Quelquefois la réflexion m'a fait naître l'idée des expériences; mais plus souvent l'observation m'a ouvert les yeux. J'indiquerai les routes que j'ai tenues, dans tous les cas où ce moyen pourra contribuer à me rendre plus intelligible. Je supprimerai tous les détails qui ne seront pas nécessaires : peut-être paroîtra-t-il, au premier coup-d'œil, que je ne tiens pas ma parole sur ce point; mais j'espère que, si l'on veut suspendre son jugement jusqu'à la fin, on reconnoîtra que les détails dans lesquels j'entrerai ne sont point inutiles, & que c'est précisément pour avoir négligé un grand nombre de précautions peu considérables en apparence, qu'on n'avoit pu réussir jusqu'à présent à percer le voile dont la nature s'enveloppoit.

Fin de la première partie.